古典文獻研究輯刊

十二編

潘美月・杜潔祥 主編

第2冊

福建刻書論稿

方彥壽 著

國家圖書館出版品預行編目資料

福建刻書論稿／方彥壽 著 — 初版 — 新北市：花木蘭文化出
版社，2011〔民 100〕
目 2+312 面；19×26 公分
（古典文獻研究輯刊 十二編；第 2 冊）
ISBN：978-986-254-395-5（精裝）
1. 刻書目錄　2. 中國
011.08　　　　　　　　　　　　　　　　　100000205

ISBN-978-986-254-395-5

9 789862 543955

古典文獻研究輯刊
十二編　第 二 冊　　　　　　ISBN：978-986-254-395-5

福建刻書論稿

作　　者　方彥壽
主　　編　潘美月　杜潔祥
總 編 輯　杜潔祥
企劃出版　北京大學文化資源研究中心
出　　版　花木蘭文化出版社
發 行 所　花木蘭文化出版社
發 行 人　高小娟
聯絡地址　新北市永和區中正路五九五號七樓之三
　　　　　電話：02-2923-1455 ／傳真：02-2923-1452
網　　址　http://www.huamulan.tw 信箱 sut81518@ms59.hinet.net
印　　刷　普羅文化出版廣告事業
初　　版　2011 年 3 月
定　　價　十二編 20 冊（精裝）新台幣 31,000 元

福建刻書論稿

方彥壽　著

作者簡介

　　方彥壽，男，1952 年出生，籍貫福州。現為武夷山朱熹研究中心研究員、《朱子文化》期刊主編。

　　出版過《建陽刻書史》、《朱熹書院與門人考》、《朱熹考亭書院源流考》、《武夷山沖佑觀》、《福建占書之最》等專著；其中，《建陽刻書史》，是第一部全面系統地闡述建陽古代刻書歷史的學術專著，也對朱熹學派的刻書作了詳細的考評。

　　學術論文曾在法國、韓國和臺灣等地發表，曾多次被海內外的學術研究機構邀請進行國際性的學術研討。在《文藝理論研究》、《哲學動態》、《文藝報·理論版》、《臺灣研究》、《文獻》雜誌、《福建論壇》、《編輯學刊》、《教育史研究》等學術刊物發表論文共 120 多篇。其中，〈朱熹的援佛入儒與嚴羽的以禪喻詩〉、〈宋元建本版畫略論〉、〈清代海峽兩岸的圖書之緣〉、〈朱熹學派刻書與版權觀念的形成〉、〈明代建陽刻本廣告芻議〉、〈建陽書坊接受官私刊印之書〉、〈宋明時期的圖書貿易與書商的利益追求〉、〈閩台書院文化重心的轉移與跨越〉等在學界有較大影響。

提　　要

　　本書為作者從上世紀八十年代以來，在學術期刊上發表有關論文的一個專題選集。其中，既有對建陽歷代刻書，對刻書世家如建陽劉氏家族、熊氏家族刻書等的全面探討，也有對書坊刻書名家如熊宗立、熊大木、葉氏廣勤堂，學者刻書家黃昇、張燮等的個案研究。內容廣泛涉及類書、小說、戲曲、詩詞、音樂、版畫、圖書廣告等，對海峽兩岸閩臺文化在圖書出版方面的交流，對建本圖書傳播海外方面也作了較為深入的探考。

　　刻書業是福建文化極具特色的組成部分。從宋朝至清初，建陽刻書作為福建刻書業典型代表，一直是全國最重要的刻書中心，刻書規模之大，持續之久，刻本數量之多，流傳之廣，影響之深遠，世所罕見。在中國古代出版史上，占據了極其重要的地位。

　　收入本書的文章，提出了許多被學界廣泛引用的重要見解。如對建本地名建安、建寧、富沙、東陽、崇川的辨析；對兩宋莆田、南宋泉州官私刻書的闡述中，所提出的本地刻書和閩人在外地刻書的辨析；特別是對建陽書坊在接受官、私方委托刻書，對其刻本的性質的認定的觀點，引起學界重視；在此基礎上，作者又進一步論證了書商為追求合理利益，促使圖書市場出現了出版者與印刷者的裂變與分離，使我國自古以來以坊刻為主體的出版業集出版、印刷與銷售於一身的三元結構方式，由此分離出三個既相互聯系又各自獨立的行業，標誌著中國古代圖書市場產、供、銷專業分工的初步形成。這些觀點，道前人所未道，具有重要的學術價值。

目
次

前　言

纂圖互注出麻沙，瞿陸雙丁未足誇。

歌雨樓中聽得寶，邵亭經眼正譽查。

　　這首七言絕句的作者，是現代著名藏書家、版本目錄學家傅增湘先生。
詩中描寫了宋代建陽麻沙刻印的《纂圖互注六子全書》，被清代幾位著名的藏
書家鐵琴銅劍樓瞿鏞、皕宋樓陸心源、嘉惠堂丁申、丁丙兄弟以及邵亭莫友
芝先後得到時，如獲至寶的心境。

　　以建陽坊刻為主體的福建古代刻書業，歷史悠久，源遠流長。萌芽於五
代，繁榮於兩宋，延續於元明和清初。北宋時，是全國四大刻書中心（杭州、
四川、福建、汴京）之一。南宋時，是全國的三大刻書中心（蜀、浙、閩）
之一。由於建陽地處閩、浙、贛三省要衝，交通便利；森林資源十分豐富，
造紙業發達；北宋有游酢、楊時論道東南，南宋有「建陽七賢」朱熹、蔡元
定、黃榦等理學大師在此結廬講學，書院林立，文風鼎盛，為建陽刻書業的
發展提供了良好的條件和文化環境。

　　宋代建陽刻書業繁榮的主要標誌是刻書機構眾多，刻書地點分佈廣泛，
刻書數量居全國之首。官刻、家刻、坊刻三大系統已經形成。坊刻是建陽刻
書業的主力軍，有的書坊擁有書工、刻工、印刷和裝訂工匠，並聘請編、校、
撰人；有的書坊主人則自編自刻，集編、刻、售於一身，相當於現代的出版
社和書店；有的書坊則接受委託印書，相當於現代的印刷廠。在北宋方勺、
南宋葉夢得、陸游等人的筆下，即已出現了「建本」和「麻沙本」等稱謂。
在南宋祝穆的《方輿勝覽》中，被稱為「圖書之府」。宋代，建陽麻沙、崇化

兩坊刻書大約不分軒輊。元明時期，崇化刻書超過麻沙，號稱「書林」或「書市」。嘉靖《建陽縣誌》記載說：「書市在崇化里，比屋皆鬻書籍，天下客商販者如織，每月以一、六日集。」這種遠離都市，以圖書爲主要交易物件的文化集市，無論是在中國文化史還是經濟發展史上，都是極爲罕見的。

宋代，建陽的坊刻以余、劉、蔡、黃、虞幾姓比較有名。著名書堂有余仁仲萬卷堂、劉日新三桂堂、黃三八郎書鋪等三十多家。刻本內容四部俱備，其中又以經、史、子部儒家、醫書、類書和文人別集爲主。建本紙張絕大部分用竹紙印刷，現存於北京圖書館的宋建陽蔡夢弼刻本《史記》、元鄭氏積誠堂刻本《事林廣記》、元葉氏廣勤堂刻本《王氏脈經》、元余氏勤有堂刻本《唐律疏議》等，經專家鑑定，用的都是竹紙。

宋代建本的書體多似柳（公權）體，其總的特點是結構方正，筆畫嚴謹，鋒稜峻峭、瘦勁有力。宋代建本已開始製作插圖，其主要特徵是上圖下文，以圖輔文，以文釋圖，圖文並茂。版畫插圖在刻本中出現，增強圖書的通俗性、趣味性和可讀性，能幫助讀者理解和記憶，因此，受到廣大讀者的歡迎。

有元一代，建陽仍是全國四大刻書中心（大都、平水、杭州、建陽）之一。書堂、書鋪以及刻本的數量均超過宋代。在全國現存的元刻本中，建陽刻本幾乎占了一半以上。內容上，經、史、文集之外，供市民階層閱讀的醫書、通俗類書較宋代更多。尤其是日用類書，由於甚爲暢銷，刊刻者比比皆是。幾乎所有的書坊，均有一兩種類書刻本。此外，還出現了小說刻本，如《三分事略》、《全相平話五種》等。

明代是建陽刻書業的鼎盛時期，無論是書坊還是刻本均超過宋、元時期。據明周弘祖《古今書刻》的統計，明代刻書數量較多的南京國子監 278 種，南直隸 451 種，江西 327 種，浙江 173 種。福建最多，達 477 種。福建刻本中，又以建陽書坊刻本最多，達 367 種。嘉靖《建陽縣誌》載《書坊書目》多達 382 種，而這僅是嘉靖間的不完全統計，嘉靖至萬曆年間，新開張的書肆成倍湧現，刻本種類遠遠超過上述的數量。明代建本刻本內容廣泛，其中醫書、類書、小說、戲曲以及日用通俗書籍刻本尤多，內容趨向通俗化、大眾化，這是明代建本的特點之一。

明代建陽刻本的版畫插圖發展到了成熟期。明萬曆間的刻本，幾乎無書不插圖。其中余象斗、蕭騰鴻刻印的小說、戲曲刻本最爲典型。明建本插圖，突破了早期插圖上圖下文的單一格式，出現了全頁巨幅、上評中圖下文等多

種形式，使建刻版畫出現了爭奇鬥豔的局面，形成了與徽派、金陵畫派鼎足而立之勢，被稱爲「建安畫派」。

　　宋、明時期建刻的繁榮，爲福建文化的發展創造了極爲有利的條件，促使大批經史、文學、科技等方面的著作不斷湧現，並得以及時問世和廣泛的傳播。從而使福建在普及教育、科舉文化、文學藝術、傳統醫學，乃至朱子理學的形成和發展等諸多方面都起了重要的促進作用。正因如此，日本清水茂教授才說，福建地處偏僻，在宋代竟然學者如林，人才輩出；閩學更成爲道學中心，主要和福建出版業的興盛有關（清水茂著、蔡毅譯《清水茂漢學論集》，北京：中華書局 2003 年，〈印刷術的普及與宋代的學問〉第 96 頁）。

　　以上僅就福建刻書略述其大端，讀者諸君若欲窮究其詳，則必須更就本書的其他文字加以詳參。

　　收入本書的二十幾篇文章，前後歷時 20 多年，是筆者辛勤跋涉書史的部份足蹟。其中，或爲福建刻書的個案研究，如〈建陽劉氏刻書考〉、〈建陽熊氏刻書述略〉；或爲通考、通述，如〈建陽古代刻書通考〉；既有長篇，亦有短箚。這些文章，大部份曾先後在省內外各報刊上發表過，本次結集出版，均一一注明原發刊名，以示對原發刊物編輯的謝意。除對原文某些明顯的錯誤略作修改，文中註釋統一改爲腳註外，一般不作改動，以儘量保持歷史原貌。

方彥壽

2010 年 7 月 28 日

書於武夷山朱熹研究中心

本書引用書目簡稱與原書對照表

標注	邵懿宸《增訂四庫簡明目錄標注》
四庫	永瑢等《四庫全書總目提要》
陸志	陸心源《皕宋樓藏書誌》
丁誌	丁丙《善本書室藏書誌》
莫目	莫友芝《邵亭知見傳本書目》
瞿目	瞿鏞《鐵琴銅劍樓藏書目錄》
于目	于敏中《天祿琳琅書目》
張誌	張鈞衡《適園藏書誌》
黃目	黃虞稷《千頃堂書目》
丁誌	丁丙《善本書室藏書誌》
楊志	楊守敬《日本訪書誌》
葉鈔	葉昌熾《緣督廬日記鈔》
王記	王文進《文祿堂訪書記》
黃跋	黃丕烈《士禮居藏書題跋記》
潘記	潘宗周《寶禮堂宋本書錄》
孫記	孫星衍《平津館鑒藏書籍記》
潘錄	潘宗周《寶禮堂宋本書錄》
楊譜	楊守敬《觀海堂留眞譜》
陸跋	陸心源《皕宋樓藏書誌》
莫錄	莫友芝《宋元舊本書經眼錄》
天一閣	范懋柱《天一閣書目》

繆記　　　繆荃孫《藝風藏書記》

葉誌　　　葉德輝《郋園讀書誌》

傳錄　　　傳增湘《藏園群書經眼錄》

森誌　　　日・森立之《經籍訪古誌》

丹考　　　日・丹波元胤《中國醫籍考》

初編　　　潘承弼、顧廷龍編《明代版本圖錄初編》

西諦　　　《西諦書目》

傳目　　　傅惜華《中國古典文學版畫選集》

雷錄　　　雷夢水《古書經眼錄》

提要　　　王重民《中國善本書提要》

孫見　　　孫楷第《日本東京所見中國小說書目》

孫目　　　孫楷第《中國通俗小說書目》

柳目　　　柳存仁《倫敦所見中國小說書目提要》

羅錄　　　羅振常《善本書所見錄》

周目　　　周叔弢、冀淑英纂《自莊嚴堪善本書目》

杜錄　　　杜信孚《明代版刻綜錄》

鄭目　　　鄭慶篤等《杜集書目提要》

北圖　　　《北京圖書館善本書目》

上圖　　　《上海圖書館善本書目》

北大　　　《北京大學圖書館藏李氏書目》

展目　　　《中國印本書籍展覽目錄》

聯目　　　《全國中醫圖書聯合目錄》

版本誌　　民國《福建通志・版本誌》

中國古籍　《中國古籍善本書目》

杭大　　　《杭州大學圖書館善本書目》

北師大　　《北京師範大學圖書館中文古籍善本書目》

福師大　　福建師範大學圖書館藏書，據方品光《福建版本資料匯編》

綜錄　　　《中國叢書綜錄》

圖錄　　　北京圖書館編《中國版刻圖錄》

人文　　　《北京人文科學研究所藏書目錄》

叢書　　　《中國叢書綜錄》

故宮　　　《故宮善本書目錄》

浙圖　　　《浙江圖書館善本書目錄》

魏書　　　魏隱儒《中國古籍印刷史》

上醫　　　《上海中醫學院古籍目錄》

吉林　　　《吉林省圖書館善本書目》

縣誌　　　《建陽縣誌・熊宗立傳》

宗譜　　　《潭陽熊氏宗譜》熊宗立小傳

萬錄　　　萬曼《唐集敘錄》，中華書局 1980 年版。

張文　　　張秀民《明代印書最多的建寧書坊》，《文物》1979 年六月號。

李文　　　李致忠《明代刻書述略》，《文史》第二十三輯，中華書局 1984
　　　　　年版。

周文　　　周迅《二十年來日本刊印中國史籍概說》，《文獻》第十二輯，
　　　　　書目文獻出版社 1982 年版。

史文　　　史復洋、白化文《日本刻印的中國類書》，《藝文志》第二輯，
　　　　　山西人民出版社 1983 年版。

范文　　　范寧《東京所見兩部〈水滸傳〉》，《明清小說研究》第　輯，
　　　　　中國文聯出版社 1985 年 8 月版。

建陽劉氏刻書考

在建刻史上，建陽劉氏刻書世家以其刻書歷史悠久，知名的刻書家之眾，傳世的刻本之多，刊刻的質量之高，完全可以和建陽余氏相媲美。但由於前人較多地提到建陽余氏，加上史料之缺乏，人們對劉氏刻書的情況，除了散見於古今各家公私書目著錄的幾百個版本目錄外，其餘的就知之甚少了。因此，對劉氏刻書的歷史作一番較為全面的考察，使其得到應有的評價，就顯得很有必要。

本文根據我新發現的劉氏族譜史料，綜合前人對劉氏刻書的一些片斷論述或記載，試述如下。錯誤與疏漏之處，還望方家指教。

壹、劉氏刻書的興起和發展

一、宋代劉氏刻書的興起

（一）據族譜記載推斷劉氏刻書始於北宋

不久前，我在建陽麻沙水南村和書坊鄉，即古代劉氏刻書的兩個主要地點，分別讀到了兩部《劉氏族譜》——麻沙元、利二房合修的《劉氏族譜》和書坊《貞房劉氏族譜》（見附圖一）。前者重修於光緒庚辰（1880），共十二巨冊，前十冊以譜系為主，不分卷；後二冊又稱《建州劉氏忠賢傳》，共十卷，卷三、四、八、十又分上下卷。內容主要記建陽麻沙（包括崇化書林）、建陽馬伏、崇安五夫三族中列祖像贊、行實、奏議疏略、詩詞藝文、墓表碑銘等，史料價值極高。半葉十六行，行三十七字，白口，上下魚尾。後者則劉氏忠

賢堂重修於民國九年，惜僅存前五卷五冊。

據二譜記載，劉氏系其始祖京兆萬年（今陝西臨潼）劉翱（859～936 年）「於唐昭宗乾寧三年（896）鎮守建州，領散騎常侍。……時中原擾攘，公以榮祿大夫彭城郡開國公致仕，遂與妻兄蔡長官爐，妹夫翁節度郜，弟金吾將軍翔，將作監闔渡江入閩，各擇地而居。」翱卜居麻沙，號西族北派；闔卜居建陽馬伏，號西族南派；翔卜居崇安五夫，號東族。翱是爲劉氏西族北派始祖，生四子曰曉、暐、曄、曅，分爲元、亨、利、貞四房。宋代麻沙劉氏刻書者多爲元、利二房中人；亨房傳四世劉簡遷居江西臨川，可略去不論；貞房則原居麻沙渡頭，宋末由元代著名刻書家劉君佐遷居崇化里書林。君佐由此被稱爲始入書林之始祖；元明兩代刻書者多爲貞房中人。

劉氏自詡其爲漢劉邦之弟楚元王劉交之後，其後人引以爲榮的，是其祖上乃帝王之胄，關中望族。理學家朱熹寄讀崇安五夫劉氏之門時，爲劉氏寫的對聯是「八閩上郡先賢地，千古忠良左相家」、「兩漢帝王胄，三劉文獻家」。因此，綜觀二譜所記的重點人物，多爲官宦和理學名人，而對其刻書之事則絕少提到，當然不會明確記載劉氏刻書的最早年代。但據族譜記載，可以推斷出劉氏刻書始於北宋。

首先，據劉君佐於元大德五年撰〈劉氏重修宗譜序傳〉可知，其始祖劉翱入閩是在乾寧四年（897），已是唐末，距唐亡（904）僅八年時間，且在建州爲官，因此，劉氏在唐代不可能刻書。

其次，據族譜載，劉翱四子元房祖劉曉曾任中書令兼秘書省校書；利房祖劉暐任太子校書；亨房祖劉曄官金華府刺史；貞房祖劉曅是國子監丞，歷廣西觀察使。這四人均身躋仕途，且居要職，自然也不會去刻書，至少不會從事坊刻。四人中僅劉曄有明確的生卒年，生年爲唐昭宗大順辛亥（891），卒年爲宋太祖建隆辛酉（961），係五代時人。由此可知，劉氏在五代時也不可能從事刻書業。

再次，從今可知有明確刻書年代的劉氏刻本看，劉氏刻書最早的是建安劉麟。他於宋宣和甲辰（1124）刻有《元氏長慶集》六十卷。《善本書室藏書志》卷二十五、《增訂四庫簡明目錄標注》卷十五著錄明翻刻本時間接提到。查《劉氏族譜》，於〈利房總系補遺〉第十世中找到劉麟的名字，並知其父名撰。《善本書室藏書志》引劉麟序云：「僕之先子尤愛其文，嘗手自抄寫，曉夕玩味，稱歎不已，謹募工刊行，庶幾元氏之文因先子復傳於世。」由劉氏

序文可知：第一，元稹文集是由劉儀輯成，而由劉麟刊行的，這就是現今可知最早元氏文集刻本了。宋浙本、蜀本均據此本翻雕，明馬元調刊本，明嘉靖三十一年董氏萇門別墅刊本也是直接或間接地據此本翻刻。第二，其時劉麟刻書還屬於家刻。因從事坊刻者大多有自己的較長期的固定的刻工，不會臨時招募。我們雖然不能據此斷定劉氏刻書始自劉麟，但綜上所述可知，劉氏刻書只能始自北宋。

（二）宋代劉氏刻書家

北宋劉氏的刻書主要以元、利二房中人為主，刻書地點均在麻沙。北宋時期，今可知者，僅劉麟一人而已。南宋時期，劉氏刻書已初具規模，與余氏相比，知名的刻書家和刻本均比余氏稍多。附錄一，係根據各家公私書目所著錄刻本（或翻刻、影鈔，或文中提到）綜合整理而成，共列宋代知名的刻書家八家，只知坊名不知人名者二家（劉氏書坊、劉氏又香書院），刻本十七種（見下文附錄）。知名的八家譜系中有記載者五人，他們是劉麟、劉仲吉、劉將仕、劉通判、劉叔剛，餘者譜系刊脫。

劉仲吉（1131～1202年），名大成，字仲吉。朱熹的學生劉崇之之父。「天姿爽邁，賦詩有警句，已乃不利場屋，閉門教子。淳熙乙未，子崇之登第，公方強仕。喜曰：『有子成吾志，尚何求？』就養長樂，久留吳京，晚歷燕（瀟）湘，日賞湖山之勝。間歸鄉閭，稍築園圃，與客觴酌吟詠，休休如也。性嗜書，手不釋卷。前輩文集晝夜編纂。或質疑義，應答如流。襟度曠達，輕財重義，里中推為長者……」朱熹為其書寫像贊。因其子貴，逝後贈吏部員外郎太中大夫。周必大應同僚劉崇之、劉立之兄弟之請為其撰墓誌銘。

劉將仕，即劉仲吉次子劉立之，字信父。登淳熙科，官萊陽令，授將仕郎。

劉通判，名復言，元房第八世孫。紹興癸丑進士，官漳州通判。刻書者應為其子劉旦，從其刻《纂圖互注荀子》一書題「關中劉旦校正」可知。所謂「劉通判宅」乃借其父之名以炫人自重。《天祿琳琅書目》據此將劉旦和劉通判誤為同一人。

劉叔剛，名中正，字叔剛，貞房第十世孫。所刻《大易粹言》，王文進《文祿堂訪書記》作七十卷，傅增湘《藏園群書經眼錄》作十卷。考傅氏著錄本亦從文祿堂取閱，故頗疑傅、王所見者實為同一藏本，傅氏著錄時未見全書。劉氏此刻，《中國古籍善本書目》（經部）未錄，疑國內已不存。

二、元代劉氏刻書的發展

以貞房十四世劉君佐於宋末遷居崇化書林爲標誌，開始了劉氏刻書飛速發展的時期。這個時期劉氏刻書主要以坊刻爲主，傳世的刻本比宋代多，並出現了翠岩精舍和日新堂這兩個坊刻名肆。此外，還有建安劉承父、劉衡甫、劉氏南澗書堂、劉氏明德堂等書肆；書院刻書則有劉應李的化龍書院，崇安五夫的屏山書院等。

（一）翠岩精舍主人考

1、據史料推斷劉君佐只是在晚年刻書

劉君佐，字世英，號翠岩，劉叔剛的玄孫。過去由於資料缺乏，對劉君佐的事蹟無從考察。四庫館臣在著錄元天曆劉氏翠岩家塾刻《古賦題》一書時，甚至發出「其劉氏之名，則不可考矣」之歎。因此，偶有一、二刻本署有劉君佐之名，就往往使人們誤以爲元代翠岩精舍的刻本均劉君佐所刻。還有一些版本目錄，如杜信孚先生的《明代版刻綜錄》甚至誤將明嘉靖以前的翠岩精舍或翠岩館刻本均列在劉君佐名下。須知，翠岩精舍從至元甲午刻《翰苑集》，到明萬曆十六年翠岩館刻《素書》，營業時間長達二百九十四年，經歷了好幾代人的努力。劉君佐只是翠岩精舍的創建者或第一代主人。這一點，著錄版本時不可不考慮。

其實，根據族譜史料和刻書牌記看，劉君佐只是在晚年刻書。他所刻的傳世版本今可知者數量並不多。以下將《貞房劉氏宗譜》中有關劉君佐的記載作一介紹，並據此推算出其大致的生卒年，對此也許我們就會看得比較清楚了。《宗譜》卷三「君佐世系」云：

> 君佐，稱十公。字世英，號翠岩。〔武〕咸淳六年庚午進士，任南恩道判。采訂譜……牒，著《傳忠錄》。葬永忠（里）新溪橋頭挂壁金釵形。遷居書林，爲書林始祖，妣熊氏提督女辛六安人，葬崇化。……

《增訂四庫簡明目錄標注》卷二著錄元泰定四年（1327）精舍翠岩刻《詩集傳附錄纂疏》一書，全文錄下了劉君佐的刻書識語，可知刻《詩集傳附錄纂疏》其時君佐尚在世。從登進士第（1270）到刊刻《詩集傳》，已經長達 57 年了，假設君佐在 20 歲登第，那麼，刻《詩集傳》時劉君佐已是 77 歲高齡了。因其侄宣化爲君佐寫的贊辭中有「早登顯第，遂歷要途」一語（見本文第 48 頁書影

三），據此可知，君佐登第時相當年輕的，算在 20 歲可能相差不遠。因此，劉君佐的生卒年約在 1250～1328 年之間。只是譜系中劉君佐的族兄弟及上下幾代無一人有生卒年記載，無法為此提供一個直接的旁證。查《潭陽熊氏族譜》，於卷首得劉君佐的岳父熊提督（即熊宗立的高祖熊忠信，曾任吉水尉、杭郡軍事提督）的小傳，知其生年為宋嘉定九年（1216），卒年為元至元二十二年（1285），約比君佐大三十來歲。以翁婿二人的年齡差別看，符合常理。

以上分析，得出劉君佐的生卒年約在 1250～1328 年之間。顯然，在 1328 年之後翠岩精舍的刻本就應是君佐後人所刻。這樣，附錄一所列劉君佐的刻本只有 5 種。因此，劉君佐的主要功績不在於他刻書的多少，而在於他繼承了宋代劉氏的刻書業，為劉氏元、明二代大規模的坊刻，開了一個好頭，用其後人劉自成的話來說，即「族勢之昌，獨樹一幟」，使劉氏成為繼宋代著名理學世家之後的著名刻書世家。

2、翠岩精舍第二代主人考

劉君佐逝世後，翠岩精舍的元刻本還有十一種，這就出現了一個問題，即元代翠岩精舍的第二代主人是誰？各家書目在著錄這十一種刻本，除了誤以為是劉君佐所刻外，未見有其他劉氏之名。我的看法是，這些刻本均出自劉君佐次子劉衡甫之手。何以知之？元至正間建寧路書市劉氏曾刻有《聯新事備詩學大成》一書，現存上海圖書館。《善本書室藏書志》卷二十著錄該書朱文霆序云：「三山林君以正，銳於詩也。嘗擇取古今名公佳句，比附於後，比之舊編，於事類則去其泛而益其切者，於詩語則去其未善而增入其善者，名之曰《詩學大成》。書市劉君衡甫鋟諸梓。」則此建寧路書市劉氏，實即建陽書林劉衡甫。查《貞房劉氏宗譜》，於卷三得其小傳。曰：

> 鈞，祖六公，字衡甫。元末世亂，能保全鄉，大明兵入郡，率眾歸附。葬崇化里西坑九窠乾祖舍坮。……

據族譜可知，劉衡甫至少活到明初。元至正刻本《聯新事備詩學大成》一書既然是衡甫所刻，那麼其餘幾種也應係其所刻。這也符合衡甫刻書一貫不署其名的做法。朱文霆序中如未提到此君之名，這翠岩精舍的第二代主人我們今天恐怕就無法明確知道了。

（二）元代著名書肆日新堂

較翠岩精舍稍晚一些崛起的，是劉錦文的日新堂。從元至元辛巳（1281）

刻《朱文公校昌黎先生集》到明嘉靖八年（1529）刻《新刊醫林類證集要》，營業時間長達 248 年，今可考見的刻本至少有 30 多種。顯然，也經歷了好幾代人的努力。

劉錦文，字叔簡。嘉靖《建陽縣誌》卷十二有其小傳，誤作劉文錦。遍查劉氏二譜，卻不見其名。由貞房譜目錄可知，卷末列有〈貞房世系補遺〉，或許在補遺中可以查到，因此譜殘缺，在未找到全譜之前，只得作罷。但不管在補遺是否有劉錦文，從日新堂的刊記可知，劉錦文必為貞房中人無疑。如元刻《唐詩鼓吹》，目錄後有「京兆日新堂刻」六字木記，這與翠岩精舍有時也自稱「京兆劉氏翠岩精舍」一樣，源於其祖京兆劉翱，這是同宗。再說，日新堂的刻書地點也在崇化書林，這是同地。如明宣德本《書傳大全通釋》卷三題「書林三峰劉氏日新書堂重刊」；明正德六年刻《性理群書集覽》卷十七後有「書林劉氏日新堂刊」牌記。此「書林」並非通常所說的坊刻書鋪，而是專用地名。在建本中，凡出現「書林」二字，均指崇化書林。在麻沙刻的書，是不會出現「書林」二字的。如上文提到的劉君佐小傳中有「遷居書林，為書林始祖」一語，此「書林」就專指崇化書林而言。如果說，書林可以既指麻沙，又指崇化，那麼，劉君佐從麻沙「遷居書林」，修譜者至少會在「書林」一詞前加上某些限制詞，否則，就成了從「書林」「遷居書林」，邏輯上就說不通了。可為此一證的是，建陽崇化里村外歌樂山上，歷史上曾有一座書林門（今已修復，見照片），門的上方即大書「書林門」三字，係出入書林的古驛道的必經之地。嘉靖《建陽縣誌》卷首、《潭西書林余氏族譜》均有一幅〈書坊圖〉，二圖中均標有此門。

附錄一 宋元劉氏刻本綜錄

刻書者	書 名	刻 印 年 代	著錄或現存	備 註
劉麟	元氏長慶集六十卷	宋宣和甲辰（1124）	標注、丁志、陸志	
劉仲吉	新唐書二百二十五卷	紹興庚辰（1160）	標注	
	類編增廣黃先生大全文集五十卷	乾道間（1165～1173）	傅錄、王記、黃跋、北大	十五行二十六字，細黑口，四周雙欄
劉仲立	後漢書一百二十卷	隆興二年（1164）	版本志、圖錄	均間接提到，即何焯校本
劉氏書坊	尚書詳解十六卷	淳熙間（1174～1189）	四庫、標注	
劉元起家塾（劉之問）	漢書注一百卷	慶元元年（1195）	圖錄、北大、北圖	八行十八字，注雙行二十四字，細黑口，四周雙欄
	後漢書注九十卷注補三十卷	慶元間（1195～1200）	傅錄、莫目、上圖	十行十八、九字，注雙行二十三字，細黑口，四周雙欄
劉日新三桂堂	童溪王先生易傳三十卷	開禧元年（1205）	中國古籍*北圖*	*號表示殘存，下同
劉將仕宅	皇朝文鑑一百五十卷	南宋	標注、傅錄、北大	十三行二十一字，黑口
劉通判宅仰高堂	音注老子道德經二卷	同上	傅錄、叢書、故宮	十行十八字，注雙行二十三字，四周雙欄，細黑口
	纂圖分門類題注荀子二十卷	同上	于目、傅錄、	十行十九字，注雙行二十三字，細黑口、左右雙欄
	纂圖分門類題五臣注揚子法言十卷二新增麗澤編次揚子事實品題一卷二新刊揚子門類題目一卷	同上	北圖、潘記	十行十九字，注二十三字，潘記作元刻

劉叔剛宅 （一經堂）	附釋音毛詩註疏二十卷	南宋	張志、森志	十行十八字
	附釋音禮記註疏六十三卷	同上	王記、孫記	十行十七字，注雙行二十三字，黑口
	附釋音春秋左傳註疏六十卷	同上	中國古籍*、王記、潘錄*、森志、北圖	十行十九字，注雙行二十三字，細黑口
	大易粹言七十卷	同上	王記、傅錄（作十卷）	十二行二十三字，細黑口，左右雙欄
劉氏天香書院	監本纂圖重言重意互注論語二卷	同上	王記、楊譜、北大、上圖（影鈔）	十行十八字，注雙行二十四字，細黑口
劉承父	新刊續添是齋百一選方二十卷	元至元癸未（1283）	森志、陸志、楊志、陸跋	十行二十二字
劉君佐翠岩精舍	程朱二先生周易傳義二十四卷	延祐元年（1314）	標注、傅錄（作十卷）、中國古籍*、北大*	十一行二十一字，黑口，四周雙欄
	國朝文類七十目錄三卷	泰定丁卯（1327）	標注	十三行二十四字
	詩集傳附錄纂疏二十卷二詩序附錄纂疏一卷詩傳綱領附錄纂疏一卷二語錄輯要一卷	同上	瞿目、標注、莫錄、陸志、中國古籍、北圖	十一行二十字，注雙行二十四字，黑口，四周雙欄
	韓魯齊三家詩考	同上	傅錄、丁志、標注	十一行二十字，注雙行二十四字
	傷寒直格方三卷傷寒標本心法類萃二卷	天曆元年（1328）	標注、聯目	標注作元刊，聯目無後二卷
	古賦題十卷後集五卷	天曆己巳（1329）	四庫	題作翠岩家塾刊
	國朝文類七十卷目錄三卷	至正辛巳（1341）	標注、陸跋、王記	十三行二十四字，黑口。王記作元刊
	書集傳輯錄纂注六卷	至正十四年（1354）	陸志、標注、中國古籍*	十一行二十字，小字雙行二十五字

	註陸宣公奏議十五卷	同上	傳錄、王記、瞿目、丁志、北圖、故宮（影鈔）	十二行二十三字，黑口，四周雙欄
	大學章句一卷大學或問一卷中庸章句一卷中庸或問一卷	至正丙申（1356）	提要	十三行二十字，注三十字
	廣韻五卷	同上	北圖、圖錄、中國古籍	十三行，注文雙行三十字，黑口，左右雙欄
	重修玉篇三十卷	同上	森志、楊志	十三行十九字，左右雙欄
（劉衡甫）	聯新事備詩學大成三十卷	至正間（1341～1368）	丁志、上圖	十三行二十五字。上圖目作書市劉氏刊
	宛陵先生文集六十卷	元	傳錄	著錄宋刻本時提到
	茗溪漁隱叢話前集六十卷	元	標注、傳錄、北大*	十三行二十一字，黑口，左右雙欄
劉錦文日新堂	朱文公校昌黎先生集四十卷外集十卷集傳一卷遺文一卷	元至元辛巳（1281）	王記、森志、浙圖	十三行二十三字，注雙行，黑口
	新編事文類要啓箚青錢五十一卷分前集十卷後集十卷續集十卷別集十卷外集十一卷	元泰定元年（1324）	周文、史文	
	廣韻五卷	元統三年（1335）	羅錄、周目、中國古籍	十三行，大小字不一，小黑口，上下魚尾，四周雙欄
	春秋集傳釋義大成十二卷	後至元戊寅（1338）	森志、楊譜	十行二十字，注二十七字四周雙欄
	伯生詩續編三卷題葉氏四愛堂詩一卷	後至元六年（1340）	傳錄、王記（均錄前三卷）、圖錄、北圖、北大	十行十五字，黑口，雙魚尾，左右雙欄
	揭曼碩詩集三卷	同上	傳錄、標注、北圖	十行十九字，黑口，四周雙欄

	朱子成書附錄十卷	至正元年（1341）	瞿目、提要、王記、北圖、故宮	十一行二十一字，黑口
	四書輯釋三十六卷	至正二年（1342）	提要、北大*	十三行二十四字。提要所錄爲日本翻元本
	新編增廣事聯詩學大成三十卷	同上	周目、傅錄、北圖	十四行，大小字不等，小字雙行三十二字，黑口，四周雙欄
	春秋金鎖匙一卷	至正三年（1343）	張志、標注	十一行二十一字
	詩義斷法五卷	至正丙戌（1346）	四庫	
	漢唐事箋對策機要前集十二卷後集八卷	同上	傅錄、瞿目、王記、北圖	十一行二十字，黑口，四周雙欄
	詩經疑問七卷附編一卷	至正七年（1347）	瞿目、王記、北圖、故宮、中國古籍	十一行二十字
	書義主意六卷	至正八年（1348）	故宮（毛氏汲古閣景寫本）	十四行二十三字
（劉叔簡）	春秋胡氏傳纂疏三十卷	同上	瞿目、傅錄、北圖、中國古籍	十一行二十一字，黑口，四周雙欄
	太平金鏡策八卷附答策秘訣一卷	至正己丑（1349）	四庫、故宮	十三行二十五字。四庫未錄前八卷。
	詩傳通釋二十卷綱領一卷外綱領一卷	至正十二年（1352）	瞿目、傅錄、羅錄、標注、北圖、北大、上圖	十二行二十一字，黑口，四周雙欄
	書集傳音釋六卷	至正甲午（1354）	上圖*、北圖、中國古籍	十一行二十字
	增修互注禮部韻略五卷	至正乙未（1355）	傅錄、標注、楊志、中國古籍、森志	十一行十四字
	新增說文韻府群玉二十卷	至正丙申（1356）	丁志、羅錄、于目、楊譜	

	明本排字九經直音二卷	至正丁酉（1357）	森志	
	重訂四書輯釋二十卷	至正間（1341～1368）	四庫	改刻至正二年本
	重編韓文考異五十卷附音釋	元	標注	
	新編方輿勝覽七十卷	元	王記、森志	十四行二十五字
	唐詩鼓吹十卷	元	王記、上圖	十三行二十二字，黑口
劉氏書肆	楚國文憲公雪樓程先生文集十卷	至正癸卯（1363）	丁志、陸跋	
劉氏南澗書堂	論語集注十卷	元	森志	
	書集傳六卷	元	森志	十一行二十四字
建安劉氏	增廣音注唐郢州刺史丁卯集	元	標注	
劉氏明德堂	廣韻五卷	元	標注	十二行二十八字
	大廣益會玉篇三十卷	元	楊志	
劉氏學禮堂	新刊履齋示兒編二十三卷	元	北圖	九行十九字，白口。書林清話作宋本

貳、明代劉氏刻書由盛極而衰

一、明代劉氏刻書極盛的原因

　　明代是劉氏刻書極盛的時期。這個時期劉氏的知名刻書家和刻本都大大超過了宋元二代。其原因，一方面是明初朱元璋為緩和階級矛盾，恢復社會經濟，採取了一些休養生息的措施。

　　其中便有減輕賦稅，商稅僅三十稅一，由此促進了商業的發展，洪武元年，又詔令廢除書籍稅，更是直接促進了刻書業的興盛。另一方面，到元末明初，書林劉氏家族的社會地位和經濟狀況與宋元時期相比卻在逐漸地走下坡路。到十八世劉剡時，已有「家貧」之患。這個時期劉氏中從事坊刻者人

數猛增,與此大有關係。

《四庫提要》卷三十六著錄由宋朱熹講授門人劉爚、劉炳述記的《四書問目》一書時,轉引了明莆田鄭京序,《劉氏忠賢傳》則全文著錄了此序,序中語涉建陽劉氏家族,與其時書林劉氏的社會地位和經濟狀況有關,需略加辨析。序曰:「……予嘗考建寧郡誌,而知蔡西山、蔡九峰父子,劉文簡、劉文安兄弟,居鄰朱文公闕里,實得道統之傳。既而歷晴性理諸書,則在在皆二蔡格言,而二劉顧泯泯焉。質其所以,則宣德間,書林有與公同姓者,欲附其族,以求優免差役,為公子孫所辱,退而凡載籍間二公姓名悉刪去之,或易以他名,欲滅其蹟……。」鄭序所言至少有兩點值得注意。一是所謂「欲附其族,以求優免差役」,說明在明前期儘管明王朝減輕賦稅,與民休息,但差役徭役還很嚴重,以至使某些刻書者不惜數典忘祖,想用改換門庭的辦法來躲避其騷擾。如明正德十三年劉弘毅替官方所刻的《群書考索》一書,序中就有「復劉徭役一年以償其勞」的記載,可證上文的差役云云,並非虛構。二是鄭序中有含糊不清之處,讀畢至少會使人產生書林劉氏與馬伏劉氏本非同族的錯覺。二劉是西族南派和北派的關係,本文開頭介紹宗譜時,已經說明。出身北派的書林劉氏欲「附」南派,說明北派的社會地位在明代已个如南派顯赫,其原因是南派乃理學名人劉爚、劉炳的嫡系子孫;而北派祖上唯一值得驕傲的瑞樟先生劉崇之屬利房十一世祖,他們的嫡系子孫才享有免差免役等特權,而屬貞房的書林劉氏卻沾不上邊,這才發生了「欲附其族」的舉動。這本屬封建大家族內部的糾紛,但因牽涉各自切身的利益,二劉這才不惜明爭暗鬥。這進一步說明此時書林劉氏的社會地位和經濟狀況已非當年任過南恩道判的劉君佐在世時可比。在這種狀況下,當科舉仕途並非每個讀書人都能走得通的時候,從事刻書業便成了當時最好的選擇。如萬曆間的劉龍田,就是「初業儒,弗售」,後才轉而刻書的。明代劉氏書坊林立,從事刻書者比宋元二代多出許多,其原因蓋源於此。

二、明代劉氏刻書的規模和數量

(一)劉氏刻書牌記中所涉及的地名

在劉氏刻本的牌記中,除上文已做過解釋的「建安」、「京兆」、「書林」等地名外,還每每會出現諸如「建寧」、「富沙」等地名,因問題直接關係到劉氏刻書的規模和數量,故還需稍加辨析。

1、建　寧

通常所說的建寧書坊、建寧府書坊均指建陽書坊，因宋、明兩代建陽屬建寧府，元代屬建寧路之故。劉氏中，元代有「建寧路書市劉氏」（劉衡甫），明代有「建寧書戶劉輝」，二人的名字在貞房譜世系中均可找到，所以他們所說的建寧其實應指建陽，可以無須太多的考證。

2、富　沙

這是一個有爭議的地名，起因是刻《精鐫按鑑全像鼎峙三國志傳》的富沙劉榮吾藜光堂的刻書地點問題。劉修業先生在《古典小說戲曲叢考》中認爲「榮吾富沙人，疑富沙在福建。」柳存仁先生在《倫敦所見中國小說書目提要》中說：「劉榮吾的富沙，劉女士疑其在福建者，實是廣東。」二位先生所說，均出於某種猜測而缺乏史料證明，因此，在此免不了要做一番考證。

富沙，應爲建州別稱，源於五代王審知之子王延政任建州節度使時，被封爲富沙王，見《五代史·閩世家》。嘉靖《建寧府志》中也有記載。同一府志中還有「富沙廟」、「富沙驛」、「富沙館」等記載。嘉靖《邵武府志》卷十二〈名宦〉陳岩條下云：「岩，建州人。《閩中記》云富沙人」，下注小字：「富沙即建州」，雖寥寥數字，但不失爲有力的佐證。南宋楊萬里有〈謝建州茶史吳德華送東坡新集〉一詩，中有句云：「富沙棗木新雕文，傳刻疏瘦不失眞。」富沙棗木云云，指的就是建刻。一方面因建陽宋代隸屬於建州，另一方面其版刻多用棗木、梨木，字體多用顏、柳，密行細字，具有「傳刻疏瘦」的特點。

此外，張秀民先生在〈明代印書最多的建寧書坊〉一文，著錄了四十七家建陽書林刻書堂號姓名，其中有一「潭陽書林劉欽恩（榮吾）」，此名欽恩字榮吾者，疑即富沙劉榮吾，因宗譜殘缺，二名俱無，無法從中得到直接印證。可爲之間接印證的，是范甯先生的〈東京所見兩部水滸傳〉一文。文中寫道：「……卷一題『新刻全像忠義水滸志傳』，清源姚宗鎭國藩父編，武林鄭國揚文甫父同校，書林劉榮吾父梓行。書的目錄最後有『藜光堂』、『忠義志傳』章各一枚。……」同一個劉榮吾，刻《三國志傳》時署「明富沙劉榮吾梓行」，刻此《忠義水滸志傳》則署「書林劉榮吾父梓行」。上文說過，富沙即建州，上文還說過，凡建刻牌記中出現「書林」二字均指崇化書林，那麼，此劉榮吾必爲崇化人氏無疑。以上推論如果不錯，那麼富沙和潭陽書林之間就劃上了等號。這個等號就是通過：富沙——建州別稱，建陽——歷史上隸屬於建州，這個地名之間的「三級跳」來實現的。它的用法和「閩芝城

潭邑」（余氏刻本中每見。芝城，建寧府城別稱）的用法大致相同，只是富沙與書林之間省去了「潭邑」二字，更具「跳躍性」罷了。

（二）明代劉氏刻本綜錄

以下據古今各書目所載，整理一表「明代劉氏刻本綜錄」，共輯錄劉氏書坊23家，知名者22人（書院刻書除外），從中可以大致瞭解明代劉氏刻書家及其刻本的基本情況，由於水平和條件限制，下表所列尚極不完整。主要原因是筆者系業餘從事建刻史研究，且地處偏遠，不可能有太多時間泡在圖書館，所閱書目及掌握的資料都十分有限，遺漏之處一定很多，故下表所列只能僅供參考而已。

附錄二 明代劉氏刻本綜錄

刻書者	書　名	刻印年代	著錄或現存	備　註
劉氏翠岩精舍	纂圖增訂群書類要事林廣記前、後、續、別、外、新集各二卷	明永樂戊戌（1418）	杜錄、陸跋、陸志	十九行三十二字
	通鑑節要五十卷	宣德三年（1428）	杜錄	
（劉文壽）	增修附註資治通鑑節要續編三十卷	宣德七年（1432）	提要（朝鮮銅活字翻印本）	十行十七字。劉文壽字應康
（劉應康）	小四書五卷	宣德十年（1435）	杜錄、北圖	兩節板，黑口，雙魚尾，四周雙欄
	聯新事備詩學大成三十卷	正統九年（1444）	杜錄、浙圖	
	事文類聚翰墨全書一百三十卷	正統十一年（1446）	杜錄	分爲前甲、乙、丙、丁、戊、己、庚、辛、壬、癸，後甲、乙、丙、丁、戊共十五集
	五倫書六十二卷	景泰五年（1454）	提要、浙圖	十一行二十二字，黑口，四周雙欄
	史鉞二十卷	景泰七年（1456）	傅錄、初編	十二行二十四字，黑口，四周雙欄
	尚書輯錄纂註六卷	景泰間（1450～1457）	杜錄	

	新刊通眞子補註王叔和脈訣三卷新刊補註通眞子脈要秘括二卷	成化己丑（1469）	森志、杜錄	杜錄無前三卷
	吏學指南八卷	正德十四年（1519）	杜錄	題翠岩堂刊
	新刊南軒先生文集四十四卷	嘉靖元年（1522）	傅錄、標注、杜錄、北圖	十二行二十三字，黑口，四周雙欄，題翠岩堂慎思齋刊
	鬼谷陰符經一卷	萬曆十六年（1588）	杜錄	題翠岩館刊
	素書一卷	萬曆十六年（1588）	杜錄、陸志	題翠岩館刊
劉氏日新堂	鼓吹續編十卷	永樂二十二年（1424）	杜錄	
	書傳大全通釋十卷卷首一卷	宣德乙卯（1435）	提要	十一行二十一字。又題作守中書堂刊
	新刊宋學士夾漈先生六經奧論六卷總論一卷	成化四年（1468）	北師、中國古籍	北師目作明刊。刊刻年代據《中國古籍善本書目》改
	增修箋註妙選群英草堂詩餘前集二卷後集二卷	成化十一年（1475）	杜錄	
	新增說文韻府群玉二十卷	弘治七年（1494）	杜錄	
	新刊通鑑一勺史意二卷	弘治十七年（1504）	北圖	
	東漢文鑑二十卷	弘治乙丑（1505）	杜錄	
	資治通鑑綱目發明五十九卷凡例一卷	明弘治間（1488～1505）	杜錄	
	性理群書集覽七十卷	正德六年（1511）	杜錄、浙圖*	
	奇效良方六十九卷	同上	聯目、浙圖	
	新刊醫林類證集要二十卷	嘉靖八年（1529）	杜錄、北大	北大題劉氏自新堂刊本，疑即日新堂

劉克常	新箋決科古今源流至論前集十卷後集十卷前續集十卷別集十卷	明正德丁未（1427）	傅錄、杜錄、丁志（作元大德丁未）、魏書、北圖（作至正丁未）	十五行二十五字，註雙行同，黑口，四周雙欄，雙魚尾
劉剡	詩經疏義會通二十卷	正統庚申（1440）	傅錄	何英跋中提到
劉寬	資治通鑑綱目五十九卷	宣德乙卯（1435）	書林清話	
劉氏溥濟藥室（劉寬）	類證傷寒活人書括四卷	明宣德癸丑（1433）	森志、杜錄	
	新編醫方大成十卷	成化十七年（1481）	聯目、北圖	
劉弘毅慎獨齋	資治通鑑綱目五十九卷	弘治十一年（1498）	提要、標注、故宮	十行二十二字，白口，四周雙欄
	續資治通鑑綱月二十七卷	弘治十七年（1498）	北師	
	禮記集說十卷	同上	標注、北大、中國古籍	正德十六年劉洪重修本
	大明一統志九十卷	弘治十八年（1505）	繆記、標注、杜錄	十行二十二字
	資治通鑑節要二十卷	正德四年（1509）	孫記、標注、杜錄	巾箱本，十三行二十二字
	璧水群英待問會元選要八十二卷	同上	浙圖	
	群書集事淵海四十七卷	正德癸酉（1513）	提要	十二行二十四字。
	十七史詳節二百七十三卷	正德十一年（1516）	標注、傅錄、叢書、北圖（配本）、北大、故宮	十三行二十六字，小字雙行同，黑口，四周雙欄。
	東萊先生五代史詳節十卷	同上	提要、北師	十三行二十六字，小字雙行同，黑口，四周雙欄。
	寒山詩集一卷	同上	萬錄	
	皇明政要二十卷	正德十二年（1517）	杜錄	八行二十八字，黑口

三蘇氏家傳心學文集七十卷	同上	杜錄、標注	標注未置年代
群書考索前集六十六卷後集六十五卷續集五十六卷別集二十五卷	正德十一年～十三年（1516～1518）	傅錄、標注、初編、北圖、故宮*、浙圖、北師*、杭大	十四行二十八字，黑口，四周雙欄。
歷代經籍考二十四卷	正德十三年（1518）	北師	
宋文鑑一百五十卷	同上	標注、浙圖、故宮	十二行二十五字
文獻通考三百四十八卷	正德十一年至十四年（1516～1519）	丁志、繆記、提要、北圖、杭大、故宮、浙圖、圖錄	十二行二十五字，黑口，四周雙邊
歷代通鑑纂要九十二卷	正德十四年（1519）	杜錄、故宮×	十行二十字，白口，四周單邊
史記大全一百三十卷	正德十六年（1521）	提要、傅錄	十行二十字，黑口，雙欄，改刻建寧府活字本
孫眞人備急千金要方三十卷	同上	森志、標注、浙圖、聯目	十行二十二字
史記集解索引一百三十卷	同上	杜錄、故宮×	十行二十字，白口，四周雙欄
讀史管見八十卷	正德間（1506～1521）	杜錄、陸志	
歐陽行周文集十卷	同上	莫目、標注、葉志	十行二十字
西漢文鑑二十一卷	嘉靖二年（1523）	繆記、標注、提要	巾箱本，十行二十字
東漢文鑑二十卷	同上	繆記、標注、提要	同上
資治通鑑綱目五十九卷	嘉靖己丑（1529）	森志、故宮	十行二十二字，故宮目作正德間刊
容春堂集六十六卷	嘉靖十三年（1534）	丁志、杜錄	十一行二十二字，白口，四周單邊
資治通鑑綱目前編十八卷外紀一卷	明	提要、標注	十行二十二字
春秋經傳集解三十卷	嘉靖間（1522～1566）	杜錄、故宮	覆宋阮氏巾箱本

（木石山人）	新刊蛟峰批點止齋論祖二卷	明	北圖、杜錄	
	象山先生全集三十三卷	明	故宮	
	瀛奎律髓四十九卷	明	杜錄、故宮	巾箱本
	春秋胡傳三十卷綱領一卷提要一卷諸國興廢說一卷列國東坡圖說一卷正經音訓一卷	明	中國古籍	
	潛室陳先生木鍾集十一卷	明	提要	十一行二十二字
	椒丘先生文集三十五卷	明	鄭目	
	歷代名賢確論一百卷	明	陸跋	十一行二十四字
劉宗器安正堂	新增說文韻府群玉二十卷。	明弘治甲寅（1494）	提要	十一行二十一字，小字雙行二十九字。嘉靖三十三年重修
	丹溪先生金匱良方三卷	弘治十六年（1503）	標注、杜錄	
	推求師意二卷	同上	杜錄	
	針灸資生經七卷	弘治甲子（1504）	森志、杜錄	
	新刊金文靖公北征錄一卷後北征錄一卷新刊楊文敏公後北征記一卷	同上	圖錄、北圖	十二行二十六字。黑口，四周雙邊。
	新刊詳增補註東萊先生左氏博議二十五卷，	明正德六年（1511）	標注、杜錄、北圖、中國古籍	
	集注分類東坡先生詩二十卷	正德十一年（1516）	標注、北大*、陸志、故宮	北大無年號，陸志誤作元刻。
	類聚古今韻府續編四十卷	正德丁丑（1517）	杜錄、孫記	十一行二十九字，黑口，四周雙欄
	周禮集註七卷	正德十三年（1518）	中國古籍*	

	集千家註批點補遺杜工部詩集二十卷附錄一卷年譜一卷	正德十四年（1519）	北圖	十行二十三字。黑口，四周雙欄
	分類補註李太白詩二十五卷。	正德庚辰（1520）	葉志、傅錄、杜錄	十一行二十三字。黑口，四周雙欄
	象山先生文集二十八卷外集五卷	正德辛巳（1521）	莫目、于目、杜錄	于目誤作元刊
	詩經疏義會通二十卷綱領一卷圖一卷	嘉靖癸未（1523）	傅錄、瞿目、標注、丁志、北圖、中國古籍	十一行二十一字，注雙行同，黑口，四周雙欄
	東萊先生呂太史全集四十卷	嘉靖三年（1524）	杜錄	
	重刊宋濂學士先生文集二十六卷附錄二卷	同上	杜錄、丁志	十一行二十二字，黑口，四周雙欄
	禮記集說大全三十卷	嘉靖九年（1530）	中國古籍	
	新刊京本禮記纂言三十六卷	同上	杜錄、浙圖、中國古籍	
	春秋胡傳集解三十卷	同上	中國古籍、杜錄	
（劉仕中）	春秋集傳大全三十七卷序論一卷春秋二十國年表一卷諸國興廢說一卷	明嘉靖九年（1530）	楊譜、中國古籍	又有安正堂九年刻十一年劉仕中安正堂印本
	甘泉先生文錄類選二十一卷	同上	杜錄	
	韓文正宗二卷	同上	瞿目、杜錄	
	止齋文集五十一卷	嘉靖十年（1531）	杜錄	
	傷寒直格論方三卷後集一卷續集一卷傷寒心鏡一卷	嘉靖壬辰（1532）	葉志、杜錄	十行二十一字
	新刊醫學啓源三卷	同上	羅錄、北圖	十行二十一字，白口，雙魚尾，四周雙欄
	璧水群英待問會元選要八十二卷	同上	杜錄	

	大學衍義補摘要四卷	嘉靖十二年（1533）	杜錄	
	管子二十四卷	同上	杜錄、初編	十行二十一字，白口，上下單邊，左右雙欄
	韓文考異四十卷外集十卷遺文一卷	同上	杜錄、標注	十行二十四字，白口，四周雙欄
	淮南鴻烈解二十八卷	同上	傳錄、標注、杜錄	十行二十一字，白口，四周雙欄。杜錄、標注題為淮南子二十八卷
	臨川王先生荊公文集一百卷	嘉靖十三年（1534）	提要	十一行二十二字
	周易傳義大會二十四卷	嘉靖十五年（1536）	杜錄、中國古籍、故宮*	十一行二十六字，黑口，四周雙邊
	禮記集說大全三十卷	嘉靖三十九年（1560）	中國古籍	十一行二十一字，小字雙行同，白口，四周雙欄
	網山集八卷	嘉靖間（1522〜1566）	標注、莫目	
	止齋先生文集二十六卷附錄一卷遺文一卷	同上	丁志	
	陽明先生文粹十一卷	隆慶六年（1572）	浙圖	
	明醫指掌圖前集五卷後集五卷	萬曆七年（1579）	聯目、浙圖	聯目作明萬曆七年劉氏重刻本
	新刻瓊琯白先生集十四卷	萬曆二十二年（1594）	杜錄、魏書、北大	九行十八字，白口，四周單邊，單魚尾
（劉雙松）	鐫玉堂厘正龍頭字林備考韻海全書十六卷首一卷	萬曆二十三年（1595）	中國古籍	杜錄題作韻海全書十六卷
	金石節奏四卷	萬曆二十五年（1597）	杜錄	
	新鍥全補曆法便覽時用通書大全四卷	同上	杜錄	

三蘇先生文集七十卷	萬曆二十七年（1599）	杜錄	
鍥太上天寶太素張神仙脈訣玄微綱領宗統七卷	同上	聯目、上圖	有日本翻刻本
鍥王氏秘傳圖注八十一難經評林捷徑統宗六卷	同上	聯目、北大*	與下一刻本合刊，合稱合併脈訣難經太素評林
鍥王氏秘傳叔和圖註釋義脈訣評林捷徑統宗八卷	同上	聯目、杜錄	
事文類聚前集六十卷後集五十卷續集二十八卷別集三十二卷新集三十六卷外集十五卷	明萬曆丁未（1607）	杜錄、浙圖	
新編事文類聚翰墨大全一百三十四卷	萬曆三十九年（1611）	北圖（重修嘉靖三十六年楊氏歸仁齋刻本）	分甲、乙、丙、丁、戊、己、庚、辛、壬、癸，後甲、乙、丙、丁、戊十五集
鍥王氏秘傳知人風鑑源理相法全書十卷	萬曆間（1573～1620）	提要	十二行二十八字
禮記集注十卷	同上	中國古籍	九行十八字，白口，四周雙欄
瓊琯白玉蟾武夷集八卷	同上	北大、浙圖	
淮海先生文集四十卷後集六卷	同上	杜錄、北大、浙圖	
三子金蘭墨四卷	同上	杜錄	
鼎鍥註釋淮南鴻烈集解二十一卷	同上	杜錄	
鼎鍥全像唐三藏西遊釋厄傳十卷	同上	提要、孫目、傅目	上圖下文，十行十七字
新鋟李閣老評註左胡纂要四卷	明	杜錄、浙圖、中國古籍	
新編漢唐綱目群史品藻三十卷	明	北圖	

（劉蓮台）

	重刻翰林校正少微通鑑大全二十卷首卷二卷	明	提要、北圖	十一行二十七字
	唐鍾馗全傳四卷	明	孫目	題安正堂補正
	傷寒明理論三卷方論一卷	明	聯目	
	新刊性理大全七十卷	明末	提要、杜錄	十一行二十六字。杜錄作明萬曆刊
劉輝明德堂	大廣益會玉篇三十卷玉篇廣韻指南一卷	明弘治間（1488～1505）	杜錄、中國古籍	《中國古籍善本書目》作明刊
	國語七卷國語補音三卷	正德十二年（1517）	杜錄	
	詩經大全二十卷綱領一卷圖一卷詩序辨說一卷	嘉靖元年（1522）	杜錄、浙圖、中國古籍	題建寧書戶劉輝刊
	新刊袖珍方四卷	同上	杜錄、上醫	十七行二十六字，黑口，上下魚尾，四周雙欄
	新刊陶節庵傷寒十書十卷	嘉靖十年（1531）	杜錄、北圖×	
	書經大全十卷	嘉靖十一年（1532）		題建寧劉氏書戶刊
	衛生寶鑑二十四卷補遺一卷	嘉靖乙未（1535）	杜錄、聯目、森志、北大	森志斷爲萬曆乙未刊
	廣韻五卷	明	中國古籍	
劉廷賓	新編纂圖增類群書類要事林廣記四十卷	成化十四年（1478）	杜錄	
劉氏慶源書堂	四書集註大全四十二卷	明弘治十四年（1501）	杜錄、中國古籍	十二行二十字，黑口，四周雙邊。杜錄作二十四卷，據《中國古籍善本書目》改
劉氏文明書堂	廣韻五卷	同上	杜錄、楊譜	十行二十字
劉成慶	大明興化府志五十四卷	弘治十六年（1503）	提要（天一閣抄本）	十一行二十五字。與建陽張好同刊

書林劉氏	仁峰文集二十四卷外集一卷	嘉靖辛卯（1531）	四庫、標注	
	本草蒙荃十二卷	嘉靖間（1522～1566）	聯目	
	新刊京本校正增廣聯新事備詩學大成三十卷	明	傅錄	十三行二十五字
劉寬裕	文公先生資治通鑑綱目五十九卷	萬曆間（1573～1620）	杜錄、楊譜、浙圖	
劉舜臣	新刻注釋孔子家語憲四卷	同上	杜錄	
喬山堂劉龍田	新刻藥鑑二卷	萬曆二十六年（1598）	杜錄、上醫	上醫所存爲顯微膠捲和照相本
	新鋟京本句解消砂經節圖雪心賦五卷尋龍經訣法一卷	萬曆二十七年（1599）	杜錄	
	刻京台增補淵海子平大全六卷	萬曆庚子（1600）	提要	十三行二十六字
	新刻圖註傷寒活人指掌五卷首一卷	同上	聯目、北圖、圖錄	十一行二十五字。白口，四周雙邊
	新鋟丹溪先生醫書纂要心法六卷	萬曆二十九年（1601）	標注、聯目、北大	
	精刻芸窗天霞絢錦百家巧聯四卷	同上	杜錄	
	本草集要八卷	萬曆三十年（1602）	聯目	
	鼎刻台閣考正遵古韻律海篇大成二十卷	萬曆三十二年（1604）	杜錄、中國古籍	中國古籍善本書目館藏代號印錯
	鼎雕燕台校正天下通行書柬活套五卷	萬曆三十三年（1605）	杜錄	
	刻梅太史評釋駱賓王文鈔神駒四卷	萬曆三十五年（1607）	北師	
	新刻錢太史評注李于麟唐詩選玉七卷	萬曆庚戌（1610）	提要	十行十九字
	註解傷寒百證歌發微論四卷	萬曆辛亥（1611）	森志、杜錄	

類證增註傷寒百問歌四卷	萬曆壬子（1612）	森志	
刻黃帝內經素問鈔七卷	萬曆四十年（1612）	聯目	題閩建喬木山房刻首頁作潭建龍田劉大易梓
新鐫曾元賢書經發穎集註六卷	萬曆四十三年（1615）	標注、北大、北圖、中國古籍	題書林劉龍田忠賢堂刊
重刻元本題評音釋西廂記二卷後附錄一卷蒲東崔張珠玉詩集一卷錢塘夢一卷	萬曆間	傅目、北圖、叢書	十行二十字，圖二十四幅、單頁方式
新刻學餘園類選名公風采四卷	同上	杜錄	題劉大易刊
新鍥考正繪圖注釋古文大全十卷續集十卷	同上	杜錄	
古文品外錄二十四卷	同上	杜錄	
新鍥訂正評註便讀草堂詩餘七卷	同上	鄭目、杜錄	題喬山書舍刊本
新刊明醫雜著二卷。	同上	杜錄	十一行二十四字，白口，上下單欄，左右雙欄
二刻小兒痘疹保赤全書二卷	同上	杜錄、上醫、北大	北大作日本喬山堂刻本
千家姓一卷	同上	北圖	
新鍥家傳諸症虛實辨疑示兒仙方總論十卷	同上	杜錄	
新鍥太醫院參訂徐氏針灸大全六卷	同上	聯目	
商程一覽二卷	明萬曆間	杜錄	題喬山精舍刊
書法叢珠一卷	同上	提要（收入余文台萬用正宗不求人卷十六）	兩節板，下欄十二行十八字，上欄十四行十五字
董翰林神龍經註三卷	同上	杜錄	

	新刻葵陽黃先生南華文髓八卷	同上	杜錄	十行二十字，白口，四周單欄
	新刊太乙秘傳急救小兒推拿法二卷	同上	丹考	題劉氏喬山梓行
	新刻闇然堂類纂皇明新故事六卷	同上	鄭目、杜錄	題喬山劉氏梓行
	新鍥台閣清訛補註孔子家語五卷首一卷	同上	鄭目	
	胤產全書四卷婦人脈法一卷提綱一卷	明	北圖	
	鍥便蒙二十四孝日記故事四卷新鍥類解官樣日記故事大全七卷	明	傅目	日本覆刻本
	新鋟全像大字通俗演義三國志傳二十卷	明	孫目	上圖下文，十五行二十五字，又題汲郵齋藏板
	新刻全補醫方便懦三卷	明	楊譜、上醫	十行二十五字，白口，上下魚尾，四周單邊。
	新刻文房備覽天下難字四卷	明	張文	
	類定縉紳交際便蒙文翰品藻	明	張文、李文	
	五訂歷朝捷錄百家評論	明	張文、李文	
	新鍥圖像麻衣相法四卷	明	張文、李文	
劉玉田	新刊地理綱目榮親眼福地先知四卷	明	天一閣	
劉孔敦	重訂相宅造福全書二卷	崇禎二年（1629）	杜錄	
劉太華	新鐫國朝名公神斷詳刑公案八卷	明	孫目、傅目	上圖下文，十行十八字
劉肇慶	新刊京本性理大全七十卷	明	提要	翻刻明師古齋本，題發祥堂藏板

藜光堂劉榮吾	纂林肆考十五卷	崇禎間（1628～1644）	杜錄、鄭目、吉林、北圖	
	精鐫按鑑全像鼎峙三國志傳二十卷	明	柳目	上圖下文，十五行二十六字
	鼎鐫全像水滸忠義志傳二十五卷	明	範文	
富沙劉興我	新刻全像水滸傳二十五卷		傅目、柳目	
劉希信	新刊京版校正大字醫學正傳八卷	明	聯目	有日萬治二年吉野屋權兵衛翻刻本。

附錄三　劉氏書院刻本綜錄

刻書者	書　名	刻印年代	著錄或現存	備　注
化龍書院（劉文）	雲莊劉文簡公文集十二卷外集十卷年譜一卷	元	丁志	著錄明正統本時提到
	四書問目	明永樂間（1403～1424）	四庫	
	雲莊劉文簡公文集十二卷外集十卷年譜一卷	正統九年（1444）	丁志、傅錄	十行二十字
雲莊書院（劉穩）（劉端）	雲莊劉文簡公文集十二卷	嘉靖二十三年（1544）	杜錄	取
	古史通略一卷	嘉靖間（1522～1566）	杜錄	題雲莊精舍刊，雲莊書院又稱雲莊精舍
	新編古今事文類聚前集六十卷後集五十卷續集二十八卷別集三十二卷新集三十六卷外集十五卷	元	浙圖、森志	十三行二十四字

三、明代劉氏知名刻書家舉隅

　　明代劉氏知名的刻書家有二十幾人，這裏介紹其中幾位代表人物。他們是以校勘書籍知名的劉剡，著名刻書家劉宏毅、劉龍田，及明末版畫家劉素明。

（一）劉　剡

　　字用章。嘉靖《建陽縣誌》作祖章，道光《建陽縣誌》和貞房譜均作用

章。考明弘治丁巳楊氏清江書堂刊《增修附注資治通鑑節要續編大全》一書，原題「松塢門人京兆劉用章編輯」，據此，應以用章爲是。

王重民《中國善本書提要》著錄翻元本《四書輯釋大成》一書時，提到了劉剡的師承關係，解決了劉剡自稱「松塢門人」的來歷問題。茲摘錄如下：「考王逢字原夫，號松塢，樂平人。師事洪初，初之學得於朱公遷，遷得於吳中行，中行得於饒魯，魯得朱子正緒。……逢於永樂十五年遊建陽，余始恍然於劉剡受業松塢之門，必在此時也。時朱子之傳漸微，逢與剡雖非鴻儒博學，然其所纂述，亦足供鄉塾諷讀，振起村俗。」貞房譜卷一中，適有明永樂十七年松塢王逢應劉剡之請爲其重修宗譜所作〈跋〉，爲王先生的論述提供了一個直接論據。

劉剡是元翠岩精舍劉君佐的玄孫。貞房譜卷三有其小傳，云：「剡，榮五，字用章，號仁齋。家貧力學，不幹石（仕）進，博究經籍。纂修《少微鑑》，釋《宋元續編》〔書史〕，校正本譜。八月二十八日生，□月十五日卒……。」與縣志中的〈劉剡傳〉相比，宗譜沒有提供更多新的資料。倒是宗譜卷一明永樂二年題「賜進士前翰林庶吉士授承直郎秋官主事鎦敬」撰〈劉氏族譜系序〉頗值一提。序曰：「今用章蓋麻沙之派也。其爲人聰敏俊彥，博物洽聞；其纂修采摭，以著乎經史者若干集；其刊行書籍嘉惠後學者廣矣……。」這恐怕是明確提到劉剡不僅「校正」書籍，而且也「刊行」書籍的唯一記載了。傅增湘《藏園群書經眼錄》卷一著錄嘉靖二年劉氏安正堂重刻《詩經疏義會通》一書時，引何英跋云：「永樂丁酉英於葉氏廣勤堂參校增輯，稿成未及付梓。正統庚申葉君景達（逵）促付梓，乃重加增定，付京兆劉剡刻之。」據此，可知朱公遷撰《詩經疏義會通》的第一刻本應爲明正統間劉剡所刻。

劉剡所編的書，除上文提到的《宋元通鑑全編》、《增修附註資治通鑑節要續編》外，尚有四庫存目著錄的《四書通義》。因此，劉剡是一個校、編、刻全能的刻書家。明代刻書家熊宗立曾從劉剡學習校、刊書籍。只是劉剡在校勘方面，更多的只是實踐，而沒有有關這方面的論述或著作留傳下來。即使在校勘方面，我們也只能估計在明前期建陽書林出版的許多書曾經劉剡校正，而不能確定具體還有那些書。

（二）劉宏毅

亦作弘毅，名洪，號木石山人，貞房二十一世孫，劉寬的曾孫。按宗譜作道洪，卷二有〈宏毅先生道洪公像〉。贊云：「秀毓書林，八斗才深。璞中美玉，

空谷足音。藏修遊息，前古後今。惟質惟實，綱目傳心。——均亭黃大鵬贊。」卷三世系載：「道洪，字宏毅，著《綱目質實》。」道洪之名，疑譜刊誤，因其兄名深，堂弟名濠，族兄中還有瀚、淵、演等，故其名應以洪爲是。

劉宏毅慎獨齋從弘治戊午（1498）到明嘉靖十三年（1534）三十六年時間，出書三十六種。內容以史部書爲主，次爲集部書。其中頗多卷帙浩大的巨著。如《十七史詳節》二百七十三卷、《文獻通考》三百四十八卷、《群書考索》二百一十二卷、《宋文鑑》一百五十卷、《史記》一百三十卷。在明中葉的建陽書坊中，慎獨齋的刻書種數雖不算最多，但因其所刻大部頭巨著甚多，如以卷數計，則可以和建陽任何一家名肆相比。

劉弘毅慎獨齋刻本在質量上也每爲後人所稱道。明高濂說：「國初慎獨齋刻本，似亦精美……」；清葉德輝則云：「劉洪慎獨齋刻書極夥，其版本校勘之精，亦頗爲藏書家所貴重。……」。「慎獨齋本《文獻通考》細字本，遠勝元人舊刻。（元）大字巨冊，僅壯觀耳。」道出了慎獨齋刻本在形式上的特點。慎獨齋所刻之書，多密行細字，字體版式，頗類元刊，若無牌記，容易誤認。

（三）劉龍田（1560～1625）

名大易，字龍田，號爌文。萬曆間，他以劉龍田喬山堂、喬山書舍、喬木山房、龍田劉氏忠賢堂、潭陽書林劉大易、喬山堂劉少崗等名號刻書甚多。

《劉氏忠賢傳》卷一有〈龍田公大易傳〉，爲康熙、道光《建陽縣誌》〈劉大易傳〉所本。傳曰：「公諱大易，字龍田，開國公貞房彥二十三世孫，福棨公之子。……鄉鄰待以舉火者數十家。初業儒，弗售。挾策遊洞庭、瞿塘諸勝，喟然曰：『名教中自有樂地，吾何多求？』遄歸侍養，發藏書讀之。纂《五經緒論》、《昌後錄》、《古今箴鑑》諸編。既卒，以子孔敬貴，贈戶部廣東清吏司主事。崇禎間，祀鄉賢祠。」其子劉孔敬，字若臨，天啓五年余煌榜進士，歷官山西布政使司參政。所謂「以子孔敬貴」，即指此。《貞房劉氏宗譜》卷三也有他的小傳。云：「大易，壽四，公字龍田，號爌文。嘉靖庚申（1560）十月十九日生，天啓乙丑（1625）六月十七日卒。誥封承德郎，戶部廣東主事，祀鄉賢祠。纂《五經緒論》、《昌後錄》、《古今箴鑑》。葬崇化茶布橋竹仔窠，妣余氏……」。根據以上記載可知：

1、劉龍田與書林余氏尚有姻戚關係。疑其所刻《書法叢珠》一書後，曾將版片轉讓給姻戚余象斗。象斗得其書版後，原封不動地編入《萬用正宗不求人》一書中，加上「潭陽余文台梓」的牌記重加印行，並非有意作僞。

　　2、劉孔敬中進士這一年，正好劉龍田逝世，所謂「以子孔敬貴」，則都是劉龍田逝世後的事情，與其生前毫無關係。劉氏一生以刀爲鋤，耕耘書版，今可考知者，尚有四十幾種刻本。他的喬山堂做爲劉氏刻書的最後一個名肆，在刻本的內容和形式上，比其前輩刻書家來，都有新的突破和提高。他所刻的《西廂記》，一反建本多上圖下文的習俗，改爲全頁巨幅，使人物和主題更爲突出，被譽爲是「宋元版畫之革命」。劉氏在中國版刻史和文化史上所作的這些貢獻，無論是在方志還是在《劉氏忠賢傳》中，均無一字揭示，死後卻因子「貴」，被擡進「鄉賢祠」、「名賢祠」中。

（四）劉素明

　　名國好，以字行。是劉宏毅的五世孫。明末書林的刻工。

　　在明天啓、崇禎間，經劉素明之手所刻書頗多，且多用插圖。鄭振鐸先生在介紹明末刻本《硃訂西廂記》時說：「刻工爲劉素明，即刻陳眉公評釋諸傳奇者。繪圖當亦出其手。素明每嘗署名於圖曰「素明作」。明代刻圖者多兼能繪事。蓋已合繪、刻爲一事矣。已與近代木版畫作者相類，不僅是「匠」，蓋能自運丘壑，非徒摹刻已也。」又在《中國版畫史序》中高度評價了劉氏的版畫創作：「明萬曆間之版畫家，若黃氏諸昆仲，若劉素明，皆已自能意匠經營，勾勒作稿；其精美固無遜於名畫家所作也。」

　　以下從各家書目所錄，將有劉素明所作版畫插圖的刻本整理如下：

　　《有圖山海經十八卷》，明李文孝刻本，圖 74 幅，題「素明刊」。（提要）

　　《注釋評點古今名將十七卷》，明天啓刻本，圖 10 頁，署「素明刊」。（提要）

　　《李卓吾先生批評三國志一百二十回》，明建陽吳觀明刻本，精圖 120 頁。題「書林劉素明全刻像」。（孫目）

　　《禪眞逸史八集四十回》，明刻本，圖 20 頁，題「素明刊」。（孫目）

　　《古今小說四十卷》，明昌、啓間天許齋刻本，精圖 40 頁，題「素明刊」。（孫目、傅目）

　　《警世通言四十卷》，明金陵兼善堂刻本，明衍慶堂二刻增補本，各有圖 40 頁，題「素明刊」。（孫目、傅目）

　　《新編孔夫子周遊列國大成麒麟記二卷》，明末刻本，圖 10 頁，題「素明刻像」。（提要）

　　《鼎鐫玉簪記二卷》，明師儉堂刻本，著錄作劉素明刻。（傅目）

《碟訂西廂記》，明末刻本，圖 20 頁 40 幅，著錄刻工為劉素明。（鄭振鐸《劫中得書記》）

《明珠記》，明師儉堂刻本，記刻工作劉素明。（魏隱儒《古籍版本鑑定叢談》113 頁）

以上所錄有兩點應引起我們注意。一是劉素明不僅為建陽書坊繪畫刻板，而且也為外地書坊揮毫操刀，如金陵兼善堂、衍慶堂等。這對提高兩地的版刻技藝，促進兩地的文化交流，作出了有益的貢獻。正因如此，關於劉素明的籍貫就產生了建陽、金陵或歙縣的說法。我的看法是，明末活躍在這幾地書坊間的劉素明，應為同一人，是建陽書林的刻工。這不僅因為貞房譜中有劉素明的名字，還因為明萬曆前後，建陽有相當部分的刻書家到外地開辦書肆，僅我所知，到金陵的就有葉貴、熊振宇、余昌宗等，到廣州的有吳世良、熊世錡等。劉龍田之子劉孔敦則曾為金陵周如泉萬卷樓校正書籍。劉素明很可能就是應某些書肆之聘到金陵等地的。二是劉素明做為刻書世家的後人，完全有條件自開書肆，卻甘於以一刻工自居，樂於為他人做嫁衣，這在明萬曆後有著深厚書賈氣的建陽書坊，尤為可貴，不失為一個獻身於版畫藝術的藝術家熱情。劉素明的版畫繼承了建刻版畫淳樸古拙的特點，又吸收了徽派版畫工麗秀逸的長處，於古拙中見精美，淳樸中透雅趣，頗能代表建刻版畫的藝術風格。建刻版畫，肇始自元至治間虞氏的《全像平話五種》，余氏勤有堂的《古列女傳》，其間經熊氏種德堂、楊氏清江堂、劉龍田、余象斗等輩的努力，在版畫史上自成一家，形成了所謂「建安畫派」。而劉素明的版畫創作，可以說為建刻版畫作了一個光輝的總結。

四、需要說明的幾個問題

（一）版刻年代辨誤

過去，由於缺乏刻書家生平史料，鑑定版本只能憑刻本本身所提供的「資訊」，如牌記、紙張、字體等，而難以結合刻書家的生活年代來判斷，因此產生某些失誤。最典型的，莫過於劉克常刻的《新箋決科古今源流至論》一書，其刊刻年代，有元大德丁未（1307）、元至正丁未（1367）、明宣德丁未（1427）三種說法，其中每兩種說法正好相距 60 年。假設劉克常曾兩次刊刻此書，又假設第一次刊刻是在他 20 歲左右，那麼第二次刊刻就必須在他 80 歲左右，而這幾乎是不可能的事，故其中必有兩種說法是錯的。

第一種說法，是《善本書室藏書志》，根據是「目錄後有大德丁未建陽書林劉克常識」語。第二種，是《北京圖書館善本書目》及魏隱儒先生《古籍版本鑑定叢談》，根據不詳。第三種，是《藏園群書經眼錄》，根據是目後有「□德疆圉協洽之歲仲夏建陽書林劉克常敬識」刊記。查貞房譜，於十九世中查到劉克常的名字，爲劉寬之子。據此可知，第三種說法是正確的。否則，劉寬是宣德間刻書家，其子卻在元代刻書，該如何解釋？

（二）關於劉氏安正堂

劉氏安正堂從弘治甲寅（1494）刻《韻府群玉》到萬曆辛亥（1611）刻《翰墨大全》，營業時間長達 108 年，刻本多達 62 種，是明代劉氏中營業時間最長，刻本最多的名肆。安正堂中知名的刻書家有劉宗器、劉仕中、劉雙松（朝綰）、劉蓮台（永茂）四人，疑爲祖孫四代。四人中僅劉仕中在宗譜中有名，餘者因譜殘缺（或刊脫），均無法找到。但他們必爲貞房中人無疑。理由之一同元代劉錦文，上文已述。理由之二，宗譜中既有劉仕中之名，那麼其餘三人也必爲此族中人。且仕中之孫有「永保、永應、永成」等，故頗疑劉永茂（蓮台）實乃仕中之孫，永字輩皆爲其兄弟行。又因劉仕中乃劉輝之子，在刻書業中，子承襲父的堂號是常見的，故又疑劉輝即劉宗器，因二者均在弘嘉間刻書，生活年代相符。只是譜中僅記劉輝之名而無其字，難以定論，錄之以就教於高明。

（三）關於劉穩

劉穩，劉爌九世孫。麻沙《劉氏族譜》附有〈西族南派世系〉，有其小傳。云：「穩，潭公長子，字宗軒，號道齋。正統朝刊刻《雲莊文集》，自撰有序。生子二：熺、端。」杜信孚《明代版刻綜錄》第五卷著錄明雲莊書院刻本，介紹劉穩小傳曰：「劉穩，字朝重，衡陽人。嘉靖三十五年進士，南詔兵備道。有《山房漫稿》。」則是將建陽的劉穩誤爲衡陽的劉穩了。

五、明末清初劉氏刻書的衰亡

明末啓禎間，劉氏刻書開始衰落。其中一個偶然的也是重要的因素，由於劉龍田的逝世，其子劉孔敬的金榜題名，使喬山堂就此打烊，劉氏刻書失掉一支主力。但與明清之交的戰亂相比，這畢竟是微不足道的。喬山堂關門了，其他劉氏書坊仍存，上表〈綜錄〉中還可見到這個時期劉氏的好幾種刻

本，因此，劉氏刻書的衰落是一個過程。這個過程就是衰於明末，亡於清初。

（一）清代建陽的刻書

朝代更替，江山易姓，明清之交尤其是清初福建長期的戰亂，給建陽書林帶來的災難是空前嚴重的。朱維幹《麻沙書話》說：「閩北最繁榮的建陽，在所謂康熙盛世，只剩得一座空城！清中軍守備金朝弼奉命駐防建陽。時城中虛若谷焉，茸若藪焉。比戶洞開，闃無人也；道路崎嶇，敗瓦積也；深夜無聞，雞犬盡也。蓋煙銷於甲寅（康熙十三年）之烽火者，不知凡幾！」戰亂，使昔日繁華的刻書中心變成了邊遠僻地！

但是，建刻並未就此絕蹟。我們從有關資料中還可以零星地知道有以下幾種刻本：

清初余氏二台館刻《陳眉公先生選注左傳龍驤》；

清初余元熹、張運泰刻《漢魏名文乘》；

清初余氏永慶堂刻《梁武帝西來演義》；

清余明刻《天經或問》；

清熊維刻《天經或問後集》；

清順治間熊志學刻《函宇通》；

清光緒二年潭陽徐氏刻《雅歌堂全集》。

從康熙《建陽縣誌・藝文志》中還可以讀到書坊梓書書目凡 150 種。可見，清代建陽還是有刻書的。其規模、數量雖遠不能與前朝相比，傳世的刻本更是罕見，但畢竟還有少數幾個書坊在苦苦支撐著，就像一場戲演到尾聲，大幕欲落未落之時，我們仍可瞥見舞臺上濃墨重彩的演員的面影。

（二）對清代劉氏刻書的推測

根據貞房譜的記載看，有可能在清初刻書的有兩人：劉舜臣和劉肇慶。劉舜臣（1597～1653），字弼虞，劉玉田之孫，於萬曆間刻有《注釋孔子家語》。其時，他不過 20 歲左右，入清 10 年故去，因此，他在清初具有刻書的可能。劉肇慶，字開侯，號剛堂。劉龍田之孫。北大藏有明刻《新刊京本性理大全》七十卷。卷一題：「潭陽後學劉肇慶校」，書名頁題「發祥堂藏板」，可知發祥堂是劉肇慶的刻書處。據宗譜載劉肇慶的生卒年，生年為萬曆戊申（1608），卒年為康熙甲寅（1674），則其刻此本時應在明末崇禎間，入清 31 年方才故去，所以他在康熙間刻書的可能性最大。

此外，《中國古籍善本書目》（經部）卷二著錄「明建邑書林劉雅夫」刻《重鐫徽郡官板翁太史補選文公家禮》八卷，現存安徽省圖書館。查貞房譜，於卷三查得其名。曰：「元頌，（行）遠四。公字雅夫，康熙庚戌年（1670）正月初十日生，乾隆庚辰年（1760）正月初六卒，壽九十一。」由此可知，劉雅夫不可能在明代刻書。所謂「明建邑書林劉雅夫刻本」，實應爲清刻本。順便值得一提的是，我在貞房譜的底葉偶然見到殘書兩頁，書口題《濟性淵源》，內容宣揚道家的煉丹之術。白口，上下魚尾，四周雙欄，半葉九行，行十九字。紙質較宗譜用紙稍白。「玄」字缺末筆，知爲康熙間所刻。其後人重修宗譜時，因書衣太薄，隨手撕下兩頁，襯入書中。70 多年後，偶被我燈下照見。

綜上所述，清代劉氏還有小規模的刻書，但是數量很少，加上交通不便，發行量少，以至很少有刻本流傳下來。

參、劉氏刻本的貢獻

一、在保存和傳播文化遺產方面的貢獻

「古人已死書獨存，吾曹賴書見古人」，陸游的這兩句詩，雖是對古代著書者而發，但若無歷代刻書者的刊刻流傳，古書又何曾能夠「獨存」？從這個意義上說，我們不能不感激歷史上的那些名不見經傳的刻書者。

劉氏刻本在保存、繼承和傳播我國優秀的文化遺產方面，做出了積極的貢獻。如最早的《元氏長慶集》因戰亂毀於唐末五季，宋宣和間劉麟之父重新輯成，由劉麟刊行於世。現存刻本包括《四部叢刊》影印本均直接或間接來源於劉麟刻本。又如元至正六年劉氏日新堂刊《伯生詩續編》，爲元代四大家之一的虞集詩集中最古之本；劉龍田喬山堂刊《西廂記》爲現存「北西廂」的最早版本，等等。

在浩如煙海的古典文獻中，劉氏刻本也有不少爲人所稱道的善本佳刊。如劉元起宋慶元間刻《漢書註》，取宋祁的十六家校本，又別采十四家本參校，兼采劉敞、劉攽、劉奉世三劉刊誤。明南監本、汲古閣本均以之爲底本，反青出於藍而「遜」於藍，每有刊誤和疏漏。劉叔剛刻《附釋音春秋左傳註疏》被阮文達稱爲南宋「六十卷中最善之本」。劉氏天香書院刻本《監本纂圖重言重意互註論語》，楊守敬跋云：「余以重價購之至。其雕鏤之精，紙墨之雅，

則有目共賞，誠爲稀世之珍。余攜歸時，海甯查君翼甫一見心醉，不惜重金堅求得之。余與約能重刊此書者方割愛……。」劉洪愼獨齋刻書既多且快，校勘精嚴，正德間所刊《文獻通考》能校正 11221 字；爲建寧府改刊《史記》，計改差訛 245 字，態度精審，爲人稱許。

劉氏刻本受到後世官、私各家推重，每被翻刻或影鈔，今可考者尚不下數十種。除上文提到的劉麟刊《元氏長慶集》、劉元起刊《漢書註》外，較著名的還有以下幾種：

《天祿琳琅叢書》影印宋麻沙劉氏仰高堂刊《音註老子道德經》二卷；

清和珅影刻劉叔剛《附釋音禮記註疏》六十三卷；

上虞羅叔言《芸窗叢刻》影印劉氏日新堂刊《伯生詩續編》三卷；

毛氏汲古閣影寫元日新堂《書義主意》六卷；

天一閣影鈔明張好、劉成慶刻本《大明興化府志》五十四卷；

《古本戲曲叢刊》初集影印劉龍田《重刻元本題評音釋西廂記》二卷。

以上所列，難免有遺珠之憾，但已足以說明劉氏刻本具有很高的文獻和版本價值。

二、在促進中外文化交流方面的貢獻

建版書籍，早就流傳到了海外。劉氏元房十二世劉祖安於宋咸淳丙寅（1266）撰〈劉氏故居慶源堂記〉（《劉氏忠賢傳》卷六）一文道：「東陽爲建上邑，而麻沙實據東陽上流。山川奇偉，人物蕃熙，經史子集百家之書流通於天下，號曰圖書外府，實七閩奎文之地。」謝枋得抗元兵敗流寓建陽時，寫下了〈書林十景〉的組詩，其六〈雲衢月夜〉中有「長虹跨陸登雲橋，會通四海同車書」的詩句。黃遵憲在清光緒間任駐日參贊。他在《日本雜事詩·崎陽雜詠》一詩中，描寫了「人人喜聞上清書」、「麻沙爭購」的情景。

在眾多流傳海外的建本中，劉氏刻本佔據了不少的數量。僅上文兩個〈綜錄〉中，《經籍訪古志》著錄日本聿修堂等處藏書 18 種；《中國善本書提要》著錄美國國會圖書館藏書 8 種；《藏園群書經眼錄》著錄日本內閣文庫等處藏書 6 種；加上《中國通俗小說書目》、《日本訪書志》、《醫籍考》著錄的日本公私藏書；《倫敦所見中國小說書目提要》著錄的英國博物館等處藏書，估計流傳國外的歷代劉氏刻本，不會少於五、六十種。

在流傳到國外的劉氏刻本中，還有一些史料價值極高的孤本。如六十年

代在日本德山毛利家藏書中發現的元泰定劉氏日新堂刊《新編事文類要啓箚青錢》，是一部反映元代士農工商各階層人民生活的日用百科全書，對研究元代的民俗、文學、歷史具有相當高的史料價值。其餘如日本藏明書林劉榮吾刊《鼎鐫全像水滸忠義志傳》、明劉蓮台刊《鼎鍥全像唐三藏西遊釋厄傳》、英國牛津大學藏劉龍田刊《新鍥全像大字通俗演義三國志傳》等，均爲研究我國古典文學的重要資料。

　　劉氏刻本流傳到國外後，也每被翻刻或影印。據掌握有資料，主要有以下幾種：

1、宋劉元起慶元本《漢書註》，日本人視爲「國寶」，1977 年由京都朋友書店影印出版。

2、日本文化九年覆刻元至正日新堂刊《四書大成》三十六卷。

3、六十年代日本古典研究會影印元泰定劉氏日新堂刊《新編事文類要啓箚青錢》五十一卷。

4、朝鮮活字本，翻明宣德七年劉文壽刊《增修附註資治通鑑節要續編》三十卷。

5、日承應二年（1653）、日寬文三年（1663），日本兩次翻刻明萬曆安正堂刊《鍥太上天寶太素張神仙脈訣玄微綱領宗統》七卷。

6、日本寶永八年（1711）覆刻劉龍田刊《新鍥類解官樣日記故事大全》七卷。

7、日萬治二年（1659）吉野屋權兵衛覆刻明劉希信刊《新刊京版校正大字醫學正傳》八卷。

以上所舉，雖不夠完整，但已足以說明劉氏刻本在國外的影響以及在中外文化交流方面的貢獻。此外，宋劉氏天香書院刊《監本纂圖重言重意互註論語》一書也曾流落日本，清代由楊守敬訪回，現存北大圖書館，成爲稀有的流傳國外後又返回祖國的珍貴版本之一，足以寫入中日文化交流史中。

（原載《文獻》1988 年第 2、3 期）

附錄四　貞房劉氏系圖

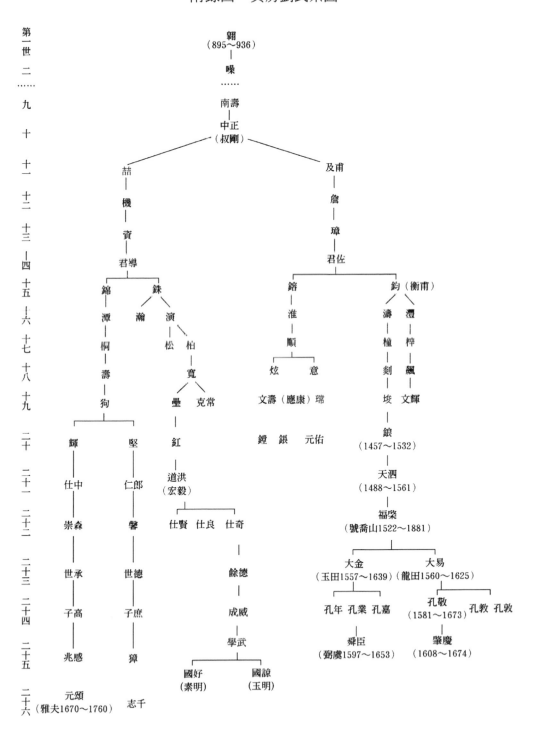

附圖一：書影一

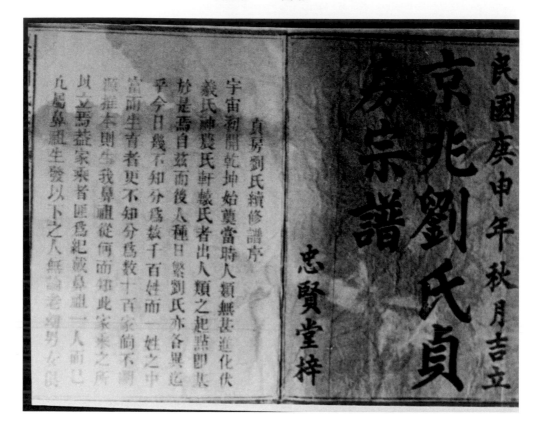

附圖二：書影二

附圖三：書影三

附圖四：書影四

仁齋先生劉公刻像

鳴琴在室
學遠愍東
校譜心紅
修書義通
也微哲匠
宋元宗工
不干仕進
超然高風
十一世延
孫　然篦

附圖五：書影五

明代刻書家熊宗立述考

在明正統至成化年間，素有「圖書之府」之譽的建陽縣出現了一家著名的書肆，名曰種德堂（有時又稱中和堂），這家書肆的主人就是熊宗立。由於熊宗立既精於刊刻，又深得醫宗奧旨，且其刊刻多為醫學典籍，故其在中國書史和中醫學史上，都佔有重要地位。由於資料缺乏，史籍中對熊氏的記載大多隻言片語，語焉不詳，對我們瞭解熊氏的生平帶來很大困難。近年來，為了較為全面地瞭解建陽熊氏的刻書情況，找曾多次到書坊鄉進行實地考察。走訪刻書家的後代，並從熊氏後人手中，借閱到了其珍藏的《潭陽熊氏宗譜》。從這份宗譜中，我發現了一些鮮為外界所知的有關熊宗立的生平記載。現參考以往一些專家學者的著述，並結合己知，試述於後。

壹、家乘敘略

熊宗立，字道宗，號道軒，又號勿聽子（見圖一）。建陽縣崇化里（今書坊鄉）人。生於明永樂七年（1409），卒於成化十八年（1482）（此據宗譜所載）。據宗譜載，熊氏原為江西南昌人，其始祖熊秘曾任唐兵部尚書，因黃巢農民起義，乾符年間偕其侄熊博率兵入閩鎮守溫陵（今泉州），熊博曾任建州刺史。不久，熊博卜居建陽城關北門外的赤岸，稱為東族。熊秘則卜居建陽崇泰里樟埠（今莒口樟埠、焦嵐一帶），稱為西族，並在此建鰲峰書院，作為子孫求學之所，後來熊宗立在其著述中每每自稱「鰲峰熊宗立」，熊大木自稱「鰲峰後人」，即源於此。

圖一：熊宗立像

　　熊秘的後代傳到十三世，即熊宗立的高祖熊祖榮這一代時，因祖榮入贅從崇泰里遷居到崇化里，熊祖榮由此被稱爲始入書林始祖（見圖二）。

　　熊祖榮入贅書林後，是否即加入刻書業的行列？熊宗立的前輩中是否也有刻書家？宗譜中沒有記載。從今可以考見的版本看，建陽熊氏在宋代刊書有東族的熊克，刻有《宣和北苑貢茶錄》一卷（見四庫提要）；元季有鼇峰書院，刻有《勿軒易學啓蒙圖傳通義》七卷（見《善本書室藏書志》）；建安熊氏，刻有《王狀元集百家註分類東坡先生詩》二十卷（北京圖書館，書號 5745）；《新刊河間劉守眞傷寒論方》（《藏園群書經眼錄》卷七）；元末有熊氏衛生堂，刻有《新編西方子明堂灸經》（見《中國印本書籍展覽目錄》）。但總的來說數量少，規模小，基本上還屬於家刻性質。眞正從事坊刻，以刻書爲業者，熊氏中人，應始自熊宗立。

　　如前所述，正因爲熊氏在當時在社會上的顯赫地位和深厚的家學淵源，爲熊宗立的著書立說，自編自刻醫學書籍，打下了深厚的基礎。

圖二：書林始祖熊祖榮像

始入書林十三世祖五五公遺像

偉哉我祖　罟慶軒昂
遷居仁美　肇兆嘉祥
厥孫提督　貤贈播揚
創祠築室　聚族斯皇
宗祀弗替　俎豆馨香
俯公遺像　萬世不忘

翰林院學士齋蕭
正統戊午丼製

貳、師承關係

關於熊宗立的師承關係，多數史家說他從劉剡學陰陽醫卜之術，這其實是不準確的。這一說法，主要是受了建陽縣誌的影響。如《道光建陽縣誌》卷十三云：「熊宗立，別號道軒，從劉剡學陰陽醫卜之術，註《天元》、《雪心》二賦，《金精鰲極》、《難經》、《脈經》、《藥性賦補遺》，及集《婦人良方》等書行於世。」《建寧府志》和《福建通志》對熊宗立的記載與此大同小異，當從縣誌所錄。劉剡何許人？他是否也精通「陰陽醫卜之術」？縣誌云：「劉剡，字祖章，自號仁齋。崇化人，世居書坊，博學不仕，凡書坊刊行書籍多剡校正，嘗編輯《宋元資治通鑑節要》等書行於世，卒年七十。」劉剡既能傳授熊宗立「陰陽醫卜之術」，他本人至少也應精通醫術才對，而縣誌對此卻無一字記載，查閱《古今圖書集成·醫部全錄》及《中國醫學人名志》等，也一無所獲。可見，劉剡只是一個較出色的書籍校刊家。熊宗立師承於他，主要學習的應是編輯、校刊書籍的方法，而在醫學上當另有所承。此外，從年齡上看，劉剡比熊宗立也大不了多少。我們今天雖無從考證劉剡的生卒年，但據熊氏宗譜載，劉剡係熊宗立的堂侄熊寬的岳父。這樣，在輩份上，熊宗立與劉剡是同輩人，劉氏不可能在與熊氏年齡相差無幾的情況下，竟同時精通校勘學和醫學，而熊氏則二者都要拜之爲師。這還可以從劉剡的家學淵源看。書林劉氏在南宋有劉日新三桂堂、劉元起家塾、劉將仕、劉仲吉等，元有劉君佐翠岩精舍，明代則有劉洪的慎獨齋、劉錦文的日新堂，多爲著名書肆，今可考見的版本不下數百種。從今可考見的劉剡校正的版本看，其每每自稱「京兆劉剡」，這與劉君佐有時亦自稱「京兆劉君佐翠岩精舍」一樣，其源於他們的祖先唐劉翱是京兆人。後翱卜居麻沙，書林劉氏多爲其後。因此，劉剡作爲刻書世家之後，精於校刊是較爲可信的。而熊宗立的祖上，已如前所述，似還未有專門從事坊刻的記載，要以此爲業，向能者學習，這應當是可以理解的。

那麼，熊宗立的醫術是向誰學的呢？關於這點，我們還得上溯至熊宗立的曾祖熊天儒，宗譜對他是這樣記載的：

> 公字雅仲，辛十四，公喪父時甫三歲，兄撫養長成。好讀書，晚年學醫王中谷先生，傳其秘妙，至今書林子孫以醫名傳世者，自公始也……。

熊天儒的長子熊鑑，字彥明，即熊宗立的祖父，也是一個小有名氣的醫學家。

他繼承了其父的醫學事業，曾編有醫方類書《類編南北經驗醫方大成》十卷（元至正癸未建陽進德書堂刊本，見日本丹波元胤《中國醫籍考》方論三十）。與劉氏刻書相比，熊氏的醫學淵源雖沒有遠涉宋、元、明三代，但也經歷了兩朝四代人。可見，從世居同里之人劉剡學醫之說，恐難成立。而最大的可能是，熊氏向劉氏學習校刊，同時結合自己的祖傳醫術，從而產生了熊宗立這個專刻醫經典籍的刻書家。

參、版本綜考

熊宗立所刊刻的書籍今可考見的約有三十幾種，大致可分為三種情況：

一、自編自刻者

《新編名方類證醫書大全》二十四卷，明成化三年（1467）刻印熊氏種德堂刊。北京大學圖書館李氏存書有日本大永八年覆刻明成化三年熊氏種德堂本。按，此書原名《醫書大全》；首刊於正統十一年（1446），見熊氏自序（丹考）。

《勿聽子俗解八十一難經》六卷，明成化八年壬辰（1472），鰲峰熊氏中和堂刊。見中醫古籍出版社 1983 年 9 月影印日本翻刻熊本（丹考）。

《類編傷寒活人書括指掌圖》十卷，明天順五年（1461）建陽種德堂刊（張志）。

《王叔和脈訣圖要俗解》六卷，又名《勿聽子俗解脈訣》。明正統丁巳（1437）熊宗立刊（丹考）。

《原醫藥性賦》八卷（黃目）。

《山居便宜方》十六卷（黃目、丹考）。

《備急海上方》二卷（黃目、丹考）。

《類證註釋錢氏小兒方訣》十卷（丹考）。

《傷寒運氣全書》十卷，明天順二年（1458）熊宗立刊（黃目、丹考）。

《傷寒活人指掌圖論》十卷（黃目）。

《丹溪治痘要法》一卷（黃目）。

《祈男種子書》二卷（黃目）。

《地理雪心賦註》二卷（黃目、縣誌、宗譜）。

《居家必用事類全集》十卷（黃目、縣誌、宗譜）。

《增補本草歌訣》八卷（丹考）。

《黃帝內經素問靈樞運氣音釋補遺》一卷（丹考）。

《素問運氣圖括定局立成》一卷（四庫、丹考）。

《洪范九疇數解》三卷。刊刻年代不詳，有清雍正元年翻刻本（見《販書偶記》卷十）。

《天元賦註》（縣誌、宗譜）。

《金精鼇極註》（縣誌、宗譜）。

《類編歷法通書大全》三十卷（杭大、縣誌、宗譜）。

《婦人良方補遺大全》二十四卷（丹考、縣誌、宗譜）。

《類證陳氏小兒痘疹方訣》二卷。明成化己丑（1469）熊氏種德堂刊本（森志、丹考）。

二、刊刻他人著述

《外科精要附遺》三卷。明天順甲申（1464）刻印種德堂刊本（森志、丹考）。

《素問入式運氣論奧》三卷、《黃帝內經素問遺篇》一卷。明成化間鼇峰熊宗立刻本（丁志）。

《靈樞經》十二卷，明成化間鼇峰熊宗立刻本（四庫）。

《新刊補註釋文黃帝內經素問》十二卷，明鼇峰熊宗立刊本（北圖、丁志）。

《醫經小學》六卷首一卷，明成化間熊氏種德堂刻本（上圖）。

《新刊袖珍方大全》四卷，明正統十年（1445）熊宗立刊本（丁志、于志、版本志）。

《錢氏小兒藥症直訣》三卷，明熊宗立刻本（楊志）。

《太平惠民和劑局方》十卷、《指南總論》三卷，《增廣和劑局方圖經本草藥性總論》一卷。明成化丙戌（1466）熊氏種德堂刊（森志）。

三、熊宗立編撰而由其後人所刊的

《傷寒活人書括指掌圖論》十卷，明正德三年（1508）熊氏種德堂刊，

疑熊宗立長子熊瓚刊，詳見下文（葉鈔、張志）。

《圖註難經》四卷。

《圖註指南脈訣》四卷，萬曆年間熊沖宇刊（黃目）。

《脈訣註解》，明萬曆間熊成冶種經堂本（黃目）。

肆、宗譜中的熊宗立

與熊氏家族中其他刻書家相比，熊宗立可以說是最幸運的。他在宗譜中不但有小傳，且在卷首有像和贊，這在熊氏宗譜中，是絕無僅有的。也正因如此，為我們理清熊宗立的生平提供了難得的第一手資料。現將宗譜中有關熊宗立的記載錄後（書影見文後）：

> 十九世華十三諱宗立公遺像
>
> 醫傳世業，德振儒宗。發明小學，洞徹陰陽。博施濟眾，惠及穹壤。光風霽月，千載流芳。建寧府儒學教授任善贊。
>
> 公字道宗，號道軒，又號勿聽子，生於永樂七年己丑七月初七日。既辰，受業於劉仁齋先生剡之門。妣余氏丙戌五月初二日生。
>
> 十九世……宗立，禮公三子，行華十三，字道宗，號道軒，又號勿聽。生於永樂七年己丑七月初七日。卒於成化十八年辛丑八月廿一日，享年七十三歲，葬錢塘焦湖山，坐巽向乾。繼妣陸氏位福八，生於正月初二，卒於十二月初十，葬蔡布，俱有碑。公生而嗜學，善於孝友。受業於劉剡仁齋先生之門；嘗讀易，悟陰陽之奧，遂精尅擇。襲祖父之醫術，皆不計酬，一以活人為心。著有《小學集解》、《通書大全》、《脈訣》、《難經》、《活人指掌》、《婦人良口》、《醫方大全》、《居家必用》等書行於世，載在《建陽縣誌》。妣余氏位甲八，長公三歲，丙午年五月初二日生。葬石溪小埠山挂壁蜈蚣形。生子二：瓚、瑞。

通過宗譜所載，結合熊宗立在其一些著述中自序，可以大致勾勒出熊氏的生平。熊宗立出生於一個醫學之家，家中田產頗豐，在三朝刻書中心之一的建陽，也是一個頗為顯赫的大族。與書林其他顯姓如余、劉等有密切的姻戚關係。熊宗立少年時就酷愛學習，年輕時就學於書籍校勘家劉剡之門。熊氏在《醫書大全》一書自序中說明此書的編撰緣起時說：「余自幼多病，喜讀

醫書，暇日因取前方，芟證歸類措方入條……。」因自幼多病而喜讀醫書，
這是促使其走上編撰出版古醫籍道路的直接原因之一。他還曾在坊間行醫，
具有博施濟眾之心，能治病救人而不計報酬，爲他編寫醫籍也積累了豐富的
經驗。

宗譜圖

通過宗譜的記載，可以幫助我們澄清以下幾個問題：

一、關於熊均

曾有人撰文認爲「熊宗立名均」，這是不對的。造成差錯的原因或許有
二。一是受《經籍訪古志》和《中國醫籍考》的影響。前者在明天順甲申種

德堂刊本《外科精要》書目序後云：「按是書世唯傳熊均校本及薛己補注熊本……。」後者則將其列為熊宗立著。二是熊宗立的《醫書大全》一書曾與熊均的《醫學源流》合刊，今北大圖書館有日本大永八年覆刻明成化三年熊氏種德堂本，而一些版本目錄僅注明「熊宗立輯」，由於資料缺乏，故使人誤以為編輯《醫學源流》的熊均即編輯《醫書大全》的熊宗立。實際上，熊均是熊秘的二十世孫，居住在崇泰里，屬「熊氏西族上房長官祖居樟埠廳忠孝堂遺派」，他與居住在崇化里書林的熊宗立又是宗族血緣上的關係。熊均在輩份上比熊宗立還小一輩，但生活年代比熊宗立早，生年為元天曆三年（1330），卒年不詳。其後人熊斌於明成化間曾刻有《熊勿軒先生文集》八卷行於世。

二、關於熊氏種德堂刻書年代

從現存熊氏種德堂刊刻的書籍中，可考見熊宗立刻書的最早年代是明正統元年（1436），見於《傷寒活人書括指掌》一書熊氏自序。其時熊宗立二十七歲，在沒有其他資料發見之前，這當是熊宗立從事刻書的最早年代。但經一些專家著述，熊氏種德堂在元代曾有刻本，主要有以下兩種：

《新刊河間劉守真傷寒論方》三卷後集一卷續集一卷別集一卷。傅增湘先生在《藏園群書經眼錄》中認為此為元代熊氏種德堂刊本。但據傅先生同書所載，此本「目後有牌子一行，文曰：『歸川葛雍校正，建安熊氏刊行』」，文中並無熊氏種德堂之類的木記，可見此書只是熊宗立的祖輩所為。

《周易傳》六卷，元至正九年（1349）種德堂刻本。《福建版本資料彙編》將其列在熊宗立名下，實為不妥。且不說熊宗立是明永樂以後的人，不可能在元代刻書，再說書林在元代還有一家阮仲猷的種德堂，安知此本所云種德堂必姓熊而不姓阮？因此，在沒有確切的資料證實之前，只能姑且存疑。

三、關於熊宗立的卒年

熊宗立的生年在宗譜中已有明確記載，無庸細述。但對熊的卒年似還須稍加說明。譜云：「……終於成化十八年辛丑」，計算有誤，如從成化十八年，則當為壬寅而不會是辛丑；如從辛丑，則當為成化十七年而不會是十八年。從譜中記載看，前者的可能性居多。因後文曰：享壽七十三歲，而從永樂七年至成化十八年壬寅，以虛歲算才只有七十三歲，若從辛丑算，只有七十二歲。

伍、熊氏後人

熊宗立的嫡系子孫中，值得一提的刻書家有四人：熊瓔，熊宗立的長子。熊大木，熊瓔之孫。熊成冶（宗譜作成治），熊宗立的五世孫；熊飛，熊宗立的六世孫，熊成冶之子。

（一）熊　瓔

字貴衡。宗譜說他「文學德行授自先人，損己惠物，施藥濟貧，鄉人銘感，稱爲種德居士。有司聞名，請鄉飲賓。生於正統元年（1436）正月廿六日，卒於正德三年（1508）八月初八日，享壽七十一歲（按，應爲七十三歲）……。」

在熊氏種德堂所刊書籍中，雖沒有發現明確標有「熊瓔刊」之類的木記，但我懷疑在熊氏刊本中，有一部分是在熊瓔主持下刊刻的，而種德堂之名也來源於他的「種德居士」之號。下面把明確標有「熊氏種德堂」木記的書次列如下，結合這些書的刊刻年代，這個懷疑也許可以證實或至少有它能夠存在的理由。

《類編活人書括指掌方》，明天順五年（1461 年）；

《外科精要》，明天順甲申（1464 年）；

《太平惠民和劑局方》，成化丙戌（1466 年）；

《新編名方類證醫書大全》，明成化三年（1467 年）；

《類證陳氏小兒痘疹方訣》，明成化己丑（1469 年）；

《醫經小學》，明成化間；

《傷寒活人書括指掌圖論》，明正德三年（1508 年）。

以上七種書刊刻的最早年代是 1461 年，最晚是在 1508 年，即在熊宗立 53 歲至逝世後 27 年這段時間所刊。熊瓔的生卒年是 1436～1508 年，上列七種書的刊刻年代正好在熊瓔 25～73 歲逝世之前。據此看來，或許熊宗立在 53 歲之前還只是以「鼇峰熊宗立」或「熊氏中和堂」的名義刊書（鼇峰之得名由於鼇峰書院，中和堂則由於其先祖熊秘鎮守溫陵時，溫陵府治即在中和堂，均有懷念之意），53 歲之後直到逝世，則專心編撰醫籍，而刊刻之業全部委以其子，這才出現了「熊氏種德堂」的牌記。只是由於熊氏的其他書的刊刻年代多不可明確考出，我的這個懷疑還一時難以完全被證實，姑錄於此，以俟知者。

（二）熊大木

查遍宗譜不見其名。疑即熊宗立的曾孫熊福鎮。譜云：（二十二世）「福鎮，天育公四子（按，應為五子），位福四，行用三，號鍾谷。葬蔡埠半月山，立有碑。姚羅氏帶來一子德貴為嗣。」此號為鍾谷的熊福鎮和號鍾谷的熊大木應即同一人。根據是，二者的生活年代正好同時。由於二者均無明確的生卒年記載，要說明這一點，還得作一小小的考證。從熊大木所編撰的眾多的通俗小說看，有明確年代可考者，一為嘉靖三十一年（1552）編的《大宋中興通俗演義》，其自序云「時嘉靖三十一歲在壬子冬十一月望日」。一為嘉靖三十二年癸丑（1553）編的《唐書志傳通俗演義》，見是書李大年序。此二書的編撰時間，約在熊福鎮 45～50 歲左右。譜中雖無熊福鎮的生卒年，但有其三哥福泰的生卒年，為 1496～1569 年。假設熊福鎮比其兄小十歲，則其生卒年約在 1506～1579 之間。此外，熊大木在其所編的通俗小說中有時還自稱為「鰲峰」或「鰲峰後人」，此鰲峰雖可理解為鰲峰書院，但也可理解為其曾祖熊宗立所每每自稱的那個「鰲峰」，而後者，不正是告訴我們，熊大木就是熊宗立的後人嗎？

（三）熊成冶

熊宗立的五世孫，號沖宇。他在萬曆午間以「熊成冶種經堂」、「熊沖宇種德堂」、「閩建書林熊成冶」、「熊沖宇」等名號刊刻了許多醫學、童蒙教育和民間實際應用的書籍。

（四）熊　飛

字希孟，號在渭。熊宗立的六世孫。他在崇禎年間以「雄飛館」之名首刊《英雄譜》，別出心裁地將水滸和三國上下合刻。

為醒目計，現聯繫上下文，據熊氏宗譜，將「始入書林祖榮公派」下的一支，即與熊宗立前後有關的人物列一世系圖於後。

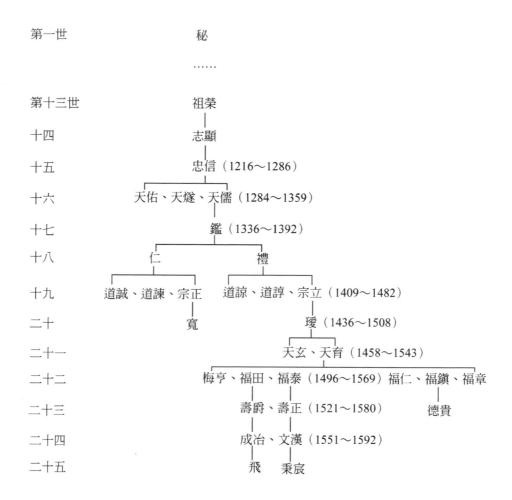

第一世　　　　　　　　秘

　　　　　　　　　　　……

第十三世　　　　　　　祖榮
　　　　　　　　　　　　｜
十四　　　　　　　　　志顯
　　　　　　　　　　　　｜
十五　　　　　　　　　忠信（1216～1286）
　　　　　　　　　　　　｜
十六　　　　　　天佑、天燧、天儒（1284～1359）
　　　　　　　　　　　　｜
十七　　　　　　　　鑑（1336～1392）
　　　　　　　　　　　　｜
十八　　　　　　仁　　　　　　禮
　　　　　　　　｜　　　　　　｜
十九　　　道誠、道諫、宗正　道諒、道諄、宗立（1409～1482）
　　　　　　　　　｜　　　　　　｜
二十　　　　　　寬　　　　　瓔（1436～1508）
　　　　　　　　　　　　　　　｜
二十一　　　　　　　　天玄、天育（1458～1543）
　　　　　　　　　　　　　　　｜
二十二　　　梅亨、福田、福泰（1496～1569）福仁、福鎮、福章
　　　　　　　　　　　｜　　　　　　　　　　｜
二十三　　　　　壽爵、壽正（1521～1580）　　德貴
　　　　　　　　　　　｜
二十四　　　　　成冶、文漢（1551～1592）
　　　　　　　　　　　｜
二十五　　　　　飛　　秉宸

陸、熊氏刻書的地位和影響

　　熊宗立的刻書在整個熊氏刻書中起著承前啓後的作用，在明代建陽的刻書業中，也占著十分重要的地位。

　　在熊宗立之前，建陽熊氏雖偶爾也有刻書，如宋有東族熊克的家刻，元有鼇峰書院、建安熊氏和熊氏衛生堂等，但規模還很小，與建陽劉氏、余氏等難以相提並論。從現存的版本看，只不過寥寥數種，可以說基本上還屬於家刻性質。到了熊宗立這一代，熊氏才開始由家刻發展為坊刻。到嘉靖萬曆時期，建陽熊氏刻書大盛，熊宗立的後輩刻書家有熊瓔、熊大木、熊成冶、熊飛；熊氏的另一支，即世居樟埠廳（今建陽莒口鄉樟布一帶）的忠孝堂一派，也加入了刻書業，這便出現了熊清波的誠德堂，熊稔寰的燕石居。到明末清初，則還有熊之璋、熊體忠等。而熊宗立，在熊氏刻書中，占著十分重

要的位置，起到了承前啓後的作用。可以毫不誇張地說，沒有熊宗立，就沒有嘉、萬時期熊氏刻書的大盛。

再從明前期建陽的刻書業來看，熊宗立也占著極其重要的地位。據史料載，由於一場大火，使麻沙書坊毀於元季，直到明嘉靖時，才有所恢復。在明前期，建陽元代延至明季的幾個著名書肆，刻書量急劇下降；明初崛起的幾個書肆也个甚景氣。如劉氏日新堂、劉氏翠岩精舍、鄭氏宗文堂、葉氏廣勤堂，劉氏慎獨齋、楊氏清江書堂等幾個著名書肆，從洪武至成化年間，今可考見的刻書量，總共相加也不過十來種；而熊宗立，在這段時間就多達三十種左右。由此可見，熊氏種德堂對扭轉明前期建陽刻書業的不景氣的局面，起到了不容忽視的巨大作用。

熊宗立繼承了建陽歷史上許多書肆如宋代蔡夢弼、魏仲舉等既刻書又編書的優良傳統，自編自刻了大量的醫學書籍，就其數量而言，在建陽乃至我國的刻書史上也是僅見的。這種把編輯、刊刻、發行結合在一起的做法，對於後來的刻書家如熊大木、余象斗等產生了很大影響。只不過嘉靖以後的書林更熱衷於編刻通俗小說，而較少像熊宗立這樣專門從事古典醫籍的編刻罷了。

在熊宗立所編的醫籍中，大多以類編、俗解、注釋、補遺等形式刊行，注意通俗化和形式多樣化，這是熊氏刻書的特點之一，這在上文所列書目中便可看出。熊宗立還繼承了麻沙虞氏在元季開創的圖文並茂的優良傳統，在書籍中廣泛運用了圖要、圖括、指掌圖等插圖示意形式，這在中國古醫籍的出版史上也是很突出的，對於明代的醫學普及起到了重要作用。

熊宗立的同族叔祖，宋末元初建陽的著名學者熊禾，在爲書坊重修朱熹在乾道年間建的同文書院時，寫下了〈上梁文〉，其中言道：「……兒郎偉，拋梁東，書籍高麗日本通……兒郎偉，拋梁北，萬里車書通上國……」值得一提的是，熊氏的子孫兒郎們並沒有辜負他的期望。熊宗立編刻的《名方類證醫書大全》，在當時就深受日本人的喜愛，由日人阿佐井野宗瑞於大永八年（明嘉靖七年）翻刻，成爲日本翻刻的第一部中國古代醫學典籍。他的《勿聽子俗解八十一難經》，也被日人翻刻，中醫古籍出版社 1983 年 9 月曾據日翻刻本影印出版。

（原載《文獻》1987 年第 1 期）

建陽熊氏刻書述略

　　建陽刻書史上，有一明顯區別於外地書坊的歷史現象，那便是許多書林大族均子承父業，世代相沿，形成了著名的刻書世家。建陽熊氏便是其中之一。對熊氏的刻書歷史，我在〈明代刻書家熊宗立述考〉一文中已略有提及。由於〈述考〉一文著重於考述熊宗立一人的生平，餘者因篇幅所限，只對其中幾個較重要的人物略為介紹，因此，還有必要對熊氏刻書的歷史源流作進一步的闡述。為避免重複，凡〈述考〉中較詳者，本文略之，較略者，本文詳之。

壹、熊氏刻書源流

　　建陽熊氏分為東、西二族，熊氏刻書中占主體的是西族。西族中又以書林讓房一派中刻書者居多。據《潭陽熊氏宗譜》載，西族始祖熊秘原居崇泰里（今莒口鄉）樟埠一帶，後因數孫繁衍，故這裏又稱熊屯。傳至十三世熊祖榮，因其入贅從崇泰里遷居到崇化里書林，祖榮由此被稱為始入書林始祖。祖榮之孫忠信（1216～1286），字明決，是元代刻書名家翠岩精舍劉君佐的岳父，生有三子，分為恭、儉、讓三房。長天佑，恭房祖；次天燧，儉房祖；末天儒，讓房祖。明代熊氏刻書家，多為讓房子孫，恭房僅熊體忠、熊體道等少數幾人而已。

一、宋　代

　　建陽熊氏刻書中，今可考的年代最早者，是東族的熊克（東族居建陽城

外赤岸）。他於宋乾道、淳熙間刻有《老子註》二卷、《孝經註》一卷、《毛詩指說》一卷、《宣和北苑貢茶錄》一卷。熊克字子復，紹興間舉進士，知諸暨縣，被薦爲校書郎，累遷起居郎兼直學士院，出知台州，淳熙十二年被罷。著有《九朝通略》、《諸子精華》、《中興小曆》等。從熊克的生平可知，其刻書與後來書林熊氏的坊刻不同，應屬家刻性質。

二、元　代

南宋滅亡後，南方的一些理學家不願出仕，退而建立書院，以闡揚道統爲己任。這些書院因教學的需要，也每有刻書。熊禾便是其中的知名者。

熊禾（1247～1312），字去非，號勿軒，又號退齋，熊秘十七世孫，屬祖居崇泰里熊屯中軍房一派。熊禾是朱熹高弟輔廣的再傳弟子。咸淳十年（1247）舉進士，授甯武軍司戶參軍。入元不仕，與母族至親劉應李隱居武夷山中，建洪源書堂授徒講學，後十二年又在建陽梓里修復鼇峰書院。宋末愛國詩人謝枋得抗元兵敗，流寓建陽時，與熊禾意氣相投，成爲至交。江西的著名學者胡一桂（庭芳）、董眞卿等均慕名拜訪，進行學術交流。熊禾武夷洪源書堂所刻《易學啓蒙通釋》二卷，係胡一桂父方平之作，即胡一桂入閩所攜，交熊禾刻之。董鼎著《孝經大義》一卷，係鼎子眞卿攜帶入閩，熊禾囑其族兄熊敬爲其刊行。

元代，熊氏中從事坊刻者，今可考者僅四家，即熊氏萬卷堂、熊氏博雅堂、熊氏衛生堂和建安熊氏。熊氏博雅堂於元代所刻書，僅見日人森立之《經籍訪古志》著錄《明本排字九經直音》一種。森氏曰：「卷端木格題『熊氏博雅堂刊』五字，……卷末有『至正丁酉日新書堂繡梓』印記。」日新堂乃元明間建陽名肆，熊氏博雅堂與其在同一刻本中出現，應是兩家書坊合刻。同時，於此可證博雅堂係建陽熊氏所經營的書肆。

綜觀宋元二代熊氏的刻書，雖然數量少、規模小，附錄一〈歷代熊氏刻本綜錄〉中，輯錄宋、元刻本僅 12 種，但其中家刻、書院刻、坊刻各種形態具備，這就爲明代熊氏較大規模的坊刻積累了實踐經驗，打下了一定的基礎。

三、明　代

明代，以熊氏種德書堂爲中心，出現了眾多的熊姓書肆。其中刻書最多的是熊宗立和熊沖宇。此外，知名者還有熊斌、熊大木、熊台南、宏遠堂熊

體忠、熊體道、忠正堂熊龍峰、誠德堂熊清波、熊心禹、熊仰台、燕石居熊稔寰、熊振宇、熊玉屏、熊安本、熊九香、熊九敕、熊秉宸、熊飛雄飛館、熊之璋等十七家；只知堂名不知人名者五家，即熊氏一峰堂、衛生堂、鰲峰堂、博雅堂和書林雨錢世家。其中除熊斌和熊之璋非書林中人，應屬家刻，刻書地點在崇泰里外，餘者均爲坊刻。

這個時期的熊氏刻書，以止德間（1506～1521）爲界，大致可分爲前後兩個時期。前期以熊宗立的種德堂（有時又稱中和堂或熊氏種德堂）爲主，主要刊刻醫籍，其中以自編自刻者居多，刻書趨向專業化是其特點。後期以熊沖宇（名成冶，宗立五世孫，刻書堂號亦名種德堂）爲主，主要刊刻民間日常用書及童蒙讀物，間或也有科舉應試之書、醫學書籍和通俗文學作品等，刻書內容廣泛，形式多樣化，是這個時期熊氏刻書的主要特點。附錄一輯錄了明代熊氏刻本共 99 種，其中難免有所遺漏，但已大致可以反映出這個時期熊氏刻書的基本情況。

在此需略加說明的，是書林雨錢世家的刻書情況。附錄一中輯錄其刊刻的三種刻本，《中國古籍善本書目》（經部）、《北京圖書館善本書目》和王重民先生的《中國善本書提要》在著錄中，均題作「書林兩錢世家」或「書林兩錢館」。對此，我開始是持懷疑態度，後來致信向北京圖書館的專家請教（信中僅提北圖目著錄的一種刻本，書名見附錄一），蒙北圖善本組函複，略云，經查，「兩錢」應是「雨錢」，並已在新編《北京圖書館善本書目》中更正云云。查《中國古籍善本書目》（經部）卷一著錄的明萬曆二十五年「兩錢世家」刻本，也是北京圖書館藏本，則「兩」字應也是「雨」字之誤無疑。

何以斷定「雨錢世家」是熊氏書肆？有史料爲證。如嘉靖《建陽縣誌》卷十一〈列傳〉載：「熊衰，崇泰里人。事親至孝。忽三日驟雨，本家園地皆滿。惟熊氏所得者堪用，其鄰里僕隸所得皆化爲土，因號衰爲雨錢翁。」查《潭陽熊氏宗譜》，知熊衰爲熊秘長子。譜曰：「……時方艱，遺例無俸給，父之薨也，無以具葬，孝格純天，雨錢三日夜以畢，口口世因稱『雨錢公』」。在一般情況下，我們完全可以對縣誌和宗譜中這種帶有濃厚迷信色彩的記載置之一笑。但對熊氏子孫來說，卻是每每引爲自豪的一件事。宗譜中就有所謂「熊氏西族尚書郭門公孝忠雨錢堂上房長官支派」世系。「雨錢公故里圖、神道碑、祝文」等。據上述記載推斷，「雨錢世家」應是熊氏書肆。就像熊氏始祖熊秘建了一座鰲峰書院，其後輩子孫中就有了號鰲峰的熊禾、號鰲峰後

人的熊大木那樣，熊氏的二世祖既號「雨錢翁」，其後輩子孫中就有了以「雨錢世家」命名的書肆。

四、清　代

　　清代熊氏的刻本，與整個建陽書坊的命運一樣，也在逐漸衰落。從有流傳的熊氏刻本看，清代的熊姓書坊有兩家，即刻《函宇通》的熊志學和刻《天經或問後集》的熊維大集堂，均見王重民《中國善本書提要》著錄。熊志學（1650～1675），讓房廿五世，字魯子，以明經任光澤縣訓導。熊維，又名啓孫，字立文，讓房廿九世。此外，《增訂四庫簡明目錄標注》卷十七著錄元趙孟頫撰《松雪齋集》，係清種德堂重刻元沈氏本，未知此清種德堂是否係熊氏後人所經營的書肆，《標注》未錄姓氏，難作定論，爲愼重計，未列入附錄。

　　值得一提的是，《潭陽熊氏宗譜》中還有一些有關清代熊氏刻書的零星記載，雖吉光片羽，彌爲珍貴，移錄如次：

　　　　（三十一世）見龍，伯先公之子，行智一，字際雲。康熙丙申年（1716）十月廿五日生，乾隆己丑年（1769）十二月十三日歿。葬平地掌，坐寅向申。業商書籍……（恭房伯汶公派天祥公世系）

　　　　（三十二世）海公，廷綿公次子，行寬一，字彙萬，號醇齋，邑庠生。康熙丙申年（1716）三月初三日生，乾隆癸卯年（1783）三月十九日卒……（恭房九棘公派以炯公世系）

　　　　海字彙萬，號醇齋，……鄉試五次不第，遂矢志刊刻。《勿軒公文集》、《四書標題》、《易學圖傳》、《春秋五論》，編次疲勞，恭呈學憲汪新公撰序，並首傳世……（卷首）

熊見龍和熊海究竟刻了哪些書，今已難以盡考，宗譜中提到熊海的四種刻本，在附錄一所引用的那些書目中均未著錄，很難說是否還有刻本傳世。說起來，這似乎是一件令人奇怪的事，建陽宋、元、明三代的刻本流傳至今，均已長達數百年不等，現珍藏在國內外大中圖書館的數量仍不在少數，其中僅以收入《中國古籍善本書目》（經部）的熊氏刻本就有 11 種，其餘諸姓就更多了；相反，距今年代最近的清代刻本反而更罕爲流傳。但是，如果我們瞭解了清代建陽刻書歷史背景，也就見怪不怪了。

　　首先，清初福建長期的戰亂使生產力受到了極大的破壞，書坊紛紛倒閉。與宋、元、明三代相比，建陽已失去了昔日刻書中心的地位。少數幸存的幾家

書坊雖仍在堅持，但由於戰亂，道路阻塞，昔日繁華的「圖書之府」成了邊遠僻地，給本來就爲數不多的清代建本的銷售造成很大困難。如嘉慶間浦城祝氏留香書室所刻《何博士備論》一書就因「道遠，賈人偶得，詫爲奇貨」。浦城乃出閩入浙的要道之一，嘉慶間的浦城尚且「不通交易」，建陽的情況可想而知。

其次，在建刻逐漸衰敗的同時，原與建陽鼎足而立的金陵、蘇杭一帶的書坊更加發達起來。乾嘉以後的大藏書家和校勘學家如黃丕烈、顧廣圻等均集中在江浙一帶，他們都提倡刻書，尤其提倡輯刻叢書、逸書，加上官方內府刻書盛行，各省書局尾隨其後，也刊刻了大量書籍。這些坊刻、私刻、官刻在數量、質量以及在經營條件方面與清代的建刻相比，均佔據了壓倒的優勢。這些，勢必直接影響建陽刻本的銷路，也造成了今日清代刻本反較前朝刻本更爲罕見的現象。

附錄一　歷代熊氏刻木綜錄

刻書者	書　名	刻印年代	著錄書目及其它
熊克	老子註二卷	宋乾道庚寅（1170）	標注
	孝經註·卷	乾道間	直齋書錄解題
	毛詩指說一卷	同上	通志堂集·經解序
	宣和北苑貢茶錄一卷	淳熙九年（1182）	四庫、陸志
熊氏萬卷書堂	山谷外集詩註十四卷	元至元乙酉（1285）	涉園序跋集錄
熊禾洪源書堂	易學啓蒙通釋二卷	至元己丑（1289）	四庫（引熊禾、劉涇跋中提到）
熊敬	孝經大義一卷	大德九年（1350）	四庫、莫目
鼇峰書院	勿軒易學啓蒙圖傳通義七卷	至正癸巳（1353）	于志、陸志
	侯鯖錄八卷	明	標注、提要、上圖（均作八卷）傳錄（作二卷）
熊氏博雅堂	明本排字九經直音二卷	元至正丁酉（1357）	森志
	聯新事備詩學大成三十卷	明永樂六年（1408）	杜錄、北大
建安熊氏	王狀元集百家註分類東坡先生詩二十五卷東坡紀年錄一卷	元	傳錄、北圖

	新刊河間劉守眞傷寒論方三卷後集一卷續集一卷別集一卷	元	傅錄
熊氏衛生堂	新編西方子明堂灸經八卷	元	瞿目、展目、北圖、聯析
	新刊銅人針灸經七卷	明	森志、杜錄
熊宗立種德堂	王叔和脈訣圖要俗解六卷	正統丁巳（1437）	丹考（又名勿聽子俗解脈訣）
	新編婦人良方補遺大全二十四卷	正統五年（1440）	聯目
	類證註釋錢氏小兒方訣十卷	正統五年（1440）	聯目
	新刊袖珍方大全四卷	正統十年（1445）	丁志（誤爲洪武刊）、于目、版本志
	類編活人書括指掌方十卷	天順五年（1461）	張志、杜錄
	傷寒直格三卷後集一卷續集一卷別集一卷	天順癸未（1463）	四部總錄・醫藥編
	外科精要附遺三卷	天順甲申（1464）	森志、丹考
	新編婦人良方補遺大全二十四卷	同上	森志
	增廣太平惠民和劑局方十卷指南總論三卷圖經本草一卷	成化二年（1466）	森志、杜錄
	新編名方類證醫書大全二十四卷醫學源流一卷	成化三年（1467）	聯目、北大（日翻刻本）
	類證陳氏小兒痘疹方論二卷	成化己丑（1469）	森志
（中和堂）	標題詳註十九史音義明解十卷	成化七年（1471）	天一（中和堂，熊宗立另一堂號）
（中和堂）	勿聽子俗解八十一難經六卷	成化八年（1472）	聯目、丹考、北大
	醫經小學六卷首一卷	成化九年（1473）	聯目、上圖
	新刊補註釋文黃帝內經素問十二卷新刊黃帝內經靈樞十二卷黃帝內經	成化甲午（1474）	丁志、北圖、北大、聯目

	素問遺篇一卷新刊素問入式運氣論奧三卷素問運氣圖括定局立成一卷黃帝內經素問靈樞運氣音釋補遺一卷		
（中和堂）	新刊素問入式運氣論奧三卷黃帝內經素問遺篇一卷	成化甲午（1474）	丁志、聯目（無遺篇）
熊氏種德堂	靈樞經十二卷	同上	四庫、丹考
	活幼全書八卷附一卷	弘治八年（1495）	聯目
	居家必用事類全集十卷附四卷	明	標注
	類證註釋錢氏小兒方訣十卷	明	丹考（引熊氏自序看到）
	註釋傷寒論十卷	正德四年（1509）	杜錄、聯目、森志。此本以卜為熊宗立後人所刻
	新刊袖珍方大全四卷	嘉靖十八年（1539）	聯目
	書經精說十二卷	隆慶四年（1570）	杜錄
	詩經開心正解七卷	隆慶間	杜錄
	周易四卷	萬曆元年（1573）	中國古籍
	新刻金陵原板易經開心正解六卷	同上	中國古籍、西諦（作五卷）
	書經集註十卷	同上	中國古籍
	鼎鐫洪武元韻勘正補訂經書切字海篇玉鑑二十卷	同上	西諦
	新刊演山省翁活幼口議二十卷。	萬曆癸未（1583）	有中醫古籍出版社影印日抄本
	新鍥赤水屠先生註釋天梯翰墨四卷	萬曆三十五年（1607）	
	新刊翰苑廣記補訂四民捷用學海群玉二十三卷	同上	傅目
	新鍥評林註釋列朝捷錄四卷	萬曆三十六年（1607）	杜錄
	書經便蒙講義二卷	萬曆三十九年（1607）	杜錄
	鐫紫溪蘇先生會纂歷朝紀要旨南綱鑑二十卷	萬曆壬子（1612）	提要

皇明集韻天梯書經正文四卷	萬曆間	中國古籍
新刻楊會元眞傳詩經講意懸鑑二十卷	同上	同上。成冶，熊沖字名成冶，號沖字
書經開心正解六卷	同上	杜錄
四書集註十九卷	同上	中國古籍、傅目、西諦
史記評林一百三十卷附史記短長說一卷	同上	提要（與熊體忠、劉朝箴同刊）
錄顧太史續選諸子史漢國策學玄珠四卷	同上	杜錄
鼎鍥葉太史纂玉堂鑑綱七十二卷總論一卷	同上	杭大
新鐫翰府素翁雲翰精華十二卷	同上	西諦
新刊太醫院校正圖註指南王叔和脈訣四卷	同上	杜錄
醫學叢書五種二十九卷	同上	杜錄
雅尙齋遵生八箋十九卷	同上	杜錄
懸壺故事五卷	同上	杜錄
杜律選註六卷	同上	鄭目
新刻湯學士京本校正按鑑演義全像通俗三國志傳二十卷	同上	杜錄
周易本義四卷圖說一卷附新鍥尊朱易經講意舉業便讀四卷	明	中國古籍
顏字四書二十八卷	明	中國古籍
鼎鍥六科奏准禦制新頒分類註釋刑台法律十八卷	明	雷錄
唐詩正聲二十二卷	明	杜錄
新刊指南台司袁天罡先生五星三命大全四卷	明	北圖
新刻楊救貧秘傳陰陽二宅便用統宗	明	西諦（有一、二兩卷）

	醫家赤幟益辨全書十二卷	明	聯目
熊斌	熊勿軒先生文集八卷	成化二年（1466）	丁志、標注
	詩學權輿二十二卷	明	杜錄
福建熊氏	日記故事七卷	嘉靖廿一年（1542）	傅目（題熊大木校注，疑其自刻）
熊氏一峰堂	新刊性理大全七十卷	嘉靖癸丑（1553）	提要、杜錄
熊台南	新刻訂正家傳秘訣盤珠算法士民利用二卷	萬曆元年（1573）	杜錄
熊雲濱宏遠堂	新刊精備講意易經鯨音本義二卷附周易本義四卷	萬曆五年（1577）	中國古籍
	百家錄粹六卷	萬曆七年（1579）	杜錄
	玉堂校傳如崗陳先生二經精解全編九卷	萬曆廿二年（1594）	北師大
（熊體忠）	地理參贊玄機仙婆集十三卷	同上	杜錄
	莊子南華經精解九卷	萬曆廿二年（1594）	西諦
（熊體忠）	鼎鍥李先生易經考傳新講七卷	萬曆廿五年（1597）	杜錄
	精刻編集陽宅眞傳秘訣六卷	萬曆廿七年（1599）	杜錄
	新刻出像官板大字西遊記二十卷	萬曆間	提要、孫見
	屠先生評釋謀野集四卷	明	標注、北大
	玉堂鑑綱七十二卷	明	福師大
熊體道	新刻明鑑利用陰陽曆正發全通書大成	明	北大，僅存卷五
熊龍峰	重刻元本題評音釋西廂記二卷	萬曆二十年（1592）	孫見、杜錄
	馮伯玉風月相思小說一卷	萬曆間	孫目
	孔淑芳雙魚扇墜傳一卷	同上	孫目
	蘇長公章台柳傳一卷	同上	孫目
	張生彩鸞燈傳一卷	同上	孫目
	新刻出像天妃濟世出身傳二卷	同上	傅目、杜錄

熊清波誠德堂	新刻京本補遺通俗演義三國全傳二十卷	萬曆丙申（1596）	孫目、提要、傅目
熊心禹	新鋟書經定衡講意六卷	同上	中國古籍
雨錢世家	鼎鋟李先生易經火傳新講七卷	萬曆廿五（1597）	同上
	新鋟益府藏板從姑修褉一線天會奕通玄譜口卷	明	北圖
	歷朝綱鑑輯要二十卷	明	提要
熊仰台	全像北遊記玄帝出身傳四卷	萬曆壬寅（1602）	柳目
鼇峰堂	重增釋義大明律七卷	萬曆三十二年（1604）	杜錄
熊稔寰燕石居	屠先生評釋謀野集四卷	萬曆四十四年（1616）	北師大
	新鋟天下時尚南北新調堯天樂上下卷	萬曆間	綜錄（與下本合稱《秋夜月》）
	新鋟天下時尚南北徽池雅調一、二卷	同上	綜錄
熊玉屏	新刻東坡禪喜集九卷	同上	杜錄
熊安本（熊咸初）	群書六言聯珠雜字二卷	同上	杜錄
	新刊仁齋直指附遺方論二十六卷小兒方論五卷醫脈真經一卷傷寒類書活人總括七卷	同上	北圖、杜錄。熊安本號咸初。
熊振宇	書集傳六卷	明	標注、莫目、天一
熊秉宸			
熊九香熊九敕	論孟註疏二十卷	崇禎丙子（1636）	標注
熊飛雄飛館	精鐫合刻三國水滸全傳	崇禎間	孫目、孫見、傅目
熊之璋	重刊熊勿軒先生文集四卷外附一卷	隆武二年（1646）	圖錄、北圖
熊志學	函宇通	清順治間	提要
熊俊卿	曆理通書三十一卷	康熙廿二年（1683）	人文
熊維大集堂	天經或問後集	清	提要

貳、與外地書坊的交流

在建陽早期的刻書中，曾得到外地書坊特別是江浙一帶的刻工的幫助。

如宋建寧府所刻《育德堂奏議》和宋建安書院刻《周易玩辭》等刻本中，就出現了浙江的刻工蔡仁、余士等名字。同樣，建陽書坊在長期刻書中所形成的特有風格對外地書坊也產生了很大影響。如上圖下文這種建本所特有的形式，就曾為明中葉的金陵、徽州等地書坊所模仿。這種各地書坊之間的交流，在中國刻書史上是很重要的，它促進了各地書坊之間技藝的發展。在這方面，熊氏書坊頗有一提之處。綜合起來，主要有以卜兩點：

一、保存了外地書坊已經失傳的版本

如熊氏博雅堂元至正間刻《明本排字九經直音》二卷，是翻刻明州（寧波古稱）本，而明州原刻本，因年代久遠反而不傳。類似這種情況的，還有熊沖宇萬曆間刊《新刻金陵原板易經開心正解》，熊雲濱（體忠）萬曆間刊《新刻出像官板大字西遊記》等。

熊雲濱刊《新刻出像官板大字西遊記》，即通常所說的金陵世德堂本《西遊記》，是研究《西遊記》的珍貴版本之一，現存日本，北京圖書館則存有此書膠捲。實際上，此世德堂本《西遊記》應為明萬曆間建陽書林熊雲濱翻刻金陵世德堂本。對此，拙文〈熊雲濱與世德堂本西遊記〉已有較詳細的論述。須補充說明的是，孫楷第先生傳錄此本所據底本是日本藏本，王重民先生傳錄所據底本是原北平圖書館藏木，二者均稱此本卷中有「書林熊雲濱重鋟」刊記，這就說明熊本與世本之間存在著某種翻刻與被翻刻的關係，而不具有兩種刻本拼配而成的可能性。

熊雲濱，熊氏恭房廿七世孫。萬曆年間，他以熊體忠、書林熊雲濱、宏遠堂熊雲濱等堂號刻書甚多。附錄一共輯錄其刻七八種。其中刻於萬曆廿五年（1597）的《鼎鋟李先生易經考傳新講》與雨錢世家的同一刻本書名、卷數、刊刻年代全同，估計是同一刻本（據此，雨錢世家有可能是熊雲濱的另一堂號），只是未見原刻，難以定論，附識於此，以就教高明。

《潭陽熊氏宗譜》卷首載熊氏生平曰：「體忠，字爾報，號雲濱。……輯有《四書大傳》、《書經久傳》、《書經鯨音》、《玉堂鑑綱》、《二經精解》、《南華副墨》、《遵生八箋》等集……。」以上宗譜所列書目，被稱為熊氏所「輯」者，實應為刻。如《玉堂鑑綱》、《二經精解》在附錄一中已有刻本著錄，其餘幾種疑熊氏均有刻本，或已不存，或附錄一輯錄不全。又如《遵生八箋》係明高濂所編，今有熊沖宇刻本存世，竟也稱熊體忠「輯」，可證其謬。再如宗譜中提到

《南華副墨》一書，據王重民先生《中國善本書提要》著錄《南華眞經副墨》八卷，有明萬曆刊八行本和九行本兩種，均題興化陸西星述，與熊氏並無多大關係。

儘管這樣，宗譜所載已足以證明熊雲濱係明末建陽書林的刻書家。熊刻《西遊記》的意義在於完整地保存了金陵世德堂本的原貌，爲研究《西遊記》的演化過程提供了一個難得的版本。

二、促進了外地書坊的發展

明萬曆前後，是建陽刻書極盛的時期。這個時期，建刻史上的諸大家如余、劉、葉、楊、詹、鄭、陳等均盛極一時。據不完全統計，諸姓中在此前後共有六十幾家書坊出現。這個時期，也是熊氏刻書最盛的時期，在與熊沖宇同時或稍後一些的熊氏書坊就有十幾家。

在這百家爭「刻」的局面中，一些書坊爲了更好地發展，直接在外地開書肆。這樣客觀上也就促進了外地書坊的發展。其中較知名者，如明萬曆間的建陽葉貴，即在金陵三山街開設書肆，刻書頗多。建陽書林的吳世良，嘉靖間在廣州開辦書肆，有刻本《孔子家語補注》等傳世。熊氏中，則有在金陵刻書的熊振宇和在廣東刻書的熊世奇。

熊振宇，讓房廿五世孫，名成應，以字行，譜載：「成應，文璣公長子，行甯一，字振宇。寓廣，至金陵，四十四歲卒，即葬南京和尚巷。」熊振宇刻有《書集傳》六卷行世，見邵氏《增訂四庫簡明目錄標注》卷二著錄。從宗譜記載看，其刻書地點應在金陵。熊世奇，讓廿七世孫。譜載：「世奇，聖一，號長生。妣江氏，繼妣魏氏。在廣開書肆，後卒於廣。」

此外，宗譜記載熊世奇的前後輩中約有十幾人均「寓廣」，譜中雖沒有熊世奇那樣直接注明「在廣開書肆」，但頗疑與此有關。廣東的刻書業在歷史上並不發達，熊氏把書肆開設在廣東，在客觀上勢必促進這個地區的刻書業的發展。柳存仁先生在著錄廣州五桂堂刻《半日閻王全傳》一書時說：「這完全是一篇平話的單行本的格局。廣東本身是不出產平話的，它的最早的原文可能是由福建流傳過來的，從宋元時代起福建的書坊便是印刷和發行許多書籍的中心。」柳先生的推論是有一定道理的。在此，我們不妨更進一步推論說，這些在外地開辦書肆的建陽刻書家，或許其本身就是這種「流傳」的媒介。

與上述問題有關的，是熊氏恭房三十世孫熊浩。宗譜世系中對其記載頗

詳，云：「浩公，善長公之子，行潛一，字天具，號星斗，又號山鷹，別號風顛。幼習舉子業，兼就岐黃魁首。著有《雲水醫經》、《醫學心法》、《地理心鏡》、《孝子當知》。得遇明欽天監國師熊壇石（按即熊明遇，明末避亂入閩，隱居建陽五載），秘傳星經歷法。與友游子六（按即游藝，著有《天經或問》）、母舅魏夢賫共師事之，供（共）獲秘傳奧旨。著有《開闢昭繇》、《曆理大全通書》（有清熊俊卿刊本，見附錄一）行世，王康扶撰序。後因煒、燯兄弟分居，其書板數部俱出售滸灣……。」熊浩既與游藝同師事於熊明遇，則其應為明末清初人。這個時期，是建刻由盛極而衰的時期，而滸灣書林卻在此時逐漸興起。滸灣，即今江西金溪縣滸灣鎮。歷史上曾有「臨川才子金溪書」的說法，其中「金溪書」指的就是滸灣書林所刻的書。滸灣書林遠遠晚起於建陽書林，因距建陽較近，從建陽出發，經邵武，過光澤，出資溪，即金溪縣，故所受建陽書林影響很大。如建陽歷史上有一座「書林門」，滸灣書林則也有一座署名為「籍著中華」的門樓；建陽書林有「積墨丘」，滸灣書林則有「聚墨池」。明代建陽書林出版的一些通俗小說，如《三國演義》、《水滸傳》，童蒙讀物如《白家姓》、《千字文》、《千家詩》等，滸灣書林也有出版。熊氏刻板出售滸灣，是在清初建刻逐漸衰微，滸灣書林逐漸興起之時，因此客觀上對滸灣書林的發展產生了積極的影響。孫楷第先生的《中國通俗小說書目》卷五著錄明建陽書林余象斗撰《四遊記》，就有題「許（滸）灣書林中巷大經堂」道光十四年刻本，疑也是清初余氏子孫將書板出售與滸灣書林後的產物。

參、熊氏刻書的特點與影響

從刻書的規模和數量看，熊氏刻書遠不能和建陽余氏、劉氏等刻書最多的大族相比。但綜觀熊氏的刻書史，尤其是有明一代，熊氏刻書自有其不容忽視的特點，以及余、劉等刻書世家所不能取代的影響。

熊氏刻本的內容比較廣泛，經、史、子、集四部俱備。其中雖不乏廟堂之文，大雅之作，但從其基本傾向看，則是注意面向廣大下層的勞動人民讀者。內容通俗化，這是熊氏刻本的基本特點之一。

明前期的熊宗立，主要以刊刻醫經典籍為主。所刊醫籍，多以類編、俗解、注釋等形式刊行，明晰易懂，便於初學，對明代醫學的普及起到了重要作用。如其編刻的《類編活人書括指掌方》，自序云：「……增入歌括，便其

記誦，行是道者，苟能熟味其歌，詳玩其圖，則治病之際，瞭然在目，豁然於心，雖未能升仲景之堂奧，而仲景活人三百九十七法，不外是矣。」頗能代表熊氏刻書比較注意通俗化和大眾化的基本立場。

明嘉靖間，熊大木則以編刻通俗小說和英雄傳奇為主。熊氏所編纂的小說，現存的有《全漢志傳》、《唐書志傳通俗演義》、《南北兩宋志傳》和《大宋中興通俗演義》等。雖然熊氏所編的小說還不太成熟，在藝術上顯得比較粗糙，帶有我國長篇小說草創時期的痕蹟，但在當時看，深受廣大勞動人民喜愛和歡迎，而為封建衛道士所不滿。如明葉盛就說：「今書坊相傳，射利之徒偽為小說雜書，南人喜談如漢小王（光武）、蔡伯喈（邕）、楊六使（文廣）；北人喜談如繼母大賢等事甚多。農工商販，抄寫繪畫，家畜而人有之，癡騃女婦，尤所酷好。」葉氏所說的楊六使，便是熊大木編撰的《北宋志傳》中的主要人物，後來人們所熟知的楊家將中的楊六郎（按，葉氏誤為楊文廣）。熊氏的小說，能被當時的廣大讀者所喜讀「喜談」，與其通俗易懂，能被一般讀者所接受顯然有關。

明萬曆以後，熊沖宇的種德堂則以刊刻童蒙教育和民間實際應用的書籍為主。鄭振鐸先生在〈劫中得書續記〉中說：「熊沖宇名成冶，即鐫易經開心者。熊氏在閩建書林中，刊書甚多，通俗應用書及童蒙讀物所刊尤夥……。」又為熊沖宇所刻《新鍥翰府素翁雲翰精華》一書作跋曰：「此明鍥通俗書之一也，凡六卷。為萬曆間建安書林熊沖宇所印，斯類通俗流行之作，為民間日用的兔園冊子，隨生隨滅，最不易保存。……研討社會生活史者，將或有取於斯。」

綜觀熊氏的刻書，儘管內容上不盡相同，但都比較注意通俗化和大眾化，則應是一以貫之的特點。

與內容上的通俗化相輔而行的，是形式上的多樣化，這是熊氏刻本的又一基本特點。

熊宗立所刊刻的醫籍中，就廣泛運用了圖要、圖括指掌圖等插圖示意形式。對一些內容古奧的醫籍，還編成易記易誦的形式刊行。明嘉靖間，熊大木所刻的《日記故事》；萬曆間熊沖宇、熊龍峰、熊清波、熊飛等所刻書籍中均有精美的版畫插圖。特別是熊沖宇，所刻通俗流行之作，自不必說，即使是大雅之作如《四書集注》，也匠心獨運地一反建本上圖下文的慣例，於卷首冠圖，單面巨幅，令人耳目一新。所刻《學海群玉》，則下繪漁、樵、耕、讀四人圖，饒有情趣。

萬曆間熊稔寰刊《秋夜月》，將版式分為三欄，上下兩欄選錄傳奇、戲曲，

中欄盡載散曲和民間歌謠，形式上別具一格。可與此相媲美的，是崇禎間熊飛刻《英雄譜》，在《三國演義》一書已有余象斗、劉龍田、黃正甫、楊起元、楊美生、鄭世容、鄭少垣、王泗源等多家刻本，《水滸》一書已有雙峰堂、藜光堂等刻本的情況下，別出心裁地將《水滸》、《三國》上下合刻，可謂形式上善於變通的佳例。

　　熊氏刻本在我國史學、文學、醫學及傳統經學等方面均產生了一定影響，在我國出版史上也佔有一席地位。熊氏刻本流傳到日本，每被日人翻刻或影抄。由於年湮代遠，有些刻本在國內已佚，而日本有翻刻本或鈔本流傳，故建國以來，出版部門每以日翻、日鈔本為底本影印出版，所以熊氏刻本在中日文化交流史上也頗有一提之處。以下就熊氏刻本影響較大的兩個方面，即醫學及文學方面分析之。

一、醫學方面的影響

　　在中醫學史上最有影響的熊氏刻書家是熊宗立，他在中醫臨床上也有豐富的實踐經驗，在歷史上，曾以醫學上的成就載譽書林，是一位刻書家兼醫學家雙重身份的歷史人物。

　　熊宗立畢生致力於中醫古籍的整理、校注和刊刻。其中僅自編自刻的中醫古籍今可考者就有二十幾種。其代表性著作和刻本如《勿聽了俗解八十一難經》，為學習《難經》的門徑書之一。《難經》約成書於春秋、戰國時期，由於年代久遠，在傳抄或刊刻過程中難免魯魚亥豕之誤，且文字古奧艱澀，給後世學者造成學習上的困難。熊氏據《難經》原文逐條注解，文字通俗淺近，釋文中每參以己見，且於卷首纂圖二十八幅，便於初學，至今仍有一定參考價值。中醫古籍出版社 1983 年 9 月據日本翻刻明成化八年（1472）鼇峰熊氏中和堂刊本影印出版。

　　又如《傷寒必用運氣全書》和《素問運氣圖括定局立成》二書，係熊氏自編自刻，是其運氣學說的代表性著作。前者把中醫運氣學說和傷寒六經的辯證關係加以聯繫，相互闡發；後者把《黃帝內經素問》中關於五運六氣學說的內容加以圖解，並編成歌訣，對中醫運氣學說的研究，有重要參考價值。此外，熊宗立編刻的《名方類證醫書大全》博采眾方，分門別類，是一部臨床醫方的類編，出版以後，廣為流傳。日人阿佐井野宗瑞於大永八年（明嘉靖七年，1528）翻刻此書，對日本漢醫的發展產生了很大影響。由熊氏種德

堂於明萬曆癸未（1583）刊刻出版的《活幼口議》一書，國內已佚，日本則有丹波元胤氏影鈔本存世，中醫古籍出版社 1985 年曾據此本影印出版。

二、文學方面的影響

建陽刻書史上以編撰、刊刻通俗小說知名，而在文學史的某些方面又頗有影響的人物是熊大木和余象斗。熊大木的生活年代較余象斗早，是明嘉靖間的刻書家。余象斗在萬曆間重刊熊氏編《南北兩宋志傳》一書，作序曰：「昔大本（木）先生，建邑之博洽士也，遍覽群書，涉獵諸史，乃綜核宋事，彙為一編，名曰『南北宋兩傳演義』……」，字裏行間，頗有追慕古人之意。余氏於萬曆間也編刻了《南遊記》、《北遊記》和《皇明諸司公案傳》等幾部小說，其間受到了熊氏的不少影響。

熊大木（約 1506～1579），名福鎮，大木疑其字，號鍾谷，又號鼇峰、鼇峰後人等，是熊宗立的曾孫。熊大木在刊刻書籍的過程中，自己也動手編寫了不少通俗小說，是我國小說史上繼《三國演義》、《水滸傳》之後出現的較早的編撰長篇通俗小說的作家，在我國講史小說和英雄傳奇小說的發展過程中，具有重要影響。熊氏所編的通俗小說最值得一提的有兩部，即《北宋志傳》和《大宋中興通俗演義》。

《南北兩宋志傳》係《北宋志傳》和《南宋志傳》的合刊，各十卷五十回。其中《北宋志傳》寫楊家將抗遼事蹟，是中國小說史上現存最早的描寫楊家將故事的長篇小說。其主要貢獻在於，使民間流傳已久而又眾說不一、零散不全的楊家將故事得以定型化、完整化、系統化，為後代作家在此基礎上進行再創作保存了豐富的素材，對後代文學特別是戲劇方面產生了久遠的影響。作品塑造的英雄群像如楊業父子、楊門女將、楊家小將，及焦贊、孟良等，通過後代許多戲曲作家的不斷豐富和完善，以至在現代的舞臺、銀幕上還不斷出現。傳統劇目如《李陵碑》、《洪羊洞》、《穆柯寨》、《孟良盜馬》等均直接取材於《北宋志傳》。

《大宋中興通俗演義》又名《大宋演義中興英烈傳》，是最早取材於岳飛故事的長篇小說。鄭振鐸先生說：「《大宋中興通俗演義》，敘岳飛生平者，最為流行，且似也寫得最好，後來託名鄒元標所作的一部《精忠傳》，以及于華玉的節本，都從此本出。」鄭先生在此僅指有明一代而言，實際上，清乾隆年間錢采、金豐編撰的《說岳全傳》也是在熊氏作品的基礎上進行的再創作。誠如魯迅先

生所說，這類小說史上的早期作品，雖「蕪雜淺陋，率無可觀，然其力之及於人心者甚大，又或有文人起而結集潤色之，則亦爲鴻篇巨制之胚胎也。」

熊大木的小說之外，熊氏刻本中值得一提的文學作品，還有熊龍峰刊《小說四種》和熊稔寰編刻的《秋夜月》。此外，熊沖宇刻《通俗三國志傳》、熊清波刻《通俗演義三國志傳》、熊飛的《水滸》、《三國》合刻本，均爲研究《三國》、《水滸》的不可多得的珍貴版本。

熊龍峰刊《小說四種》是四篇短篇小說的合稱，因其刻本國內久佚，後在日本內閣文庫被發現而引起國內學術界和文學界的注意。小說藝術上比較幼稚，其主要價值在於版本的珍貴。常熟王古魯據其在日本內閣文庫所拍照片整理校注，古典文學出版社曾於 1958 年出版。

熊稔寰輯刻的《精選天下時尙南北新調秋夜月》也頗有可取之處。此刻前二卷名《新鋟天下時尙南北新調堯天樂》，後二卷名《新鋟天下時尙南北徽池雅調》，書分上中下二層，上下層土要戲曲，中層爲「時尙酒令」和「精選劈破玉歌」等。其中保存了許多明代散曲和民間歌謠，是研究中國戲曲史和通俗文學史的重要資料。說到明代民歌，人們往往提到馮夢龍選輯的《挂枝兒》、《山歌》等。殊不知，熊氏此刻中的《精選劈破玉歌》大可與其相媲美。如《破玉歌·虛名》諷刺喜圖虛名者，云：「蜂針兒尖尖的，做不得繡；螢火兒亮亮的，點不得油；蛛絲兒密密的，上不得筘；白頭翁舉不得鄉約長，紡織娘叫不得女工頭。有什麼絲兒相牽也，把虛名挂在傍人口？」《劈破玉·耐心》表達勞動人民眞摯美好的愛情追求，云：「熨斗兒熨不開眉間皺，快剪刀剪不斷我的心內愁，繡花針繡不出鴛鴦扣。兩下都有意，人前難下手，該是我的姻緣奇，耐著心兒守。」《秋夜月》現有民國餐秀簃程氏據熊稔寰燕石居本影印本。

（《古籍整理與研究》第六輯，古籍整理與研究編輯部編，中華書局 1991 年版）

熊氏世系簡圖

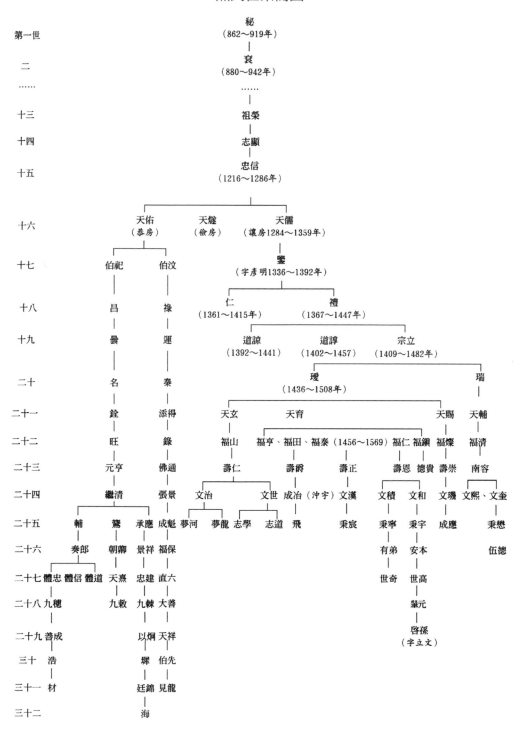

熊均與熊宗立考辨

　　熊宗立是明正統、成化年間我國著名的醫家和刻書家。他的歷史功績主要在於俗解、普及、刊刻和傳播醫經典籍方面。筆者在 1986 年，曾就熊宗立的生平事蹟作過一次專題調查，寫出了《明代刻書家熊宗立述考》一文，發表在北京《文獻》期刊 1987 年第 1 期。從那時起，自認為關於熊宗立生平的幾個歷史上不甚明瞭的關鍵問題已經得到澄清，在沒有更新的史料發現的情況下，暫且可告一段落。歲月倏忽，匆匆 20 年即將過去。然而，近來筆者為撰寫《福建古代刻書家考略》一書，擬將熊宗立收入，並希望能在近年出版的醫學史文獻中獲取一些更新的相關資料時，卻吃驚地發現，關於熊宗立的生平事蹟，在近年的出版物中，不但仍將熊宗立和熊均混淆為同一人，更有甚者，在一些醫史文獻工具書中，還出現了必須先查索熊均，才能查閱到熊宗立這種不可思議的錯誤。

　　有感於上述諸端，故筆者再作此考辨。

一、熊均非熊宗立考辨

　　熊均與熊宗立是兩人還是一人？

　　對這個問題，熊氏族人無疑最有發言權。重修於清光緒元年（1875）的《潭陽熊氏宗譜》〔註1〕正是將二人的生平分載於兩處。熊均世系隸屬於「熊氏西族上房長官祖居樟埠廳忠孝堂遺派」，為熊氏入閩始祖熊秘二十世孫，係元代著名理學家熊禾（1247～1321 年）曾孫。其父名燧（1305～？），字汝明，

〔註 1〕原印本現存福建省圖書館。

有子三，均居其次。《宗譜》載其事蹟云：

> 均公，燧公次子，行行三。字孟宣。報春庵下一派祖，生於天曆庚
> 午年（按，即至順元年，1330 年），姚劉氏。合葬鼇山寺前。生子
> 四：銘、輝、解、宗。

其兄熊坑（1328～1366 年），字孟城，歷官將樂縣尹。曾刻印其曾祖熊禾所著
《勿軒易學啓蒙圖傳通義》七卷，原本不存，國家圖書館存清影抄本。〔註2〕
其弟圭，字孟秉。明洪武二十一年（1388）以明經任建陽儒學訓導，嘉靖《建
陽縣誌》卷十有傳。

熊宗立世系則隸屬於「始入書林祖榮公派提督忠信公三子讓房天儒公世
系」，爲熊氏入閩始祖熊秘十九世孫。譜載：

> 宗立，禮公三子，行華十三，字道宗，號道軒，又號勿聽。生於永
> 樂七年己丑（1409）七月初七日，終於成化十八年辛丑（1481）八
> 月廿一日，享壽七十三歲，葬錢塘焦湖山。坐巽向乾。……公生而
> 嗜學，善於孝友，受業於劉剡仁齋先生之門。嘗讀易，悟陰陽之奧
> 秘，遂精尅擇。襲祖父之醫術，皆不計酬，一以活人爲心。著有《小
> 學集解》、《通書大全》、《脈訣》、《難經》、《活人指掌》、《婦人良□》、
> 《醫方大全》、《居家必用》等書行於世，載在《建陽縣誌》。……

《宗譜》所載其名、字、號俱全，已明確揭示，宗立乃其名，「字道宗，號道
軒，又號勿聽（子）」，並無「名均，字宗立」之說。

當然，對這個問題，更有發言權的還是熊宗立本人。對此，我們可以從
其所刊的刻本序跋，或後人的相關著錄中作一考察。

從正統二年（1437）至成化十年（1474）間，熊宗立以「鼇峰熊宗立」、
「熊氏種德堂」、「熊氏中和堂」等名號刻書 20 多種，內容主要以醫籍爲主。

其中有年號可考的最早刻本，是刊刻於正統二年（1437）的《王叔和脈
訣圖要俗解》六卷。此書又名《勿聽子俗解脈訣》，是熊宗立在晉王叔和所撰
《脈訣》一書的基礎上，參以後世醫家眾注，「芟其繁，拾其粹，意從俗解」
而成。此書爲熊氏自序，序末署名爲「道軒」。〔註3〕

正統五年（1440），熊氏又刻印宋陳自明撰、熊宗立補遺《新編婦人良方
補遺大全》二十四卷。原題「歸川陳自明良甫編集，鼇峰熊宗立道軒補遺」，

〔註2〕 方彥壽《建陽刻書史》，北京：中國社會出版社，2003 年，頁 164。
〔註3〕 〔日〕丹波元胤《中國醫籍考》卷十七，北京：人民衛生出版社，1983 年。

熊氏所補諸方即刊附於陳氏原書各卷之末。此書又有天順八年（1464）熊氏
種德堂重刊本，今重慶市圖書館存。

　　正統五年刻印宋錢仲陽撰、閻孝忠編，明熊宗立注《類證注釋錢氏小兒
方訣》十卷。葉德輝《書林清話》卷五著錄。此本原刊本不存，日・丹波元
胤《中國醫籍考》卷七十四錄熊氏自序，著錄爲《熊宗立類證注釋錢氏小兒
方訣》十卷，不署年月。《中醫圖書聯合目錄》則著錄爲「明熊均（宗立）注」，
所錄版本爲明正德三年（1508）重刊本，和日寶曆十三年（1763）謙龍軒刻
本。

　　正統十年（1445）刻印明李恒撰《新刊袖珍方大全》四卷。清彭元瑞《天
祿琳琅書目續編》卷十七、清丁丙《善本書室藏書志》卷十六均著錄：「末有
正統十年熊宗立識語」，「盛稱是書之善，而遠方難覯。里人劉文英於京師求
得之，宗立校讎付梓云云。熊宗立字遊（道）軒，建陽人。」

　　正統間（1436～1449）刻印金劉完素撰《黃帝素問宣明論方》十五卷，
今存中國中醫研究院圖書館。《全國中醫圖書聯合目錄》著錄爲「明正統熊宗
立校刻本」。〔註4〕

　　景泰元年（1450）刻印自撰《歷代名醫考》，僅見於《中醫圖書聯合目錄》
著錄。原文如下：「歷代名醫考，又名醫學源流、原醫圖。明熊均（宗立、道
軒、勿聽子）撰，明景泰元年庚午（1450）刻本。」

　　天順二年（1458）刻印熊宗立自著《傷寒必用運氣全書》十卷。此書有
熊氏自序，末署「天順二年歲在戊寅秋七月良日，鼇峰熊宗立道軒。」〔註5〕
上海中醫學院圖書館有存本，著錄爲「明初刻本」。

　　天順五年（1461）刻印熊宗立自編《類編傷寒活人書括指掌圖》十卷。
此書以宋李知先《活人書括》、元吳恕《傷寒活人指掌圖》爲底本，分類編纂
而成。有熊氏手跋，末署「正統元年鼇峰熊宗立敬識」，目錄後有「天順五年
辛巳蒲月熊氏種德書堂新刊」牌記。清張鈞衡《適園藏書志》卷六著錄。

　　天順七年（1463）刻印金劉完素撰、葛雍編《傷寒直格》三卷，另有後、
續、別三集各一卷。丁福保《四部總錄醫藥編》子部醫家類著錄爲「明天順
癸未熊氏種德堂刊本」。〔註6〕

〔註4〕《全國中醫圖書聯合目錄》，北京：中醫古籍出版社，1991年。
〔註5〕〔日〕丹波元胤《中國醫籍考》卷三十三。北京：人民衛生出版社，1983年。
〔註6〕丁福保、周青雲《四部總錄醫藥編》，北京：文物出版社，1984年。

天順八年（1464）刻印宋陳自明撰、明熊宗立附遺《外科精要附遺》三卷。此書丹波元胤《中國醫籍考》卷七十作《熊宗立外科精要附遺》；《四部總錄醫藥編》子部醫家類著錄爲「明天順八年種德堂刊本」。日·森立之《經籍訪古志補遺》據楓山秘府藏舊鈔本，著錄稱「按，是書世唯傳熊均校本，及薛己補注熊本。其一天順甲申種德堂原刻，其一正德戊辰葉元昊重刊，俱稀流傳。」

成化二年（1466）刻印宋陳師文編《增廣太平惠民和劑局方》十卷、《指南總論》三卷，目錄後有「成化二年丙戌孟冬鼇峰熊氏種德堂刊」牌記。日·森立之《經籍訪古志補遺》據聿修堂藏本著錄。

成化三年（1467）刻印熊宗立自編《新刊名方類證醫書大全》二十四卷，今中醫科學院圖書館存。據《中國醫籍考》，此本前有「正統十一年歲在丙寅，暮春之初，鼇峰熊宗立道軒序。」

成化五年（1469），刻印宋陳文中撰、熊宗立類證的《類證陳氏小兒痘疹方論》二卷，目錄後有「成化己丑熊宗立種德堂刊行」牌記。日·森立之《經籍訪古志補遺》著錄。

成化八年（1472），刻印自編本《勿聽子俗解八十一難經》六卷，鼇峰熊氏中和堂刻本，原刊本久佚。今北大圖書館存日本寬永四年（1627）翻刻本。《全國中醫圖書聯合目錄》著錄爲「明熊宗立（道軒）解，日本翻刻明成化八年壬辰鼇峰熊氏中和堂本」，中醫古籍出版社1983年9月曾據此本影印出版。

成化九年（1473），刻印明劉純撰《醫經小學》六卷。今上海圖書館存，《中國古籍善本書目·子部醫家類》著錄爲「明成化九年熊氏種德堂刻本」。

成化十年（1474）刻印元沙圖穆蘇撰《瑞竹堂經驗方》十五卷。今上海圖書館存，《中國古籍善本書目·子部醫家類》著錄爲「明成化十年熊氏種德堂刻本」。

成化十年又刊唐王冰注、宋林億等校正《新刊補注釋文黃帝內經素問》十二卷、《新刊黃帝內經靈樞》十二卷、《黃帝內經素問遺篇》一卷、宋劉溫舒撰《新刊素問入式運氣論奧》三卷、以及熊宗立自編《素問運氣圖括定局立成》一卷、《黃帝內經素問靈樞運氣音釋補遺》一卷。此本今國內有多家圖書館存。目錄後有「成化甲午鼇峰熊氏種德堂」牌記。

以上共列出熊宗立刊刻的醫籍17種。熊氏還有一些刻本，或爲醫學之外的其他圖書，或雖爲熊氏本人所編，但爲熊宗立身後，由其後人所刊，與辨

析熊氏生平的意義不大，此從略。

　　根據上列 17 種刻本的不同情況，我們採用著錄者是否有熊均之名作爲標準，將其大致分爲兩種類型。很顯然，其中無熊均之名者共有 14 種，有其名者共 3 種。在無熊均之名的 14 種刻本中，又可分爲有序和無序這兩種情況。其中有序的共 3 種，無序的 11 種。而在有熊均之名的 3 種刻本中，也有兩種情況，即有序的 1 種，無序的 2 種。

　　分類的目的何在？是爲了讓熊宗立本人「告訴」我們一個正確的答案！在有序的 3 種刻本中，序末均署名爲「熊宗立道軒」，此爲熊宗立本人所署，其中並無「熊均」之名；無序的 11 種，其據以著錄的根據實源於熊宗立刻本的牌記。其中署「鼇峰熊宗立道軒」的 3 種，署「熊宗立」的 1 種，署「鼇峰熊宗立」的 2 種，署「熊氏種德堂」或「中和堂」的 6 種。這 11 種刻本中，亦無熊均之名。這實際上是熊宗立在其刻書牌記上告知世人，本人即名熊宗立，而不是什麼熊均。

　　再看著錄有熊均之名的 3 種刻本。其中有序的一種，即正統五年刻本《類證注釋錢氏小兒方訣》十卷。丹波元胤《中國醫籍考》卷七十四著錄此書作者爲「熊氏宗立」，所錄序文中，於序末無年月、無姓名，僅在引文前加「自序曰」三字。這也就排除了今人書目中出現的「熊均」之名係出自熊宗立自署的可能性。那麼，《中醫圖書聯合目錄》所著錄的「明熊均（宗立）注」，其所產生差錯的原因，是此書兩種重刊本〔明正德三年（1508）重刊本，和日寶曆十三年（1763）謙龍軒刻本〕中的某一種？抑或是聯目編者的別有所據？綜合各方面的情況分析，以後者的可能性更大。

　　無序的兩種，分別是景泰元年刻本《歷代名醫考》，和天順八年刻本《外科精要附遺》。後一種，丹波元胤《中國醫籍考》卷七十作《熊宗立外科精要附遺》；日・森立之《經籍訪古志補遺》據楓山秘府藏舊鈔本，著錄稱「是書世唯傳熊均校本，及薛己補注熊本。其一天順甲申種德堂原刻，其一正德戊辰葉元昊重刊，俱稀流傳。」由於此書熊氏原刊本已不存，故丹波氏和森立之氏兩位日本學者的著錄，就成了後來者有關此書的重要參考；因二位學者將此書作者一作熊宗立，一不言作者，卻僅言校者熊均，故後人極易將此二熊合而爲一！由於將熊宗立認定爲「名熊均」的諸多醫史論文、醫籍目錄或工具書，均未注明出處或依據，故筆者在此只能揣測，此或許乃今人產生誤會，乃至積重難返的「源頭」之一！

　　通過以上對《潭陽熊氏宗譜》中相關史料，以及熊宗立部分醫籍刻本其自序和後人著錄的綜合分析，筆者的結論已不言自明：熊宗立和熊均絕非同一人！熊均是熊秘的二十世孫，居住在建陽崇泰里，他與居住在崇化里的熊宗立有宗族血緣上的關係。在輩份上，他是熊宗立的族侄，但在生活年代上比熊宗立早了近 80 年，生活於元末明初。故其若有醫籍校注本流傳，而被熊宗立於明天順間所刊刻的話，乃校者與刊刻者的關係，而非熊宗立抑或是熊均自編自刻的關係。

二、與熊宗立相關的兩個問題

　　在此，還有與熊宗立相關的兩個小問題，順便一述。一是關於其祖熊彥明，二是關於熊宗立的卒年。

　　熊彥明曾編纂元孫允賢撰《新編南北經驗醫方大成》十卷，今南京圖書館存明初刊本，有清丁丙跋。丁氏《善本書室藏書志》卷十六作《類編南北經驗醫方大成》，與此為同一書。丁氏並轉載熊宗立《醫學源流》云：「孫允賢，文江人。元仁宗延祐中選《醫方集成》。予先祖彥明公復選宣明拔萃等方而附益之，是謂《醫方大成》。」《潭陽熊氏宗譜》載其事蹟云：「十七世：鑑公，天儒公長子，字彥明，行壬五。生於至元二年（1336）二月十八日，卒於洪武二十五年（1392）五月廿九日，享壽六十七歲。葬熊曆棄中心崗……」。按，以譜載生卒年，應為 57 歲。

　　此外，《宗譜》中所載熊宗立的卒年為「成化十八年辛丑（1481）八月廿一日，享壽七十三歲」。按，實應為「十七年辛丑」，因十八年乃壬寅而非辛丑。「辛丑」與「八」字相比，出錯的可能性更大的是「八」字，因古人計年，以虛歲為准，而譜中載其「享壽七十三歲」，以虛歲算，成化十七年，熊宗立正好 73 歲。

（原載《福建中醫學院學報》，2006 年，第 16 卷第 3 期）

明代小說家熊大木及其《北宋志傳》

　　熊大木（約 1506～1579 年），明後期建陽崇化里書林人，號鍾谷、鼇峰或鼇峰後人。他以編著出版為業，其刻書處名為「忠正堂」，有不少經他刊刻傳世的書籍。在刻書的過程中，他又編寫了不少通俗小說，是我國小說史上繼《三國演義》、《水滸傳》等作者之後創作歷史演義和英雄傳奇小說的又一位民間作家。熊氏所撰的通俗小說，據孫楷第先生《中國通俗小說書目》和其他書目記載，現存的有《全漢志傳》、《唐書志傳通俗演義》、《南北兩宋志傳》、《大宋中興通俗演義》和《日記故事》等。

　　熊大木的生平，正史和方志上均不見記載。但從他編刻的書籍均題有「鼇峰熊鍾谷編集」，特別是從《全漢志傳》一書題有「鼇峰後人熊鍾谷編次」的題識來看，他應是建陽著名的熊氏世家的後裔。其遠祖熊秘在唐末乾符年間（875～888）官至右散騎常侍兵部尚書，因黃巢農民起義，從南昌避亂入閩，「至義寧，愛其山水，遂卜居焉，名曰熊屯。鼇峰書院，其所建也。」從此，熊氏子孫的族望就與「鼇峰書院」緊緊地聯繫在一起了。如，熊秘的五世孫，北宋的熊知至，字意誠，博學能文，「宋天聖中，五領鄉舉不第，歸隱鼇峰，以詩文鳴。有《鼇峰隱人集》行世。」南宋愛國遺民、理學家熊禾也是「鼇峰」子孫。嘉靖《建陽縣誌》載：「先生姓熊氏，諱禾，……世居鼇峰之陽，……宋度宗咸淳十年甲戌登第，授甯武州司戶參軍，而值宋亡，故不及大用。先生之才不闞，道不行於世，惜哉！入元乃隱居。……疊山謝氏（按即謝枋得），忠義人也，嘗自誓曰：『不見南朝不著鞋！』聞先生之義名，不辭遠涉，自江右而至。及會，共訴宋亡之恨，因相與抱持而哭，既而曰：『今天下皆賊者，所不為賊者，惟足下與我耳。』」熊氏先人所樹立的愛國主義精神和博學能文

的傳統，無疑會成爲熊大木著作中所繼承的一大特色。

從以上的記載中，可以知道熊大木的祖先，從熊秘到熊禾，在唐宋兩代原有較高的社會地位，其後代或官或隱，儘管漸趨衰微，可以說仍屬於官宦階層。傳到熊大木這一代，大概早已淪爲市民階層了。按修縣誌的通例，「名宦必其人已去任，鄉賢必其人已歸老」方可榜上有名。當修嘉靖《建陽縣誌》時，或因熊大木尚在世，其人名事蹟沒有入志是不奇怪的，但當修萬曆、康熙志時，竟也未有一字及熊氏，究其原因，或許有二。

其一，「避席畏聞文字獄」。由宋至清，都是民族矛盾十分尖銳的年代。清代更是民族偏見極深，曾屢興文字獄。爲了加強思想控制，曾經將全國所有的遺籍藏書，嚴加勘審。熊大木編撰的小說中所宣揚的愛國主義思想和民族意識，自然爲後來的清統治者所忌恨。乾隆時借編纂《四庫全書》，曾禁毀了不少書籍。熊大木留傳下來小說中，如《岳武穆演義》一書就在禁毀之列。於是，盛於南宋，明末尚未衰歇的建陽民間刻書業，至清代就更蕭條，其間流行的通俗小說刻本，摧殘特甚，士林中幾乎視爲畏途了。

其二，「著書都爲稻糧謀」。在封建舊時代官方史志纂修者眼中，總是視開書肆或編雜著者爲商賈之流，不經之事，是難登「大雅」之堂的。如明嘉靖編纂的《建陽縣誌》中，對於建陽崇化書市的繁盛，僅約略一提，語焉不詳。其卷五〈圖書〉一節中雖列有書坊書目 382 種，但對這些書的刊刻者均未提只字。如種德堂熊宗立，本是重要的刻書家，也只取其醫術高明這一點，在卷十六〈療技〉中略作介紹，至於其刻書方面的貢獻，則付之闕如了。

據此看來，從原居建陽崇泰里的唐、宋名門熊氏後裔，居地僅隔數十里，卻標誌著熊氏家門地位的由盛而衰。因此，熊大木在他所編刻的書籍中，雖仍以「鼇峰後人熊鍾谷編次」之類的題款自榮，除了藉以溯述淵源外，已與其此時的社會地位無涉了。

對熊大木的名號、世系與生卒年，我曾在拙文《明代刻書家熊宗立述考》中據《潭陽熊氏宗譜》的記載做過考證，因資料難得，移錄如下：

熊大木　查遍熊氏宗譜不見大木其名，卻從熊宗立系上曾孫查到一個號鍾穀的人。譜云：

> （二十二世）福鎮，天育公四子（按，應爲五子），位福四，行用三，
> 號鍾谷。葬蔡埠半月山，立有碑。妣羅氏帶來一子德貴爲嗣。

這位號爲鍾谷的熊福鎮和號鍾谷的熊大木我認爲應即同一人。根據是，

二者的生活年代正好同時。由於宗譜和熊氏著作均無明確的生卒年記載可查，要說明這一點，還得作一小小的考證。從熊大木所編撰的眾多的通俗小說看，有明確年代可考者，一為嘉靖三十一年（1552）編的《大宋中興通俗演義》，其自序云「時嘉靖三十一歲在壬子冬十一月望日」。一為嘉靖三十二年（1553）編的《唐書志傳通俗演義》，繫年有本書李大年序。有此二書的編撰時間，再從譜中查考到熊福鎮的三哥福泰的生卒年，為明弘治九年至隆慶三年（1496～1569）。以此推斷，老五熊福鎮比其兄老三小三五歲或六七歲是合理的。而當嘉靖三十二年（1553）約三十歲上下，正處於立身創業盛年的熊鍾谷，應當說其成就是很可觀的了。雖然還無從斷定其卒年，但仍從他著書刻書的數量看出他的生存的歲月尚不至於太短暫，而生年的上限已能大致確定，也算是幸事了。此外，熊大木在其所編的通俗小說中有時還自稱為「鰲峰」或「鰲峰後人」，雖可理解為以鰲峰書院為族望，但也可理解為他逕以曾祖刻書家熊宗立所每每自稱的「鰲峰」取號，而後者，正與熊大木即熊福鎮也就是熊宗立後人的宗譜資料相吻合。

熊大木的代表作是《北宋志傳》，與《南宋志傳》合刊，通稱《南北兩宋志傳》，各十卷五十回。《北宋志傳》寫楊家將抗遼事蹟。作者廣泛搜集了宋元時期民間流傳的楊家將故事、宋元話本和元雜劇中的有關劇目，在此基礎上加工整理而成。作品從北漢主劉鈞摒逐忠臣、呼延贊出世寫起，到楊業歸宋，楊宗保大破天門陣、十二寡婦征西夏為止。通過楊業一門世代抵抗契丹侵擾的事蹟，貫穿了反抗外族入侵，歌頌抗敵英雄、譴責奸佞賣國的主題。

作品較好地塑造了楊家老少幾代人的英雄群像，敘述了楊家「一門忠勇盡亡傾」的悲壯故事。老將楊業，身經百戰，威震四方，號稱「楊無敵」。後因潘仁美的陷害，在陳家谷戰役中身陷重圍，在潘不發救兵，突圍無望的情況下，頭撞李陵碑壯烈而死。少年英雄楊宗保十四歲就執掌帥印。他不但能上陣與敵刀槍相搏，而且還能運籌帷幄，善於調兵遣將，指揮千軍萬馬。而楊家的祖、父輩如佘太君、楊六郎、柴郡主等也能以抗戰大局為重，扶持青年晚輩治軍。以佘太君為首的一班楊門女將，一洗封建女子弱不禁風的脂粉氣，個個都是征戰沙場的巾幗英雄。這在我國古代文學史上，除了北朝樂府《木蘭詩》塑造的木蘭形象外，像《北宋志傳》這樣集中塑造了女英雄群像的作品，恐怕是絕無僅有的，應是一種開創性和成功的突破。

當然，這些舊體民間小說往往通過封建性的忠君來表現愛國。還摻雜有

許多呼風喚雨、鬼神迷信的內容，這些缺陷，連同其藝術上粗糙，都是勿庸評議的。

作為小說史上現存最早的描寫楊家將故事的一部長篇小說，《北宋志傳》的主要貢獻在於，使民間流傳已久，零散片斷的楊家將故事得以基本定型化，這也是明代中葉朝廷與北方少數民族之間戰爭頻繁，朝政紊亂狀況的一個折射，有著一定的歷史意義，繼而在明末清初的民族鬥爭中起過激奮人心，鼓舞鬥志的作用。後代的許多戲曲作家又從該書中尋找素材不斷加以發展創造，以至在今天的舞臺、銀幕上還不斷演現。

《北宋志傳》現存最早的本子，是明萬曆年間建陽書坊余象斗的三台館刻本，現存日本內閣文庫。較《北宋志傳》稍後一些成書的的楊家將故事的長篇小說，還有一種署名為「秦淮墨客」的《楊家府世代忠勇通俗演義》，簡稱《楊家府演義》，即在《北宋志傳》基礎上改編而成。鄭振鐸先生對此曾評說：「前半全本於稱為《北宋志傳》的楊家將的故事，後半十二寡婦征西，及楊文廣、楊懷玉的故事，似為作者創作，極荒誕不經，文字也很淺率。」可見，《北宋志傳》早已將楊家將的基本人物和故事定型了。

熊大木值得一提的作品還有《大宋中興通俗演義》，是最早取材於岳飛故事的長篇小說。鄭振鐸先生說：「《大宋中興通俗演義》，敘岳飛生平者，最為流行，且似也寫得最好，後來託名鄒元標所作的一部《精忠傳》，以及于華玉的節本，都從此本出。」鄭先生指的僅對明代同類作品而言，實際上，清乾隆年間錢彩編次、金豐增訂的「就其事而演之」的《說岳全傳》也同樣本於熊著。

因此，當代纂修方志，如何索隱鉤沈，在人物志中多為這樣的民間佚才留一席之地，是義不容辭的。

（原載《福建史志》1988 年第 2 期）

魏慶之里籍小考

　　宋詩話集《詩人玉屑》的作者魏慶之里籍，通常均作建安（今福建建甌縣）縣，見於《四庫全書總目提要》、《中國文學家大辭典》、上海古籍版（原古典文學版、中華上海版）《詩人玉屑》出版說明有關書籍中。但據我所知，魏慶之當為建陽縣崇化書林人。我的主要依據是《建陽縣誌》中的兩條記載。逐錄於後：

> 魏慶之，字醇甫，號菊莊。崇化里雲衢人。少從學於考亭高弟王晟。不屑科舉，惟種菊千叢，日與騷人俠士觴詠其間。闕學游九功嘗賦詩嘉之，有「種菊幽探計何早，想應苦吟被花惱」之句。所著有《菊花吟稿》及手編《詩人玉屑》二十卷行世。紹定辛卯歲饑，捐粟以賑貧者，全活甚眾。遇斷橋圮路必傾囊修之，會大疫施藥無算。有司欲上其事，立辭乃已。〔註1〕

> 魏淳父慶之之墓，在崇化里奏仙壇。〔註2〕

為了證實以上記載是否可靠，我曾到書坊鄉（即古崇化里）進行實地考察。在魏氏後人今書坊村幹部魏孝瑞家中讀到《鉅鹿魏氏宗譜》。〔註3〕該譜卷一〈名宦顯績〉中有魏慶之的記載，曰：

> 魏慶之，字醇甫，建陽書林人。崇寧三年霍端友榜三甲進士。師於王晟，得考亭學。中歲厭科第，留情詩賦，種菊盈籬，觴詠自適，號菊莊翁。手編《詩人玉屑》若干卷，人孚（爭）傳之。辛卯歲饑，捐粟以賑貧者，所全活甚眾。遇斷橋圮路必傾囊修之，會大疫施藥無算，有司欲聞旌之，慶之立辭乃已。

〔註1〕道光《建陽縣志》卷十三，萬曆《建陽縣誌》卷六、康熙《建陽縣誌》卷六。
〔註2〕道光《建陽縣誌》卷十八，康熙《建陽縣誌》卷三。
〔註3〕共十二卷十二冊，光緒廿六年重修本。

宗譜所載與縣誌大致相同，且措辭用語也相差無幾，疑修縣誌時，志官曾參考過魏氏舊譜。譜中所記的魏氏曾舉進士的說法，據其所署年代來推算，若非傳寫刻版之誤，則係後世修譜者有意作偽，因慶之乃宋理宗時人，其文友黃昇爲《詩人玉屑》作序，後署淳祐甲辰（1244 年），其時慶之應還健在，他顯然不可能在距淳祐甲辰整整一百四十年前的宋徽宗崇寧三年（1104 年）舉進士。儘管這樣，宗譜所載對瞭解魏氏的生平，搞清魏氏的里籍，仍不失爲有價值的史料。

此外，宗譜中還有一幅魏慶之的墳地方位圖，題「下歷菊莊字慶之山圖」，譜中另有一幅「書坊下歷陽基圖」，兩相對照，此下歷即書坊雲衢（今名巨村，與書坊村已連爲一體，是同一個自然村），兩個地名，指的是同一地方。嘉靖《建陽縣誌》中有所謂「書林十景」，其中「雲衢月夜」就在此地。縣誌所說的「奏仙壇」，應是雲衢的某一個建築物，今已不存。據魏氏後人告訴我，巨村原有幾座魏氏祖宗墳墓，大約在清初，此地因建孔廟，墓被拆除，其中可能就有魏慶之的墓。

通過以上記載，我們完全可以得出魏慶之是建陽崇化書林人氏的結論。魏氏被誤爲建安縣人，緣於古代文人喜用古地名所致。建陽在三國吳景帝時曾隸屬於建安郡（沿用至隋），因此，後來的學者就每用古建安郡名來代替建陽。如建陽人祝穆，是朱熹的學生。他在訂正《全芳備祖》一書時，署名作「建安祝穆。」又如建陽書坊《貞房劉氏宗譜》〔註 4〕卷一載有明登仕郎國子學正延平黃立於明宣德元年（1426 年）所作的《建安西族圖譜敘》，文稱：「建安，與予鄰郡也。予昔分郡邑庠時，聞其郡有故大家劉氏……。」黃立本爲建陽劉氏作序，題目卻寫作「建安西族」；建陽在明代屬建寧府，文中卻爲建安郡。在建陽書林刻書業中，把建陽稱爲「建安」的現象，最爲普通。如「建安余氏勤有堂」、「建安劉氏翠岩精舍」，「建安劉氏日新堂」，他們的刻書地點均在建陽，卻也模仿文人襲用古地名的做法。假如不瞭解這種襲用，把他們所說的「建安」與建安縣等同起來，就會得出錯誤的結論。魏慶之里籍之誤，其原因蓋源於此。

（原載《文史》第 35 輯，北京中華書局 1992 年 6 月版）

〔註 4〕 參閱拙文《建陽劉氏刻書考》中的介紹，《文獻》1988 年第 2 期。

葉氏廣勤堂與〈三峰書舍賦〉

　　葉氏廣勤堂是元明間建陽著名書肆，刻書甚多。見於著錄和現存的刻本中，最早有刻書家姓名的刻本是元天歷庚午（1330）葉日增廣勤堂《新刊王氏脈經》十卷，序後有行書寫刻「天歷庚午仲夏建安葉日增誌於廣勤堂」牌記。國家圖書館存原刊本。《四部叢刊》本即據此刻本影印，人民衛生出版社1956 年 3 月也曾據此本影印出版。刻書家葉日增之名，僅此一見。

　　此後，距此刻本後約 100 年，有明宣德四年（1429）書林三峰葉景逵編刻《選編省監新奇萬寶詩山》三十八卷。葉景逵之名，見於莆陽余性初〈萬寶詩山敘〉文中。此書為巾箱本，刻印精美，故舊傳以為宋刻本，錢謙益、季振宜、郁松年、潘祖蔭、莫友芝、李盛鐸等名家均先後沿襲此誤，錯定為宋本。葉德輝據日人島田翰所見百宋樓藏本，考定為宣德四年（1429）所刻，其說比較準確。〔註1〕此書原刻本現存北京大學圖書館，即李盛鐸氏舊藏本。

　　明正統十二年（1447），葉景逵廣勤堂又刻印了《鍼灸資生經》七卷《目錄》二卷。目錄後有「正統十二年孟夏三峰葉景逵謹咨」木記，卷末有「三峰廣勤葉景逵重刊」一行。此刻本今中國國家圖書館有收藏。

　　葉氏廣勤堂最後一種有刻書家姓名出現的刻本是題「明書林葉材廣勤堂」所刻的《新刻歷考綱目訓解通鑑全編》二十卷《續集》若干卷，明魏時亨輯。原為鄭振鐸先生收藏，現存中國國家圖書館。存正集卷一至六、十至二十，續集存卷六至十五，共二十七卷。

　　廣勤堂葉氏諸位刻書家的生平事蹟，一向缺考。我曾仔細地查閱過建陽

　　〔註 1〕 葉德輝《書林清話》卷四，〈廣勤堂刻萬寶詩山〉，中華書局 1987 年版。

《溪山葉氏宗譜》，〔註2〕於其中僅索得「葉材」的事蹟。世系中稱其「生於弘治癸亥年（1503）正月十二，終於萬曆十九年（1591）三月廿四日。」嘉靖四十三年（1564）鼇峰漁人熊德興譜序中云「今味道十二世孫蒼崖諱材字文茂者，俊敏博雅，天資高邁，學海汪洋。……誠所謂善述者矣。」此葉材是宋儒葉賀孫（字味道，《宋史》有傳）的十二世孫。但在葉材的祖、父輩中均無刻書家葉日增、葉景逵諸名。以建陽刻書家中的堂號之名，多為子承父、祖之業而相沿襲用的一般規律，此葉材字文茂號蒼崖者，與明廣勤堂葉材當非一人。由此可知建陽廣勤葉氏與建陽溪山葉氏並非同一家族。《四部總錄醫藥編》轉錄《浙江圖書館善本書目題識》葉景達（逵）刻本《鍼灸資生經》時認為「元天歷中廣勤堂嘗刊是書，惟天歷本刊者係葉日增，此本則日增之子景達所刊耳。」此認為葉景達（逵）是葉日增之子，實際上並無根據。

筆者於數年前查閱楊榮《文敏集》，〔註3〕於集中檢得兩條有關葉氏三峰書舍與廣勤堂的史料，一為載於該集卷八的〈三峰書舍賦〉，一為卷十六的〈廣勤堂銘〉，對理清諸葉之間的關係，大有裨益。轉錄於下：

〈三峰書舍賦・有序〉

建陽書林葉添德景達氏，自其大父榮軒、父彥齡，世以詩書為業。嘗作室以貯古今書版，日積月增，棟宇充牣，凡四方有所購求者，皆樂然應之。由是縉紳大夫莫不稱譽其賢。其室之外有三峰，秀出霄漢。望之巖然挺拔，千仞嵐光翠黛，浮動乎几席之間，甚可愛也。因名其室曰「三峰書舍」。

蓋景達之意，其於群書不惟鋟梓，以廣其傳，而將欲俾其子孫，耳濡目染，無非道德之懿，口誦心維，莫匪仁義之說。然則書舍亦豈泛然而作也哉！閒來徵言於予，予於（與）景達素相知，不可以辭，乃為賦其事，以彰厥美。其詞云：

翳建陽之為邑，實南紀之奧區。仰紫陽之遺澤，沐道德之膏腴。欲媲美乎鄒魯，家諷誦乎詩書。況山川之形勢，有磅礡而扶輿。矗三峰其突兀，偉奕奕兮華居。匪燕息之是安，乃版籍之攸儲。

嗚呼！堯舜道遠，素王有作。刪詩定書，考禮正樂，贊易理之玄微，

〔註2〕建陽市圖書館存本。

〔註3〕楊榮《文敏集》，《四庫全書》本。

嚴春秋之筆削。禁薄蝕於戰國,再焚絕于秦虐。幸小復於漢代,徒
騁騖乎穿鑿。尚有賴於宋儒,卒光明而表襮。維紫陽之挺生,實闡
揚夫正學,溯淵源於洙泗,踵軌轍於濂洛。微詞奧義資之以發揮,
六經群籍因之以充拓。此三峰書舍之所由創而千載斯文之是托也。
若乃其森若筍植,高若淩空,孤撐兮業笈,並峙兮巃嵸。根盤盤其
數里,翠舟舟其千重。青連武夷之秀,勢壓雲谷之雄。中有傑構,
重簷翬飛,廓乎敞翼,□乎蔽虧。藻繪弗施,圖史序列,度閣逶迤。
如櫛之比,如鱗之差,名曰「書林」,爲世所資。異孔壁之斷爛,匪
汲塚之怪奇。上該乎皇王之紀,下備夫技藝之詞。莫不俱收而並蓄,
旁積而靡遺。實人間圖書之府,宜海內購求者之交馳也。

嗚呼!噫嘻!世人金玉之豐,寧若子圖書之蓄;子家圖書之富,寧
若身誦習之篤。窮往聖之遺言,籍先賢之膐馥。舊涵詠以優遊,羌
潛心而佩服。匪在躬之致勤,課孫、曾以私淑。殆見鄧林之產,終
需梁棟之材。渥洼之駿,高奮雲衢之躅,聲價昭乎前聞,輝光播乎
鄉族。益勉焉以自強,諒子心之攸屬也。

〈廣勤堂銘〉

維人之生,戴天履地。參乎其間,孰弗事事。凡百所事,莫匪由勤。
勤則廣業,怠則因循。農勤於廟,士勤於學,稼穡以豐,道義斯擴。
德勤於積,職勤于修,世澤逾遠,政績日侵。相彼昊天,厥運有恒,
健而不息,歲功乃成。聖人希天,純亦不已,雖曰自然,寧或怠止。
惟賢希聖,惟士希賢,咸克由勤,乃可至焉。卓哉葉宗,閭閻有偉,
家積簡編,世敦詩禮。昭茲扁揭,眷若書紳,以承先訓,以飭厥身。
咨爾後人,周旋兢惕,無怠無荒,是效是則。我銘厥詞,堂構有輝,
咨爾後人,式敬勿違。

上文〈三峰書舍賦〉中稱「葉添德景達氏」,由此可知葉景逵(達)名添德,
景達當爲其字。「嘗作室以貯古今書版」,並「日積月增」的「大父榮軒」,應
即葉氏廣勤堂的第一代主人葉日增。其元天歷庚午(1330)刻印的《王氏脈
經》距葉景逵明宣德四年(1429)刻印《萬寶詩山》前後正好 100 年,在時
間上至少也應是祖孫三代人,而不會是父子兩代。〈賦〉中出現的葉景逵父乃
葉彥齡,就正好爲此提供了一個重要的證明。現存或見於著錄的元明兩代葉
氏廣勤堂刻本中,還有十來種或作「廣勤書堂刊」,或作「三峰書舍」,或作

「廣勤葉氏」，而無刻書家姓名的刻本，從時間上推測，其中必有數種為葉彥齡所刊。

　　為葉氏三峰書舍作〈賦〉，為葉氏廣勤堂作〈銘〉的楊榮（1371～1440 年），字勉仁，甌寧（今建甌）人。建文二年（1400）進士，歷官成祖、仁宗、宣宗、英宗四朝，官至工部尚書，贈太師，卒諡文敏。他是明前期著名的大臣，政治家和文學家。《明史》有傳。

　　一位名重一時、權傾朝野的大臣之所以會為一位名不見經傳的「書賈」題賦撰銘，是因為楊榮乃甌寧人氏，與建陽葉景逵有鄉親之誼。楊榮又是一位嗜書如命的藏書家。家中藏書極為豐富，藏品裝潢精美，案頭環列，連盈數十架。其中有許多圖書，即來自建陽書坊。而葉景逵則「凡四方有所購求者，皆樂然應之」，二人由此相知而結交。建陽又是宋儒朱熹故里，他是一位「闡揚夫正學，溯淵源於洙泗，踵軌轍於濂洛」的著名理學家，後人「仰紫陽之遺澤，沐道德之膏腴」，刻印「微詞奧義資之以發揮」「六經群籍」的建陽刻書家也因而受到楊氏的讚揚。此外，楊榮的文集《兩京類稿》、《玉堂選稿》最早即由其子楊恭刻印於建陽書坊，書板亦存於書坊。其中與葉景逵是否有關，因此書板後因火災焚毀，詳情已不得而知。但此情無疑也是楊榮與建陽書林人物發生聯繫的一條紐帶。

　　葉景逵的三峰書舍，因楊榮為其作賦而名噪一時。嘉靖《建陽縣誌》卷首有一幅〈建陽縣書坊圖〉。圖中所標示的多為書院、寺庵、橋梁等，以書坊之名入圖的，僅有兩家。一為萬卷書堂，另一家就是三峰書舍。由此可知，在明前期建陽眾多書坊中，葉氏三峰書舍的名氣，遠在其他書坊之上。此外，從此圖標示的位置看，三峰書舍位於「書林十景」之一的「雲衢夜月」旁。楊榮《賦》中有「渥窪之駿，高奮雲衢之躅」，其中，「雲衢」〔註4〕即從三峰書舍的地理位置而言。

　　刻書家葉景逵，在〈三峰書舍賦〉中作景逵，有的版本目錄書如羅振常《善本書所見錄》、莫友芝《宋元舊本書經眼錄》也作景達，當係二字筆形相近之誤。

（原載《福建圖書館理論與實踐》2008 年第 3 期）

〔註 4〕 雲衢，位於今建陽書坊鄉巨村，離書坊村僅數百米。南宋《詩人玉屑》的編者魏慶之即此地人，參拙文〈魏慶之里籍小考〉，中華書局《文史》第 35 輯。

建陽縣書坊圖

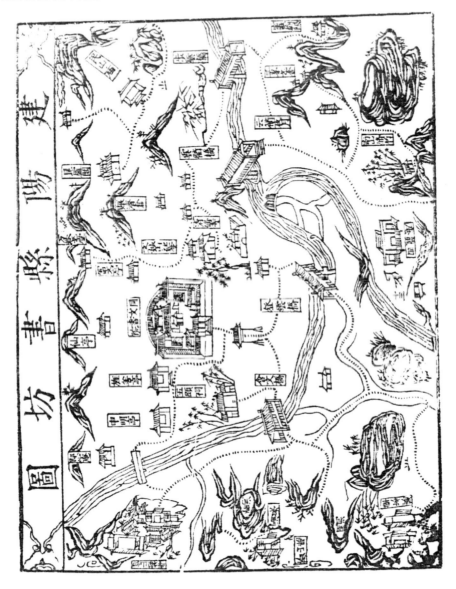

張燮《七十二家集》刊刻地點考

　　張燮（1574～1640 年），字紹和，號汰沃、石廬主人、海濱逸史等，福建龍溪人。明萬曆甲午（1592）舉人，博學多才，與當世名流黃道周、徐霞客、鄒迪光、陳繼儒、顧元起、曹學佺、徐㷆、何喬遠等交往密切。著作有《東西洋考》十二卷、《群玉集》八十四卷、《霏雲集》六十卷、《霏雲居續集》六十六卷、《漳州新府志》三十八卷，以及《海澄縣誌》等十幾種。

　　在刻書史上，張燮則以一部《七十二家集》刻本而斐聲書林。該書收戰國時期宋玉、漢賈誼、司馬相如至隋朝的薛道衡等 72 人的詩文集，計三百四十六卷，另有附錄七十二卷，每集一卷。這部刊刻於天啟、崇禎年間的煌煌巨帙，究竟刊刻於何地？歷史上一向無人提出質疑。加上清人莫友芝在《邵亭知見傳本書目》、邵懿宸在《四庫簡明目錄標注》中著錄此刻本的零刻本之一的漢揚雄撰《揚侍郎集》，為「明漳浦張燮輯刊本」；著名版本目錄學家傅增湘先生在《藏園群書題記》卷十一《宋本謝宣城集跋》「《七十二家集》本」條中云：「天啟末張燮刊於閩漳」，自此，「閩漳浦張燮」之稱時見於一些著述之中。如今人方品光《福建版本資料彙編》〔註1〕即沿襲此誤。此「漳浦」的由來，蓋緣於張燮自稱「閩漳」人氏，因張燮籍貫為龍溪縣，明代屬漳州府之故，而不是指漳浦縣。又因張燮曾與無錫曹荃合作刊刻《初唐四子集》，於是又令人產生了張燮的刻書地點是否在無錫的疑惑。可能正是這個原因，謝水順《福建古代刻書》〔註2〕則對張燮刻書的情況隻字不提。

　　實際上，《七十二家集》的刊刻地點既不是在漳浦、龍溪，也不在無錫，而

〔註 1〕 福建師範大學圖書館 1979 年鉛印本。
〔註 2〕 福建人民出版社 1997 年 6 月版。

是在刻書中心建陽書坊。因條件所限，對《七十二家集》張燮刻本，我僅見到其中的幾種，未能遍觀全帙，不知其中是否有關於此書刊刻地點的明確說明。但筆者據張燮之子張于壘的有關文字記載，可以斷定此書是在建陽書坊刊刻。

張于壘（1610～1631），字凱甫。由於家學淵源的薰陶，他 7 歲就能吟詩。天啓年間，已是一位扉聲閩中詩壇的少年詩人。14 歲，即與著名詩人徐𤊻、謝肇淛等相互唱和往來，其才華，甚爲徐、謝等人所讚賞。錢謙益則稱他爲「童子詩人」，在其所著《列朝詩集小傳》中有「與徐興公𤊻諸賢分韻，童子倚待立成，四座擱筆」的褒獎之詞。

天啓四年（1624）至天啓五年（1625），張于壘曾隨父數次遊覽武夷山，而其得以成行的主因，則是到建陽書坊聯繫《七十二家集》的刻版事宜。這在張于壘所撰《武夷遊記》中有如是記載：

> 余以甲子秋半出閩關，經山麓，是時役夫告勤，僅泛舟領略諸勝，登天遊而止。復以乙丑初夏入閩，始得窮九曲、探桃源、問一線天，蓋十得其一矣。比入潭陽，有殺青之役，讎校苦煩。每夜夢則左拍子騫，右擁張湛，徜徉乎洞天之巔。……潭陽去山九十里，日欲沈計行可七十里，企大王峰已正立馬首矣。〔註3〕

「甲子」即天啓四年（1624 年），「乙丑」爲天啓五年（1625 年）。這時，正好是《七十二家集》中宋玉《宋大夫集》、司馬相如《重纂司馬文園集》、董仲舒《重纂董膠西集》、東方朔《重纂東方大中集》、王褒《王諫議集》、劉孝標《劉戶曹集》等集的刊刻時間。文中的「比入潭陽，有殺青之役，讎校苦煩」，已明確提供了《七十二家集》是在「潭陽」刊刻的資訊。

張于壘在《武夷遊記》一文中還記載了父子二人在建陽校刻圖書之時，忙中偷閒，再到武夷的情景——

> 登陟絕是遣閒之具，而我輩每用忙法。蓋自從事梨棗，百端蝟集，乃偷忙一出，度久淹則不能，逗漏則復不甘。辨曙而起，戴月而宿，風雨不停，汗喘不避，遇大會心處，然後小憩，領略未終。家君子復出，所攜牙籤，臥石上校之，以應梓人，可謂書淫之表，別署情癡矣。援筆自歎，還自笑也。〔註4〕

爲了領略武夷風光，張燮將書稿從建陽書坊帶到武夷山，遊覽之餘，「臥石上

〔註3〕〔清〕董天工《武夷山志》卷二十。
〔註4〕〔清〕董天工《武夷山志》卷二十一。

校之，以應梓人」，表現了張氏性情飄逸豪爽，愛山愛水更愛書的情致。

張燮《七十二家集》刊刻於建陽，還可以從明末洪思所編《黃子（道周）年譜》中找到旁證。張燮因與黃道周關係密切，今存《黃漳浦集》中有《致張紹和書》十幾通。洪思在《黃子年譜》中，在天啓五年（1625）黃道周《與張紹和書》之下作注云：「時子（指道周）奉旨將母歸家，適紹和居武夷山中刻《七十二家（集）》。子過富沙，不相聞知。……」侯眞平先生《黃道周紀年著述書畫考》〔註5〕云：「洪思注說此時張燮『居武夷山中刻《七十二家》』，刻書地點很可能在建陽書坊（宋代以來全國著名的刻書中心之一）。」侯先生在此引用的材料與筆者完全不同，但得出的結論卻完全一致，由此可證上文所論之不誣。

張燮的《七十二家集》雖然在建陽書坊刻印，但卻不能就此下結論說，《七十二家集》也是坊刻本。這是因為此書的刊刻是由張燮出資，此書的編、校者也是張燮，而書坊只是出工出力刻印而已。在圖書的版式、字體、墨色以及紙張的選擇上，書坊都必須按照對方的意願，儘量滿足他的各方面要求。換言之，書坊在此起到的，只是印刷廠的作用，而不是出版社的作用。這與宋元時期建陽書坊接受官、私刻書家的委託刻書，道理是一樣的。

除以上《七十二家集》之外，明崇禎十三年（1640），張燮與無錫曹荃合作刊刻的《初唐四子集》四十八卷，此書的刊刻地點是否也在建陽，尚缺乏證據。

（原載《福建史志》2003 年第 2 期）

〔註 5〕侯眞平《黃道周紀年著述書畫考》，廈門大學出版社 1994 年 8 月版，上冊，第 97 頁。

建陽書坊接受官私方委託刊印之書

　　書坊，又稱書肆、書鋪、書堂等，是我國古代民間專門從事刻書、售書的機構。在古籍分類中，通常將書坊刊刻的圖書稱為坊刻本，以別於官刻本和家刻本。實際上，我國古代書坊刊刻的圖書不全是坊刻本，有一部分也是「官刻本」和「家刻本」，這與古代某些書坊兼具的「印刷廠功能」有關。

　　古代的書坊，通常擁有書工、刻工、印工，書坊主人或聘請編、校、撰人，或自編自刻，集編、刻、售於一身，相當於現代的出版社和書店。其特點是受經濟規律的驅使，以刻印圖書市場上的暢銷書為主。版本學上所謂的「坊刻本」，指的應該是這一類書坊所刊刻的圖書。還有一些書坊，則經常接受官府、私宅的委託，刻印圖書。委託方負責出資以及書稿的編輯和校對等，在版式的設計，紙張、墨色的選擇上書坊必須按照委託人的要求辦理。這種書坊，相當於現代的印刷廠，其刻本的性質，則應視委託方的具體情況而定，而不應簡單地視為坊刻本。

　　對古代書坊接受委託刻書這一論題，通常在有關出版史、印刷史方面的著述中很少提到，反映在古籍圖書的著錄上，往往將本應著錄為官刻或家刻的，誤為坊刻，故對此實有一述之必要。

　　以下以建陽書坊為例，側重分析一下古代書坊接受他人委託刻書的兩種情況。

一、接受官府委託刻書

　　刻書坊接受官府委託刻書，由宋至明，屢見不鮮。如紹興七年（1137）晁謙之任福建轉運判官，當時轉運司設在建州（今建甌）。他於本年刻印其從

兄「蘇門四學士」之一的晁補之的《濟北晁先生雞肋集》七十卷，即在建陽開雕付梓。淳祐間（1241〜1252），趙師耕任福建常平提舉，當時提舉常平司也設在建寧（今建甌），所以他就近在麻沙刊刻了《河南程氏遺書》。咸淳三年（1267）建寧知府吳堅、劉震孫刻印祝穆《方輿勝覽》一書，據卷末祝洙〈跋〉，是委付「書鋪張金甌」刻印。宋周輝《清波雜誌》卷四載：

> 淳熙間，親黨許仲啟官麻沙，得《北苑修貢錄》，序以刊行。

許仲啟名開，字仲啟，南徐（今江蘇丹徒）人，乾道二年（1166）進士。他是提舉茶事的轉運司官員，轉運司設司府城，生產貢茶的北苑也在府治所在地的建安，當然不可能在遠離府城數十公里的麻沙任職，但他的書卻在麻沙刻印，周輝把這兩件事糅在一起說，雖然說錯了，但卻無意中透露了府治刻書多放在建陽刻印的一點資訊。

元代因統治時間不長，加上是少數民族入主中原，對漢民族文化有一定的隔膜感，故官刻不如宋代，但也有一些刻本委託書坊刊刻。元建本《元典章》即為一例。

《元典章》全稱《大元聖政國朝典章》，前集六十卷，新集名《至治條例》不分卷，另附《元鈔都省條例》。書仿《唐六典》而編，是元代聖旨條畫、律令格例和司法判案等方面的資料彙編。由元代福建的地方官抄錄彙集，而後委託建陽書坊刊行。原刻本現存臺灣故宮博物院。

元代學者胡炳文的《四書通》二十六卷，則由浙江儒學委託建陽崇化書林余志安勤有堂刻印。張存中跋曰：「泰定三年存中奉浙江儒學提舉志行楊先生之命，以胡先生《四書通》能刪《纂疏》、《集成》之未刪，能發《纂疏》、《集成》之所未發，大有功朱子。委令齎付建寧路建陽縣書坊刊行，志安余君命工繡梓，度越三稔始克就」云云。

元至正元年（1341），又有閩憲斡克莊委託朱熹五世孫朱炘，將虞集《道園學古錄》五十卷刻印於建陽書坊。炘字光明，歷官承務郎，福建行省都事。此所謂「閩憲」，乃沿用宋代提點刑獄司的簡稱。元代應名為「福建閩海道肅政廉訪司」。此亦為元代官府委託書坊刻書的一個例證。

明代，官府委託書坊刻書的情況更為普遍。徐渭在〈送通府王公序〉一文中對建陽書坊作了一番「圖籍書記，輻輳錯出，坊市以千計，富商大賈所不能聚，而敏記捷視之人窮年累月所不能周」的描述之後說：「故凡官建寧者，……亦必求之於建陽之肆，盈篋笥而後已。」實際上，可以這麼說，有

明一代，凡官建寧者，購書之外，還必刻書於建陽書肆。而一些「官建寧者」的上司，如福建巡撫、巡按等也每在建陽刻書。

已知者即有天順間（1457～1464）江西豐城人氏游明官福建提學，將無名氏編《宋史全文續資治通鑑》三十六卷、《附宋季朝事實》二卷重加校正，刊行於建陽。同時又將宋魏天應編《論學繩尺》十卷，「付書坊刊行」。成化十年（1474）張瑄以右副都御史巡撫福建，在建陽書坊刻印宋末遺民陳友仁編《周禮集說》十一卷、《綱領》一卷，另附宋俞廷椿《復古編》一卷。

成化十六年（1480），建陽書坊刻印明丘浚輯《文公家禮儀節》八卷，乃福建按察司僉事余諒命之刊行。卷末書坊刊記云：

> 《家禮儀節》初刻於廣城，多誤字，後至京師，重加校正，然未有句讀也。竊恐窮鄉下邑初學之士卒遇有事，其或讀之不能以句，乃命學士正其句讀。適福建僉憲古岡余君諒及事來朝，謂此書於世有益，持歸付建陽書肆，俾其翻刻以廣其傳云。

成化十八年（1482），巡撫張世用將宋章樵注《古文苑》三十一卷「發諸建陽書肆壽梓」。

正德六年（1511），巡按御史賀泰到建陽，將其所編《唐文鑑》二十一卷，命建陽知縣孫佐校正後，刊行於建陽書坊。

御史曾佩，嘉靖間也在建陽刻印明李默編《紫陽文公年譜》。巡按李元陽刻印《班馬異同》，由汪佃付建陽書坊刊行。嘉靖三十九年（1560），宗臣任福建提學副使，將明沈露《沈山人詩》六卷刻印於麻沙，今存萬曆四十一年（1613）王百祥修補印本。宗臣本人的著作《宗子相集》也刊行於建陽書坊。今存嘉靖三十九年（1560）詹氏就正齋刊本。

天啟間（1621～1627），監察御史喬承詔巡按福建，將其所撰《綱鑑彙編》九十卷、《總論》一卷刊刻於建陽。

官府委託建陽書坊刻書，尤以建陽縣、建寧府的官員，因得地利之便，刊刻數量最多。

如宣德間（1426～1435），江西建昌人張光啟任建陽知縣，曾與崇化書林劉剡共同輯校《資治通鑑節要續編》，交付劉文壽翠岩精舍刊行。張光啟序云：「余昔家食，切（竊）有此志，今幸作宰東陽，公隙即與書林君子劉剡取四代史所載君臣行事功績，歲月日時，先後精詳，斂博合一，核略致詳……。」張光啟刊行的小說《剪燈新話》、《剪燈餘話》，也是在建陽書坊刊行。

宣德十年（1435），建陽劉氏日新堂重刊宋蔡沈《書傳大全通釋》一書，書題之後題「進士吉豐彭勗通釋，進士錢塘董鏞音點」，彭勗、董鏞分別為宣德間建寧府儒學教授和建陽縣儒學訓導。此為二人合作將宋蔡沈之《書集傳》加以重編，而委託書坊刊行。

弘治十五年（1502），廣東番禺人氏區玉官建陽知縣。在正德間（1506～1521）接受閩憲阮賓的委託，將章如愚《群書考索》「商諸書林義士劉君洪任其事」，故此書刻本卷首又題「建陽知縣區玉刊行」。

正德十一年（1516），邵圉任知縣，校正元馬端臨《文獻通考》，亦交付書林劉洪慎獨齋刊行。此書卷端即題「鄱陽馬端臨貴興著述，東陽邵圉宗周校刊」。所謂「校刊」，乃校正、刊行之意，故此書與《群書考索》相同，均由建陽縣衙出資，委付書坊刊刻。

嘉靖六年（1527），建寧知府張大輪刊刻《唐文粹》一百卷。此書建陽書坊舊有刊本，但錯誤較多。張氏以明蘇州刻本為底本，參校他本，並請府學諸生協助校理，刊於建陽書坊。此本卷末有張大輪的一則校勘說明的文字云：

> 《唐文粹》閩坊舊本舛不可句，蘇州近本視昔加善，第中間缺誤尚
> 多，蓋校讎之漸，其勢有如此者。政暇參伍他書，偶有所得，因命
> 郡庠生魏耕、楊應詔、謝阜錄付坊間梓行。

在文中，張氏一方面批評「閩坊舊本舛不可句」，另一方面又將此書校本仍付「坊間梓行」，說明明代建陽書坊接受官、私方面的委託刻印圖書的功能，是比較突出和明顯的。

明代官府委託書坊刊行的圖書還有，萬曆三十四年（1606）建陽知縣周士顯刊方日升《古今韻會舉要小補》三十卷，委託建陽崇化坊余象斗雙峰堂、余彰德萃慶堂兩家書坊合作刊行。

崇禎十五年（1642），建陽知縣黃國琦刻印《冊府元龜》一千卷，乃奉監察御史李嗣京、建南道分守胡維霖之命刊行於書坊。此書卷首李嗣京〈揭帖〉將此事原委表露得頗為詳盡，「職昨奉命按閩，閩有建陽縣，乃宋賢朱熹等講道之鄉。縣有書坊，自宋迄今，皆為刊刻古書之所。職因取家藏舊本，行分守建南道胡維霖，轉行建陽縣知縣黃國琦釐訛補闕。職與道、縣合鐫薪槁，爰付棗梨。二月始事，十月告成。」一部千卷大書，前後僅用八個月時間，即告印成，說明官府委託書坊刻書，集中了較多刻印工匠，即時完工。

二、接受私家委託刻書

在接受官府委託刻書的同時，一些書坊也接受私家的委託刊刻圖書。如南宋理學家朱熹在建陽，委託書坊刊刻的圖書有《洪韻》、《近思錄》、《八朝名臣言行錄》等。他在寫給學生黃商伯的信中說：「《洪韻》當已抄畢，幸早示，乃此間付之書坊鏤板，甚不費力。」

淳熙二年（1175），朱熹與呂祖謙合編的理學入門書《近思錄》十四卷，也刊刻於建陽。《朱文公文集》卷六十〈答汪易直〉書二：「《近思》小本失於契勘，致有差誤，此執事不敬之罪也。後來此間書坊別刊得一本，卷尾所增已附入卷中。」此書初刻本即信中所說的「失於契勘」的「小本」，此又云「此間書坊別刊得一本」，表明二刻也在建陽並委託書坊刊行。

乾道八年（1172）朱熹在建陽編成《八朝名臣言行錄》一書，也是由建陽書坊版行。呂祖謙《東萊集·與汪尚書》云：「近建寧刻一書，名《五朝名臣言行錄》，云是朱元晦所編，其間當考訂處頗多。」此「建寧」必指建寧府，書坊所在地乃屬縣建陽。此書後集《三朝名臣言行錄》不久後也在此刊出。

邵武俞聞中，字夢達，是朱熹門人。嘉泰二年（1202）曾刻印《儒學警悟》七集四十卷，是我國已知最早的叢書刻本。此書目錄後有嘉泰二年（1202）建安俞成元德父跋。俞成曾為建陽蔡夢弼校書，在蔡刻本《草堂詩箋》中署名「雲衢俞成元德」，表明他實為建陽崇化書林雲衢人。在俞聞中《儒學警悟》叢書中，又有俞成撰《螢雪叢說》一書，以上種種蹟象表明，俞聞中此刻本可能是通過俞成在建陽崇化書坊刊行。

紹熙四年（1193），邵武吳炎刻印蘇洵撰、呂祖謙注《東萊標注老泉先生文集》十二卷。《中國版刻圖錄》著錄：「吳炎校勘後，建陽書肆為之梓行。」

元代，建陽書坊接受私家委託刻書也比較多，其中以刊刻理學人物的著作為主。如建陽熊禾，是朱熹的續傳弟子。曾輯補朱熹《儀禮經傳通解》一書，刊行於書坊。熊禾自撰〈疏〉云：「擬就書坊版行，以就流布。」

江西學者董真卿，其學術淵源，源自朱子弟子黃榦門下，所撰《周易經傳集程朱解附錄纂注》十四卷，由其子董攜之入閩，刻於建陽書坊。

而董真卿本人，則曾於延祐五年（1318）入閩，將其父董鼎《書集傳輯錄纂注》七卷《朱子說書綱領輯錄》一卷，委託建陽名肆余志安勤有堂刊行。

元代，建陽還有一家與余氏勤有堂齊名的書肆——劉錦文日新堂。曾於至正二年（1342），刻印元倪士毅《四書輯釋大成》三十六卷。數年後，此書

又由倪士毅加以重修，訂爲二十卷，仍交劉錦文改刻。至正三年，劉錦文還刻印了趙汸《春秋金鎖匙》一卷；至正八年，刻印汪克寬撰《春秋胡氏傳纂疏》三十六卷。另據汪克寬〈朱子綱目凡例序〉，汪氏曾輯〈資治通鑑綱目凡例〉，「寄建安劉叔簡錦文刊之坊中，與四方學者共之。」汪克寬、倪士毅、趙汸三人均爲元末理學家，時稱「新安三有道」。他們的著作都交給劉錦文刊行，表明書坊接受學者委託刻書在當時是比較普遍的現象。

明代建陽書坊仍刻印了理學家們的許多著作。如江西學者朱公遷《詩經疏義會通》一書，是一部闡述朱熹《詩集傳》的著作，由其弟子何英在永樂間攜入閩，在校訂增釋，付刻書家劉剡刻印。明代福建朱子學派的主要代表蔡清的《易經蒙引》一書，嘉靖八年（1529）由其子蔡存遠進呈朝廷，後奉旨發往建陽書坊刊行。

明代，除一些外地理學家到建陽刻書外，還有一些外地學者不遠千里到建陽委託書坊刻書。如休寧（今安徽歙縣）人氏金德玹編纂的《新安文粹》，是一部收錄新安歷代文人詩文作品的地方文獻總集，其中卷十五《鈍齋詩文》有〈金德玹傳〉載：

> 德玹字仁本，休寧汪坑橋人。……嘗以先儒遺書，精神心術所寓，遍訪藏書家，得陳氏《四書口義》、《批點百篇古文》，倪氏《重訂四書輯釋》，朱氏《九經旁注》，趙氏《春秋集傳》、上虞劉氏《選詩補注》、胡氏《感興詩通》三十餘種，抄校既畢，遣子輝送入書坊，求刊天下。劉用章先生深加（嘉）其志。

劉用章即明前期建陽書坊刻書家劉剡。傳中所言「送入書坊，求刊天下」，雖未明言是何處書坊，但「深嘉其志」的既然是劉剡，則此書坊必然是指建陽書坊無疑。這一點，可以從正統間（1436～1449）建陽知縣何景春捐俸資助刊刻的《鳳雅翼》一書得到明證。此書總目第三行題「新安金德玹仁本校正」，當爲金氏送到建陽書坊刊刻的「三十餘種」圖書之一。只是由於文獻缺徵，金氏抄校的三十幾種圖書中，具體還有哪些圖書，已難以詳考了。

明永樂間（1403），浙江浦江鄭柏編《麟溪集》二十二卷，由官建安主簿的同鄉人洪澤攜至建安，「請於太守徐子玉，同爲捐俸刊行而成」，刊刻地點也在建陽書坊。

明後期，則有閩漳龍溪張燮攜子張于壘，數次前往建陽書坊，在此刊行《七十二家集》。

三、官私委託刻書與書坊刻本之不同

以上通過例舉的方式，論述了由宋至明，古代建陽書坊接受官私刻書的一些基本情況。對這些刻本的性質，毫無疑問，應視委託方的具體情況而定。由官方出資者，應視爲官刻，由私家出資者，應視爲家刻。這與現代出版社委託印刷廠印刷，其版權仍歸出版社所有，而不能歸印刷廠，其道理是一樣的。但在以往的古籍圖書的著錄中，由於對古代書坊接受官私委託這一現象認識不夠，曾造成某些混亂，在此也以舉例的方式加以說明，以期引起有關方面的注意。

如元余志安勤有堂刻本《四書通》、《四書通證》，由浙江儒學出資委託刊行，本質上是官刻本，但通常均錄爲余氏坊刻本。元董鼎《書集傳輯錄纂注》，由董氏出資，撰、校人均爲董氏父子，應視爲董氏委託余氏勤有堂刊行的私家刻本。舊本《故宮博物院善本書目》卷一著錄此書即爲「元元統二年眞卿于撰閩中刻本」，除刊刻時間有誤外，其餘均著錄得比較準確。《北京圖書館善本書目》和近年出版的《中國古籍善本書目》均統一爲「元延祐五年建安余氏勤有堂刻本」，則未能正確地揭示此書在歷史上的版權歸屬。類似情況的，還有元劉錦文口新堂接受倪士毅委託刊刻的《四書輯釋大成》，接受汪克寬委託刻印的《春秋胡氏傳纂疏》等。

明成化十八年（1482），巡撫張世用於建陽刻印的《古文苑》，《上海圖書館善本書目》著錄爲「明成化建陽刻本」；《故宮博物院善本書目》著錄爲「明成化十八年建陽刻本」；《北京圖書館善本書目》則爲「明成化十八年張世用建陽刻本」，從此書係張世用委託建陽書坊刊行的實際情況看，應以國家圖書館的著錄比較準確。

明劉氏愼獨齋刊刻的《文獻通考》、《群書考索》二書，各家書目均著錄爲「明正德劉氏愼獨齋刻本」。實際上此二書均爲建陽縣衙委付劉氏所刻。故《文獻通考》卷端有知縣「邵豳校刊」之名，《群書考索》卷首亦題「建陽知縣區玉刊行」。且此二書的書版，當時就歸建陽縣衙所有。在明萬曆年間編纂的《建陽縣誌·梓書》「縣治書板」條下列有八種書名，其中就有此二書。

明萬曆三十四年（1606），建陽知縣周士顯委託余象斗、余彰德刻印的《古今韻會小補》一書，杜信孚《明代版刻綜錄》在卷三著錄爲「明萬曆三十四年（1606）周士顯刊」，在卷七中又著錄爲「明萬曆建陽書林余象斗雙峰堂刊」，極易給人是兩種不同刻本的錯覺。此書《中國人民大學古籍善本書目》就著

錄得比較準確：「明萬曆三十四年（1606）周士顯建陽刻本。」

　　由於對書坊接受委託刻書的一些具體情況認識不清，造成著錄上失誤的情況還有一些，在此不再一一列舉。

　　當然，在有關書目中，對委託刻書分辨得比較清楚，著錄得比較準確的也有很多。如宋咸淳刻本《方輿勝覽》，著錄爲吳堅、劉震孫刻本，而不著錄爲「書鋪張金甌」刻本；紹熙吳炎刻本《東萊標注老泉先生文集》，不著錄爲「建陽書肆刻本」；明成化張瑄刻本《周禮集說》，不著錄爲「建陽書坊」刻本，等等。其著錄的根據，應該說，與筆者上文所提出的以版權歸屬爲原則是一致的。

（《文獻》季刊 2002 年第 3 期）

建陽縣治刻書述略

　　歷史上，建陽的雕版印刷業十分興盛，刻書之風甚濃。除了私家刻書、書坊刻書、書院刻書外，歷代縣治也有刻書。縣治刻書的主持人就是本縣的最高長官——知縣，因此，一些版本目錄學家如葉德輝便把這種刻本稱爲「縣齋本」，或著錄作「建陽知縣×××刻本。」

　　宋元時期，因距今年代久遠，建陽縣治刻書的詳情已難以盡考。見於著錄的刻本僅宋淳祐壬子（1252 年）刻《晦庵先生朱文公易說》二十三卷。原書由朱熹之孫朱鑑編成，「建陽令趙君刊於縣齋，鑑嘗爲之序。」查嘉靖《建陽縣誌・歷代職官年表》，知此「趙君」名與迥，淳祐四年（1244）始任。

　　明代，建陽縣治刻書甚多，今可考見者還有十幾種。現將刻書者及其刻本分述如下。

　　明正德六年（1511），孫佐刻、賀泰編《唐文鑑》二十一卷。孫佐，字朝相，號南州，江西清江縣人。明正德三年進士，正德五年（1510）任建陽知縣。孫氏此刻，今南京圖書館有存書。

　　明嘉靖十七年（1538）李東光刻、李默撰《建寧人物傳》四卷。李東光，字晉卿，號近江，南昌人。嘉靖乙未（1535）進士，嘉靖十六年（1537）任建陽知縣。李氏此刻，天一閣有存書。

　　明嘉靖三十二年（1553）馮繼科刻、季本撰《說理會編》十六卷。馮繼科，字肖登，號斗山，廣東番禺人。嘉靖二十八年（1549）以舉人任建陽知縣，「在任九年，以循良著聲」，並曾主修嘉靖《建陽縣誌》。

　　明嘉靖三十六年（1557）顧名儒刻、宋孫覿撰、李祖堯注《孫尚書內簡尺牘編注》十卷。顧名儒，字遂夫，上海縣人，舉人。嘉靖丙辰（1556）建

陽知縣。北京圖書館和南京圖書館均存有顧氏此刻。

嘉靖間鄒可張刻、宋祝穆撰《新編古今事文類聚》前集六十卷、後集四十八卷、續集二十八卷、別集三十二卷，元富大用續編《新集》三十六卷、《外集》十五卷。此刻本福建省圖書館和福建師範大學圖書館均有收藏，鄒可張，字衛中，號海嶼。廣東南海人，舉人。嘉靖己未（1559）任建陽知縣。

萬曆三十八年（1610）葉大受刻印明梁學孟撰《痰火顓門》四卷。葉大受，餘姚人，萬曆三十二年（1604）進士，三十五年（1607）任建陽知縣。

明崇禎十五年（1642）黃國琦刻印《冊府元龜》一千卷。黃國琦，字石公，號五湖，江西新昌縣人。崇禎十年（1627）進士，十五年（1642）任建陽知縣。《冊府元龜》是宋代「四大部書」之一，自宋代刊行之後，一直沒有刻本，「六百年止一寫本，互相傳抄，勢家購之，必損錢至三、二十萬，貧士竟生至夢有不之逮者。」故黃氏此刻本的意義非同尋常。陳垣先生曾說：「明人校刻之書之勞不可沒。」1960 年 6 月，中華書局曾將黃氏此刻補以宋刻殘本影印出版。

除以上刻本外，建陽縣治還刊刻了《文獻通考》、《山堂考索》等書。萬曆《建陽縣誌》卷七《藝文志・梓書》列有此之前的「縣治書板」共八種。其書名是：《文獻通考》、《集事淵海》、《十七史詳節》、《文選》、《黃氏日抄》、《孤樹裒談》、《潭陽文獻》、《山堂考索》。《縣誌》在這八種書名之後，均注以小字「無板」二字，說明這八種書是明萬曆以前的刻本，至萬曆二十九年即修志這一年時，因相距時間久遠，故已版片均不存。

歷代縣治的刻書，雖然均由知縣領銜其事，但書工和刻工，則應都是從建陽書坊招募的。如黃國琦刻印《冊府元龜》，卷首李嗣京〈揭帖〉就說：

> 職奉命按閩。閩有建陽縣，為宋賢朱熹等講道之鄉。縣有書坊，自宋迄今，皆為刊刻古書之所。職因取家藏舊本，行分守建南道胡維霖，轉行建陽縣知縣黃國琦鏨訛補闕。職與道、縣合蠲薪槁，爰付棗梨。二月始事，十月告成。

說明黃氏此刻雖得到李嗣京、胡維霖等人的資助，但從事具體刊刻工作，為之揮毫操刀的仍是建陽書坊的工匠們。

再從「縣治書板」的存放地點看，據嘉靖《縣誌》記載，主要有同文書院的「東廳」，同文書院，就座落「在崇化里，宋乾道間朱熹建以貯圖書，……東廳今藏《洪武正韻》、《勸善》及諸官書板。」在這就進一步說明了「諸官

書板」均在崇化書林募工開雕印刷，而書版則就近貯藏在同文書院。

　　萬曆《縣誌》中所列八種「縣治書板」，修志時均已「無板」，其原因一方面可能是因年代久遠，板已不存；另一方面可能是，出資刊刻的知縣在卸任後攜帶回鄉。如黃國琦刻《冊府元龜》的書版就屬於後一種情況。據胡道靜先生考證說：「崇禎刻版，至清順治十七年庚子（1660）因黃家遭火災，書板多散失，後經補刻，康熙十一年壬子（1672），黃國琦之侄九錫重印此書……」，「至清乾隆三十三年（1768），黃家書版在吳門出售，為書賈王勝鳴所得，又將此書重印……。」陳垣先生《影印明本冊府元龜序》說：「此書自明以來，只有一刻，康、乾而後，雖續有補版，實同出一源，非有二刻。」康熙四十二年柳正芳修《建陽縣誌》，卷七中也有一梓書書目，其中所列「縣誌書板」八種，書名與萬曆《縣誌》所列一字不差，當從舊志所轉抄，其中未列《冊府元龜》，說明此明崇禎所刻書版至少在康熙間已經沒有保存在建陽，證明胡道靜先生的說法是正確的。

　　除了以上所列知縣刻本和縣治書板外，尚有一些知縣為書坊擔任編輯、校勘等方面的工作。如宣德間，建昌人張光啓任知縣，「鋤強去暴，篤愛斯文」，曾與崇化書林刻書家劉剡一起輯校《資治通鑑節要續編》一書。此書編成後，交劉文壽翠岩精舍刊行。劉文壽於宣德七年（1432）刻成，張光啓曾為之作序。序云：「余昔家貧，切（竊）有此志，今幸作宰東陽，公隙即與書林君子劉剡取四代史所載君臣行事功績，歲月日時，先後精詳，斂博合一，核略致詳……。」由此可見，《縣誌》所稱張氏「篤愛斯文」云云，並非溢美之詞。此書現存朝鮮銅活字翻刻明劉文壽刊本，及明弘治十年（1497）建陽楊氏清江書堂刻本。

　　弘治十五年（1502），廣東番禺人區玉「以名進士來宰是邑。……雅重斯文，垂情典籍，書林古典缺板，悉令重刊，嘉惠四方學者。」正德間曾將宋章如愚撰《群書考索》前、後、續、別四集二百一十二卷「商諸書林義士劉君洪任其事，復劉徭役一年以償其勞」，故劉洪慎獨齋刻《群書考索》一書卷首又題「建陽知縣區玉刊行」。此書北京圖書館、北京師範大學圖書館、杭州大學圖書館均有收藏。《北京圖書館善本書目》、《北京師範大學圖書館中文古籍善本書目》均題「劉氏（或劉洪）慎獨齋刻本」，唯《杭州大學圖書館善本書目》題作「區玉刻本」，故頗疑萬曆《縣誌》「縣誌書板」中著錄的《山堂考索》（即《群書考索》）實即劉洪所刻。劉氏此刻時在正德戊寅（1518），距

萬曆《縣誌》修撰這一年（1601）已八十三年，故書板無存。

正德十一年（1516），浙江東陽人邵圝，字宗周，以進士任建陽知縣。在任六年，政績頗顯。「興學校，增學田，獎進生徒。」曾校正元馬端臨《文獻通考》一書，亦交付書林劉洪愼獨齋刊行。劉氏此刻，據王重民先生著錄，卷端即題「鄱陽馬端臨貴興著述，東陽邵圝宗周校刊」。故竊又頗疑劉洪此刻與其刻《群書考索》一樣，也是萬曆《縣誌》「縣誌書板」中的一種。

嘉興人項錫，字秉仁，號瓶山，嘉靖二年（1523）任建陽知縣，「爲政廉勤，校典籍，嘉惠四方。」刻有《建寧人物傳》的李東光，於嘉靖十六年（1537）一上任，就在崇化書林建「嘉惠來學坊」，表彰書林在圖書出版方面的貢獻。京山人氏周士顯，萬曆癸卯（1603）任建陽知縣。三十四年（1606），以方日升撰《古今韻會小補》三十卷，委付崇化書坊余彰德、余象斗同刻。據王重民先生《中國善本書提要》著錄，此書美國國會圖書館存有一部。北京師範大學藏本，題作「明萬曆三十四年周士顯建陽刻重修本」，實際上就是余彰德和余象斗的合刻本。

建陽歷代知縣特別是有明一代的知縣，在任職期間能與其屬下的書林人物保持較爲密切的聯繫，熱衷於校、刊書籍，或自己集資募工刊行，或委託書坊刊行，其中雖不乏附庸風雅之輩，但總的看來，或多或少地都對建陽刻書的發展起到了促進作用。這種現象的產生，除了這些知縣均舉人、進士出身，雖談不上碩學鴻儒，但也熬過十年寒窗，對文墨之事較爲懂行等內因外，還有其廣闊的社會的和時代的原因。

以明代爲例，明代的統治者就比較重視文治的作用。朱元璋雖行伍出身，卻頗知「致治在於善俗，善俗在於教化」的道理。他在重教化興學校的同時，洪武元年曾下詔對刻書廢除書籍稅的特殊政策，因此，明代的刻書事業較宋元兩代更爲繁盛。除了民間坊肆的刻書外，明中央政府的各個部門如秘書監、國子監、都察院以及各藩府均熱衷於刻書，而各地地方政府部門如布政司、按察司、各府縣的刻書機構較中央機關、藩府更盛。明周弘祖的《古今書刻》上編統計了明嘉靖前全國各地的刻書情況，其中刻書數量較多的如內府 83 種、都察院 33 種、國子監 41 種、南京國子監 278 種、南直隸 451 種、江西 327 種、浙江 173 種，福建最多，達 477 種。其中又以建陽書坊（建寧府書坊）刻書爲最，達 367 種。

在這種官刻、私刻、坊刻盛行的年代，作爲處於全國刻書領先地位的建

陽縣的一縣之長，安能飄飄然於「建邑兩坊，昔稱圖書之府」，「夫山有見榮，此亦邑之見榮者已（矣）」陶醉之中，而對此視若罔聞，無動於衷呢？再說，離建陽縣很近的建寧府此時也刻書 17 種，福建布政司刻書 18 種，按察司刻書 12 種。更何況這些頂頭上司的刻書與建陽縣也有密切的關係，有的還延請書坊名工呢！因此，這時期建陽縣治比較熱衷於刊行書籍，實在又是一時風氣使然了。

（原載《福建圖書館學刊》1988 年第二期）

建本地名考釋

　　建陽是我國古代印刷出版業的中心之一。建陽「麻沙版」的書籍，一般又稱爲「建本」，向爲版本學家所珍惜。

　　在建本研究中，經常會接觸到諸如「建安、建寧、麻沙、富沙、東陽、閩建、建邑、潭陽、潭邑、書林、書坊」等地名。這些地名，有的一目了然，如麻沙、書林、書坊等；有的稍加解釋便能明白，如閩建爲福建建陽之簡稱；潭邑、潭陽爲建陽之別名；有的卻撲朔迷離，似是而非，往往使人產生誤解。如建安、富沙、東陽等。如果不弄清這些地名及其所指，對我們的研究，勢必造成一定困難，有時還會得出錯誤的結論。

　　本文根據我平時積累的一些資料和學習體會，試圖對一些有必要加以辨析的地名進行考察，共輯成七則，僅供參考。

一、建　安

　　建安，這是建陽歷代刻書家中用得最多的地名。建陽刻書世家中余、劉、蔡、熊、虞、葉諸姓均有自稱「建安某氏」者，加上諸如「建安黃善夫家塾」、「建安余仁仲萬卷堂」、「建安劉君佐翠岩精舍」、「建安葉日增廣勤堂」等這種直接標以刻書者姓氏和堂名的，僅宋代，據張秀民先生統計，就有二十八家；自宋及明，可以估計，至少有近百家用此地名刻書，也正因如此，往往使許多學者誤以爲福建歷史上的雕版印刷，除建陽外，還另有個建安書坊存在，從而得出諸如「宋元時代書坊多在建寧府郭之建安縣」，「至明代建安書坊衰落，而建陽獨盛」，「入明以後，建安書坊衰落，繼之而起者則是建陽書坊」等不正確的結論。

實際上，宋元時期以建安地名刻書者，絕大部份都在建陽，何以知之？有以下三點可證：

（一）史料記載

嘉靖《建寧府誌》和《建陽縣誌》中均有建陽刻書的記載，如「書市在崇化里書坊，每月以一、六日集」，「書市在崇化里，比屋皆鬻書籍，天下客商販者如織，每月以一、六日集」、「書籍出麻沙、崇化兩坊，昔號圖書之府。麻沙書坊毀於元季，惟崇化存焉」等等，而對建安刻書卻隻字未提。假如宋元時書坊多在建安縣，至少府誌不應忽視如此。此外，前人著述中，也每每只言麻沙、崇化，而不提及建安。如南宋建陽的學者祝穆在《方輿勝覽》中云：「建寧麻沙、崇化兩坊產書，號為圖書之府」；朱熹《建陽縣學藏書記》云：「建陽版本書籍，行於四方者，無遠不至。」二者特別是朱熹在建陽和建安都曾生活過，對兩地的民情風俗都十分瞭解，而他對建安刻書也隻字未提。可見，並不存在一個所謂「建安書坊」。

（二）用部份刻書牌記互證或史料證明

如元劉氏南澗書堂，刻《論語集注》時標以「建安劉氏南澗書堂新刊」木記，而刻《書集傳》時序後又題「麻沙劉氏南澗書堂新刊」木記。可見，劉氏所云建安，實為建陽。再如元建安余志安勤有堂所刻的《分類補注李太白詩》、《集千家注分類杜工部詩》、《書集傳》等均題「建安余氏勤有堂刊」木記，而同是他所刻的《唐律疏議》、《詩童子問》等書又題「崇化余志安刊於勤有堂」，可見，余志安所說的建安，也應是建陽。又如元劉錦文日新堂，以「建安日新堂」、「建安劉叔簡日新堂」名號刻書不下於二十餘種，而嘉靖《建陽縣誌》卷十二卻有他的小傳云：「劉文錦，字叔簡，博學能文，教人不倦，多所著述。凡書板磨滅皆校正刊行，尤善於詩，有《答策秘訣》行世。」

通過以上分析，歷史上許多冠以建安之名的刻書者，實為建陽，既然如此，何以他們要自稱建安呢？要弄清這個問題，就要對「建安」的歷史作一番小小的考察。歷史上的所謂建安，至少有以下三種含義：

1、建安縣

據嘉靖《建寧府誌》和《建陽縣誌》記載，東漢獻帝建安初年設建安、南平、漢興三縣，此建安縣地盤相當於宋、元、明時的建寧府。建陽其時稱桐鄉，隸屬於建安縣，直到東漢獻帝十年才分建安縣的桐鄉置建平縣（即後

來的建陽縣）。

2、建安郡

三國吳景帝永安三年以會稽（今紹興）南部置建安郡，領治十縣，郡治在建安。建平（建陽）縣、建安縣均在這十縣之內。此建置一直沿用至隋。唐高宗時改爲建州，沿用至宋。宋紹興三十二年改爲建寧府，府治在建安，元時稱爲建寧路，明仍改爲建寧府。

3、建安縣

漢獻帝建安初設置的建安縣，建安十年分置建平縣後，吳永安三年又分其地置將樂、昭武、綏安（今泰寧、建寧二縣）三縣；宋英宗治平三年又分其縣西地置甌寧縣，由於一再分出，地盤越來越小，至此與甌寧實同爲建寧府的附郭之縣。嘉靖《建寧府志》有建安縣和甌寧縣地理圖，圖中標注兩縣縣治相距僅一里地，這兩縣就是後來合二而一的建甌。爲便於區分，我們在此不妨把漢獻帝時設的建安縣稱爲「大建安」，把宋以後的建安縣稱爲「小建安」。

儘管歷史上的建安、建陽二縣曾多次分析合置，但在宋元明三代，即建刻興盛的時期，麻沙、崇化二坊均隸屬於建陽縣管轄，而從不曾屬建寧府治之附郭建安縣即「小建安」管轄，這當無可懷疑。那麼，這時期麻沙、崇化的書商們自稱「建安某氏」或「建安某氏某某堂」者，又當作何解呢？我以爲，這是歷史上因兩地多次分析合置而形成的一種習慣用法，即沿用了古建安，或建安郡名，也就是上述第一、二種含義。假如不瞭解這種習慣用法，而把上述第一、二種含義與第三種含義等同起來，即把「大建安」或建安郡與「小建安」等同起來，就會得出錯誤的結論。

二、建　寧

以建寧地名刻書，其出現頻率雖次於建安，但也代不乏人。所謂建寧書坊、建寧府書坊、建寧路書市等均指建陽書坊，因其時建陽隸屬於建寧府（路）之故，與歷史上邵武府治下的建寧縣無關。

明嘉靖三十八年（1559）進士周弘祖的《古今書刻》著錄了建寧府書坊所刻書目凡 353 種；嘉靖《建陽縣誌》卷五中也有一〈書坊書目〉，錄書目凡 382 種。我將兩目細加對照，一字不差完全相同者有 130 種左右。此外，還有相當部份兩目略有不同，而有可能實爲同一書者（因坊間刻書書名多疊床架屋，諸如「新刊京板校正×××先生批評××××」之類的書名比比皆是，而兩目均

用節略之書名，完全有可能將同一書節成兩種略有不同的書名）。可見，周弘祖所謂建寧府書坊亦指建陽縣書坊無疑。

三、富　沙

刻書名號上冠以富沙地名者，元代有富沙碧灣吳氏德新書堂；明代有富沙劉興我、富沙劉榮吾、富沙鄭尙玄人瑞堂等。

劉榮吾刻有《精鐫按鑑全像鼎峙三國志傳》，今存英國博物館。劉修業先生在《古典小說叢考》中認爲「榮吾富沙人，疑富沙在福建。」澳大利亞學者柳存仁先生的《倫敦所見中國小說書目》卻云：「劉榮吾的富沙，劉女士疑其在福建者，實是廣東。」

我認爲，劉先生的意見是正確的。歷史上富沙作爲建州別稱，可謂由來已久。《五代史·閩世家》中載王曦之之弟王延政任建州節度使，封富沙王。嘉靖《建寧府志》卷一〈建置沿革〉亦載：「五代晉高祖天福六年以建州爲鎮安軍，王延政爲節度使，封富沙王……。」富沙，作爲建州別稱，延用了數百年。在嘉靖《邵武府志》卷十二〈名宦〉的陳岩條下云：「按綱目，岩，建州人。《閩中記》云富沙。」下注小字曰：「富沙即建州。」雖寥寥數字，但不失爲一個有力的佐證。

南宋著名詩人楊萬里有〈謝建州茶史吳德華送東坡新集〉一詩，其中吟道：「富沙棗木新雕文，傳刻疎瘦不失眞。」「富沙棗木」云云，指的就是建刻。一方面因建陽其時隸屬於建州（建寧府），另一方面其版刻多用棗木、梨木，字體多用顏、柳，密行細字，具有「傳刻疎瘦」的特點。

此外，張秀民先生在〈明代印書最多的建寧書坊〉一文中，著錄了四十七家建陽書林刻書堂名姓名，其中有「潭陽書林劉欽恩（榮吾）」，此名欽恩字榮吾者，或許就是富沙劉榮吾。如果確實是這樣，那麼富沙和潭陽書林之間就劃上了等號。這個等號就是說明：富沙——建州別稱，建陽——隸屬於建州；因此刻書者以富沙來代表建陽也是有根據的。

四、東陽、崇川

東陽，建陽的別稱。其名源於宋政和間建溪水驛更名東陽水驛，見嘉靖《建陽縣誌》卷四〈儲恤志·驛傳〉。水驛乃達四方者必經之所，也是建版書籍銷往外地的水路樞紐之一，故往往爲人所引用，由特稱變爲代稱。

余氏刻書世家中，宋代早於余仁仲萬卷堂者，有東陽崇川余四十三郎宅，刻有《初學記》三十卷，見傅增湘先生《藏園群書經眼錄》卷十。余氏所謂東陽崇川者，則指崇化。元代還有一崇川書府，至正辛卯（1351）刻有《春秋諸傳會通》二十四卷，《鐵琴銅劍樓藏書目錄》和《增訂四庫簡明目錄標注》均著錄。建陽崇化《貞房劉氏宗譜》卷一有元無名氏撰〈京兆劉氏族譜世系序〉（舊序），末署「明洪武十九年丙寅一陽月書於崇川翠岩精舍，時有協力點校者十七世孫椿、橦，同贊成者十六世孫灝謹題族譜之末以記歲月云爾。」劉氏翠岩精舍乃崇化里元明間名肆，上既署崇川翠岩精舍，則崇川即崇化無疑。

東陽之名，在一些文獻記載中，也每每可見，並非僅見於刻書家的名號上。如宋末元初建陽的學者熊禾，在重修位於建陽崇化的同文書院時，作疏云：「蓋文獻所關最大，在古今其揆則同，睠茲東陽，視古闕里，四方文籍之所自出，萬世道義之所必宗。文公之文，如日麗天；書坊之書，猶水行地。」宋麻沙劉祖安於咸淳二年（1266）為有〈劉氏故居慶元堂記〉一文云：「東陽為建（州）上邑，而麻沙實據東陽之上流，山川奇偉，人物繁禧，經史子籍（集）白家之書流通於天下，號曰圖書外府，實七閩奎文之地也。」嘉靖《建陽縣誌》卷六〈藝文志〉錄有一名叫土佛生寫的詩，題為〈建陽懷占〉云：「東陽昔日好山川，山色川光豁眼前。西岸水連東岸水，南橋煙接北橋煙。錦江酒味香千古，雲谷書聲歇幾年。……」小可證。

五、錢　塘

以錢塘之名冠於刻書家名號前者，有南宋錢塘王叔邊，刻有《後漢書注》一百二十卷，現存北京圖書館。《中國版刻圖錄》著錄云：「目錄後有錢塘王叔邊刻書牌記，又有武夷吳驥題款，即可為證。」宿白的《南宋的雕版印刷》亦云：「建陽書坊亦有從臨安遷來的，如從建本《後漢書》刊記得知有開雕兩漢書的錢塘王叔邊。」上引雖未把王刻列入浙本，但將此「錢塘」僅理解為臨安別稱應是無疑的。

據我所知，王叔邊所謂錢塘應既指古臨安，亦指建陽崇化里的錢塘。據嘉靖《建陽縣誌》卷十四記載，崇化里有王氏，事親至孝，感動上天；忽一夕天降大雨，到天亮，錢落滿其家池塘，從此此地便叫作錢塘。縣誌所云顯係無稽之談，但崇化里自古就有錢塘（今仍沿用），卻是事實。我曾就此地名來源問題，請教建陽縣地名辦的陳功明同志。陳認為其真實來源，應為此地

古時居民，多從浙省遷入者，爲紀念祖籍，故有此稱。如照此說，則古崇化里至少有一個村莊的居民是從浙江遷入者。而王叔邊就是其中之一。至於這些冠以「錢塘」的版本書有沒有誤列入浙本？特爲拈出，以提請鑑定古籍版本者注意。

六、雲衢

雲衢，乃崇化里書林的一個小村莊。今名巨村，與書坊村實已連爲一體。古書坊與雲衢僅隔一橋，即雲衢橋，今橋基仍存。嘉靖《建陽縣誌》錄有書林十景，均爲地名。其中就有「雲衢夜月」一景。南宋愛國詩人謝枋得抗元兵敗流寓建陽時，曾在書林南山隱居過一段，寫下了《書林十景》的組詩，其中有一首題爲〈雲衢夜月〉，中有句云：「長虹跨陸登雲衢，會通四海同車書。」嘉靖《建陽縣誌》卷一、《書林余氏族譜》、《貞房劉氏宗譜》中均有〈書坊圖〉，圖中均標有此雲衢地名。

以雲衢之名刻書者，元有雲衢張氏，刻有《續宋編年資治通鑑》十八卷；有雲衢會文堂，刻有《集千家注批點杜工部詩集》二十卷，《文集》二卷附錄一卷。二者的刻書處，疑即在書林雲衢。

七、潭陽、潭邑、潭水

此三者，均爲建陽別稱，來源於漢武帝時東越王餘善築城於大潭山（今城內登高山），稱大潭城。建陽至今還別稱潭城。

以潭陽、潭邑冠以刻書名號之前者，在各家書目中屢屢可見，如「潭陽余彰德」、「潭陽王介爵」、「閩芝城潭邑黃正甫」、「南閩潭邑藝林劉太華」等，因不易引起誤會，茲不一一列舉。

以潭水之名刻書者較爲罕見，且多於明末清初，有閩建書林熊稔寰的潭水燕石居，刻有《秋夜月》等，有清建陽余氏的潭水余明，刻有《天經或問》。

（原載《福建史志》1987 年第 6 期）

建本類書述略

　　類書是輯錄史籍中史實典故、名物制度、詩賦文章、麗詞駢語等,按類或按韻編排,以便查詢和檢索的工具書,是我國古代百科全書式的資料彙編。其內容之廣泛,資料之豐富,列古代各類工具書之首。我國的第一部類書是產生於西元 220 年由魏文帝曹丕下令,由劉劭等編輯的《皇覽》。

　　建陽書坊刻印類書的歷史源遠流長,迄今宋、元、明三代刻本所存甚多。以編纂時代而言,唐以後編纂的重要類書均有刻印;以編纂者區分,則可以分為官方組織力量編纂的、學者獨力編纂的,以及書坊自編自刻的三種類型。這三種類型均有刻本。

　　唐初高祖李淵下令由歐陽詢等編纂的《藝文類聚》一百卷,現存的建陽刻本是明嘉靖九年(1530)鄭氏宗文堂刻本。這個刻本,在清代曾被誤為元刊。唐玄宗時由徐堅奉敕編纂的《初學記》,共三十卷,是為了給皇太子們練習做學問的入門功夫而編的一部類書。此書現存的最早刻本,就是建陽刻本,是南宋紹興十七年(1147)東陽崇川余四十三郎刻印的。所謂「東陽崇川」,即建陽崇化。這個刻本,刻印精湛,筆蹟瘦勁有力,帶有明顯的建本特徵。日本宮內廳書陵部現存一帙,為海內外碩果僅存的藏品。《初學記》的另一建本是明嘉靖十六年(1537)鄭逸叟宗文堂刻印的。此本卷末有跋說:「《初學記》三十卷,宋後刻於麻沙。今歲書林鄭逸叟再購,以板其書。」因後有「宋後」二字,清代的藏書家孫星衍《平津館鑑藏書籍記》將其誤為元刻本。

　　唐代著名詩人白居易為積累寫作素材,曾編輯了一部類書,名《白氏六帖》,共三十卷。後來,孔子的四十七世孫宋朝的孔傳仿白氏之書,作《孔氏六帖》。這兩部類書,南宋時建陽書坊均有單刻本行世。不久,建陽書坊又有

人將此二書合爲一書，名曰《唐宋白孔六帖》，合併刊刻，全書共一百卷。此宋建本《唐宋白孔六帖》天壤間現已無完本存世，僅日本靜嘉堂存殘帙三十八卷；上海圖書館存二卷；臺灣中央圖書館所存最多，有四十二卷。

建本中最爲有名的類書刻本是「四大部書」。指的是北宋時期由官方組織力量編纂的《太平御覽》、《太平廣記》、《冊府元龜》和《文苑英華》四部大書。其中，前三種爲類書，後一種爲文章總集。把這四種書稱爲「四大部書」，據余嘉錫先生考證，始於宋代，並沿用至今。

《太平御覽》和《太平廣記》，由於都編於宋太平興國年間（976～983年），故均以「太平」命名。《太平御覽》初名《太平總類》、《太平類編》，宋李昉等奉宋太宗之命編纂。所謂御覽，即皇帝看的書。宋太宗爲炫耀自己勤奮好學，命每日進呈三卷，以備「乙夜之覽」，並詔命將此書原名《太平總類》改爲《太平御覽》。全書共一千卷，分爲五十五部，五千四百二十六門，引用書目達二千五百多種。全書內容豐富，包羅萬象，現已失傳了的許多著作，賴此書得以保存片斷，是保存宋以前的古典文獻最多的一部大類書。

《太平御覽》宋代刻本有兩種，閩刻本和蜀刻本。閩刻本在蜀刻本之前，是已知現仍有殘帙存世的最早刻本。蜀刻本有慶元五年（1199）成都路轉運判官蒲叔獻序，提到福建刻本。略云：「《太平御覽》以載籍繁夥，無復善本，唯建寧所刊，多磨滅舛誤，漫不可考。」表明所謂閩刻，實際爲建寧刻印，刊刻時間遠在慶元以前。此建寧，指的是建寧府，歷史上，建陽縣屬其管轄。此書卷帙浩大，以私家或書坊之力刻印比較困難，故此建寧本當爲官府刻本，刻工即就近在建陽書坊招募。此刻本今日本靜嘉堂文庫存殘帙三百五十一卷，原爲清末藏書家陸心源皕宋樓舊藏。陸氏《儀顧堂集》中有〈宋板太平御覽跋〉，定爲「北宋官刊祖本」，刻印時間雖不一定準確，但官刊之說，還是對的。二十世紀三十年代，商務印書館影印《四部叢刊三編》，《太平禦覽》一書即有部分卷帙爲宋建本，乃張元濟先生東渡日本於靜嘉堂文庫攝得影片補入。

《太平廣記》是一部採集野史、小說、遺文爲主的類書，也由李昉等奉敕監修。全書五百卷，分爲九十二類，一百五十多細目，引用書目四百七十五種。本書對後世小說、戲曲的發展影響深遠，被稱爲「小說家之淵海」。明代曾任壽甯知縣的馮夢龍有《太平廣記鈔》八十卷，馮氏加以評點。《太平廣記》的建本，藏書家一向很少著錄，唯馮夢龍《太平廣記鈔·小引》中說：「皇明文治大興，博雅輩出，稗官野史，悉傳梨登架，而此書獨未授梓。間有印

本，好事者用閩中活板，以故挂漏差錯，往往有之。」表明《太平廣記》一書，明代福建有活字印本行世。明代福建的活字印刷，主要集中在建陽一帶。著名刻本有嘉靖三十一年（1552）芝城（建甌別稱）銅活字印刷《墨子》；萬曆元年（1573）建陽游榕銅活字印刷《文體明辯》。第二年（1574）游榕又與饒氏合作，印刷《太平御覽》一書。因此，馮夢龍氏所說的「閩中活板」印刷《太平廣記》，與建陽書坊有一定關係。

《冊府元龜》，原名《歷代君臣事蹟》，是北宋楊億、王欽若奉敕編纂的一部大型類書。全書共一千卷，一千一百一十六門。全書資料豐富，從上古到五代，概括了宋以前的全部十七史，對北宋以前的史籍的輯佚和校勘具有重要價值。

宋代以後，《冊府元龜》由於卷帙浩大，一直沒有刻印。「六百年止一寫本，互相傳抄。勢家購之，必損錢到三、二十萬，貧士竟生至夢有不之逮者。」明崇禎十五年（1642）建陽知縣黃國琦將此書在建陽書坊刻板印行。

黃國琦，字石公，號五湖，江西新昌縣人，明崇禎十年進士。他刻印此書，得到福建巡撫李嗣京、建南道胡維霖等人的資助，召集了建陽書坊的大批刻工，只用了八個月時間，這項巨大的印刷工程即告竣工。明建陽刻本《冊府元龜》，在內容上經過博學之士文翔鳳和黃國琦的校正，借閱了侯官藏書家曹學佺的家藏抄本參校，又經數十人的複勘，訂正了傳抄本的不少錯誤。在刻印質量上，由於官府督刊，延請建陽書坊中的優秀刻工操作，故全書刻印精美。字大悅目，書體採用仿宋體，一絲不苟，堪稱明代建本中的上品。歲月流逝，此明建陽刻本今已流傳稀少，國內僅國家圖書館、中山大學圖書館存有屈指可數的幾部。為了方便學術研究，中華書局於 1960 年 6 月曾將此書刻本影印出版。

由於類書薈群書之萃，既博且精，使讀者翻閱起來有事半功倍之效，因此，閩北許多學者也動手編纂，且多在建陽刻印。其中最為著名的有朱熹門人祝穆編纂的《事文類聚》、建安謝維新編纂的《古今合璧事類備要》、崇安陳元靚編纂的《事林廣記》等。

《事文類聚》原書一百七十一卷。分為前、後、續、別四集，共四十八部，八百八十五子目。全書仿唐歐陽詢《藝文類聚》的體例，每類首錄群書要語，或敍內容梗概，作為總論，次輯古今事物，末錄古今諸家文集。引文完整並注明出處。宋人的遺篇佚文，多有賴此書得以保存。元代富大用依祝

穆原書體例續補成新、外二集，後祝穆裔孫祝淵又編成遺集，合祝穆原書，共七集二百三十七卷。元代，建陽書坊合三家爲一編，刻而印之。清乾隆間修《四庫全書》，即依據此刻本采入。明代建陽書坊又有重刻本，另又有建陽劉氏雲莊書院刻本，明嘉靖建陽知縣鄒可張刻本等。書目文獻出版社 1991 年 8 月曾據元建陽刻本影印出版。

《古今合璧事類備要》，共分前、後、續、別、外五集三百六十六卷，一百一十六門，二千三百一十七子目。內容涉及天文、地理、歲時、氣候、典制、職官、姓氏、稱謂、城邑、建築等各個方面。南宋建安謝維新、虞載編。謝維新字去咎，虞載字子厚，二人受建陽書坊劉德亨委託編纂此書，編成後由劉氏刻印。這是建陽書坊與當地文人合作出版的產物。

《事林廣記》，全稱《新編纂圖增類群書類要事林廣記》，共四十二卷。宋崇安人陳元靚編。陳元靚，號廣寒仙裔，著有《博聞錄》、《歲時廣記》及此書。《事林廣記》約成書於宋理宗端平間，是現存最早的百科全書式的民間日用類書，開後來建陽書坊刻印日用類書之先河。此書現存最早刻本是元至順間（1330～1333 年）建安椿莊書院刻本。書中收集了宋代市井生活的各方面資料，並配有插圖。形象、生動地反映了當時的市民生活和文化娛樂活動。如市民的「投壺」、「蹴氣球」等。書中續集卷四〈棋局篇〉，是現存最早的《棋經十三篇》全文，後附「棋盤路圖」、「長生圖」、「遇仙圖」等，也是現存較早的棋譜。《事林廣記》的建本還有元後至元六年（1340）建安鄭氏積誠堂刻本、明永樂十六年（1418）建陽劉氏翠岩精舍刻本、明弘治九年（1496）建陽詹氏進賢精舍刻本，這些刻本的卷數有的多，有的少，不盡相同。

對類書的作用，歷史上向來存在兩種不同的看法。一種看法認爲，它是積累文化，著書立說的資料庫。南宋建陽學者俞成在《螢雪叢說》中記載了著名學者呂祖謙教他的學生做學問、寫文章的秘方。首先要讀秦觀編纂的類書《精騎集》，再看呂氏自編的《春秋權衡》。他的學生照此施行後，寫出文章果然不同凡響。

另一種觀點以朱熹爲代表。認爲類書只是採錄文章的片斷，使人不讀全書。他在〈與呂東萊書〉，也就是寫給呂祖謙的信中說：「近見建陽印一小冊，名《精騎》，云亦出賢者之手，不知是否。此書流傳，恐誤後生輩，讀書愈不成片段也。雖是學文，恐亦當就全篇中考其節目關鍵。又諸家之格輒不同，左右采獲，文勢反戾，亦恐不能完粹耳。」

不管學者贊同也好，反對也好，南宋建陽書坊編刻類書可以說是既多且快。南宋岳珂在《愧郯集》一書中說：「自國家取士場屋，世以決科之學爲先。故凡編類條目，撮載綱要之書，稍可以便檢閱者，今充棟汗牛矣。建陽書肆，方日輯月刊，時異而歲不同，以冀速售。」說明書坊刻印類書，是因爲科舉制度的存在，這類書便於應舉士子檢閱，讀書人愛買，建陽書坊應其所需而大量編印。

元明時期，建陽書坊所編所刻的類書數量超過宋代，類書的內容已不僅限於科舉應試之書，諸如書翰啓箚、詩賦詞藻、姓氏人物、典故史實、幼學啓蒙、民間日用等類書更是大量發行。刻本較多的有元建陽劉應李編《事文類聚翰墨大全》、元三山（今福州）林楨編《聯新事備詩學大成》、明無名氏編《天下四民利用便覽五車拔錦》、明余象斗編《天下四民利用便覽三台萬用正宗》、明武緯子編《四民捷用學海群玉》、明唐士登、熊大木合編《錦繡萬花谷义林廣記》等，迄今叫考者，刻本不下百餘種之多。

這些類書，由於通俗、易懂、實用，在當時甚受廣大下層勞動人民讀者的歡迎，在啓育童蒙、傳播知識方面也起到了巨大作用。

（《福建史志》2006 年第 2 期）

建本小說概述

　　建陽刻印小說的歷史可以追溯到南宋時期，當時書坊已出現了稗官野史、文言小說的刻木。由於難以與正史之類的刻木競爭，加上官方每每禁毀，故這類刻本在當時的建本中，難以形成主流。

　　建陽刻印通俗小說則始於元代，現存的元代建本小說尚有六種，均為平話講史小說。這六種小說分別為元至元三十一年（1294）建安書堂刻印的《三分事略》；元至治間（1321～1323 年）建安虞氏刻印的被今人通稱為「元至治刊平話五種」。

　　《三分事略》是現存最早的帶有書名頁的圖書，也是現存最早的三國故事的小說。此書是元至元以前民間流傳的「說三分」故事梗概的較原始的記錄，已粗具後來羅貫中寫作《三國演義》的雛形。

　　「元至治刊平話五種」，分別為《新刊全相平話武王伐紂書》、《新刊全相平話樂毅圖齊七國春秋後集》、《新刊全相秦併六國平話》、《新刊全相平話前漢書續集》、《至治新刊全像平話三國志》，每種均為三卷，共十五卷。其中《樂毅圖齊七國春秋》只有後集，應當另有「前集」；《前漢書》只有續集，應當有「正集」。或許還有《後漢書平話》。但到目前為止，所知僅此五種。平話，通常作評話。「平」是評論歷史的意思。這五種平話小說，均為「說話」藝人的底本。宋代「說話」分為小說、講史、說經、合生四家。講史主要以講唱歷史故事為主要內容。這五種話本小說內容比較簡率，文字粗疏，帶有許多機械地記錄民間口頭文學的痕蹟。其中《三國志》與《三分事略》是同一書的不同版本，也是後來羅貫中寫作《三國演義》小說的材料來源之一；《武王伐紂書》則是明代小說《封神演義》的祖本。

　　建本小說的繁榮，出現在明嘉靖以後。其時，通俗小說、戲曲、日用類書是建陽書坊刻印最多，也是最具特色的書籍。傳統的經史著作，至此已退居次要的地位。其原因主要是明前期《三國演義》、《水滸傳》在文學界、出版界引起重大反響，刻本供不應求，洛陽紙貴。書坊老闆在銷售中，感受到這類書籍甚為暢銷，大有可為；但又苦於新的書稿嚴重短缺，青黃不接，於是群起效尤，仿照《三國演義》寫歷史演義，從開天闢地開始，一直寫到明代。

　　明可觀道人馮夢龍在〈新列國志序〉中說：「小說多瑣事，故其節短。自羅貫中氏《三國志》一書，以國史演為通俗演義，汪洋百餘回，為世所尚。嗣是效顰日眾，因而有《夏書》、《商書》、《列國》、《兩漢》、《唐書》、《殘唐》、《南北宋》諸刻，其浩瀚幾與正史分簽求架，然悉出於學究杜撰，仿儸矼潒，識者欲嘔。」馮夢龍是明代通俗文學作家，對明代通俗文學的發展曾起過積極的推動作用。他的這段話是對一味拙劣地模仿，和以俗解史書來代替小說創作的現象的批評。其中他所舉的幾種通俗演義，就大多出於建陽書坊。馮夢龍對這些建本歷史演義採取的是否定的態度，這不夠全面，至少有兩點作用應予以肯定。

　　一是這類通俗歷史演義，雖然水平不高，但在當時而言，由於老百姓愛讀愛看，起到了普及歷史知識的作用。當時的一位博通經史的學者作詩說：「老夫胸有書千卷，反讓僮奴博古今。」就是這種作用的形象反映。

　　二是這類小說為明代長篇通俗小說的繁榮起到了推波助瀾的作用。其中還有部分小說，如魯迅先生所說，「雖蕪雜淺陋，率無可觀，然其力之及於人心者甚大，又或有文人起而結集潤色之，則亦當為鴻篇巨制之胚胎也。」如馮夢龍的《新列國志》，就是在建陽書坊余邵魚編撰的《列國志傳》的基礎上修改而成；清乾隆間蔡元放又對此書作了某些潤飾，加上評語，改名為《東周列國志》，成為一部我國小說史上除《三國演義》之外流傳最廣、影響最大的通俗歷史演義。

　　這時期，建陽刻印的通俗小說可分為歷史演義、英雄傳奇、神魔小說、世情小說和公案小說五種類型。

　　歷史演義的領銜之作是《三國演義》，主要刻本有明萬曆二十年（1592）余象斗雙峰堂《新刻按鑑全像批評三國志傳》、《新刊校正演義全像三國志傳評林》；萬曆間劉龍田喬山堂刻本《新鋟全像大字通俗演義三國志傳》；明書

林熊沖宇種德堂《新鍥京本校正按鑑演義三國志傳》；萬曆二十四年（1596）
熊清波誠德堂《新刻京本補遺通俗演義三國志傳》；萬曆三十年（1602）雲林
鄭世容《新鍥京本校正通俗演義三國志傳》，等等。過去，學者多認爲建本《三
國演義》是羅貫中原作的節本，建陽書坊偷工減料，砍頭去尾，以圖速售。
這種觀點，已被《三國演義》版本研究的最新成果所推翻。周兆新先生通過
對罕多版木的細緻甄別，得出與此截然不同的結論：萬曆間的建陽刻本是最
接近羅貫中原作的版本，而時間較早的嘉靖本則已對舊本作過修改的增補。

英雄傳奇的首要之作是《水滸傳》，主要刻本有萬曆間余象斗刻印的《京
本增補校正全像忠義水滸志傳》，和《新刊京本全像插增田虎王慶忠義水滸全
傳》；天啓間楊氏四知館刻印的《鍾伯敬先生批評水滸忠義傳》；崇禎間劉榮
吾藜光堂刻印的《鼎鐫全像水滸忠義志傳》；富沙劉興我刻印的《新刻全像水
滸傳》，以及熊飛雄飛館《英雄譜》合刻。在此之前，建陽書坊還刻印了《宣
和遺事》一書，是施耐庵寫作《水滸傳》的祖本之一。此外，明萬曆間，建
陽書坊還刻印了描寫戚繼光抗倭事蹟的《戚南塘剿平倭寇志傳》等。

神魔小說作者的第一人是吳承恩。他的《西遊記》問世後，建陽書坊有
楊閩齋清白堂、蓮台劉永茂、書林熊雲濱，以及余象斗的《四遊記》合刻本，
群起效仿的除余象斗南、北遊記外，還有熊氏宏遠堂的《列仙降凡傳》，楊氏
清白堂的《全相二十四尊得道羅漢傳》、《全像達摩出身燈傳》、劉雙松安正堂
的《唐鍾馗全傳》，以及余氏萃慶堂刻印的《鐵樹記》、《飛劍記》、《咒棗記》
等刻本，使建本神魔小說也蔚爲壯觀。

在明代建本神魔小說中，有一部描寫媽祖故事的小說，一向罕爲人知。
這部小說就是明萬曆間由建陽熊龍峰刻印的《新刻出像天妃濟世出身傳》，又
名《天妃娘媽傳》。全書分爲上下二卷，上欄圖畫，下欄文字。這是明代建本
小說的常見版式，稱爲「上圖下文」。這部小說所描寫的主要情節，如與鱟精
鬥法、救護商船，與至今尚在福建沿海一帶流傳的媽祖伏在織機上，救助海
上遇到風險的父親的傳說極爲相似。當前，湄洲媽祖廟每年接待前來朝拜的
海外僑胞人達數十萬，成爲福建對外開放的一個重要窗口。因此，這部明代
建陽刻印的小說，就不僅僅在我省出版史、小說史上具有重要意義，即使對
增強海外僑胞的愛國思想，促進福建的經濟發展，也自有其不容忽視的作用。

上述「天妃傳」小說的刻印者熊龍峰，書堂名「忠正堂」，是明嘉靖間建
陽通俗小說作家熊大木的後人。小說作者吳還初，號南州散人，生平事蹟，

史志無載，文學史亦不提其人。從小說的描寫來看，作者對閩南一帶的風俗民情，以及流傳民間的媽祖傳說，都極爲熟悉，故能寫成歷史上唯一的一部反映媽祖故事的長篇小說，從其自署「南州」而言，作者是閩南一帶的人當無可懷疑。

公案小說作爲專集出版，最早的刻本即出自建陽，這便是刊行於萬曆甲午（1594）的建陽朱氏與畊堂刻本《全相百家公案全傳》，又作《新刊京本通俗演義增像包龍圖判百家公案》。全書十卷一百回，敘述包公判案故事 94 則。全書雜取民間傳說和宋元戲曲故事而成，流傳於後世的《鍘美案》、《追魚》等故事已見載於此書之中。

此外，明代建本公案小說還分別有余氏建泉堂、余氏文台堂和鄭氏萃慶堂三種刻本的《皇明諸司廉明奇判公案》，以及余成章刻印的《郭青螺六省聽訟新民公案》等眾多刻本。

世情小說的著名刻本有明萬曆間熊龍峰刻印的《馮伯玉風月相思小說》、《孔淑芳雙魚扇墜傳》、《蘇長公章台柳傳》、《張生彩鸞燈傳》，今人合稱爲「熊龍峰刊小說四種」，每種各一卷。原本久佚，後在日本內閣文庫發現而引起國內外學術界的廣泛注意。小說在藝術上甚爲幼稚，其主要價值在於版本的珍貴。

萬曆間，余成章刻印《全相牛郎織女傳》，是表現牛郎織女故事的最早刻本。

明代，建陽書坊除了上文曾提到的，以編印《列國志傳》而知名的余邵魚外，還出現了兩位以編、刻通俗小說爲主的著名刻書家和通俗小說作家：熊大木和余象斗。

熊大木（約 1506～1579 年），明成化間建陽著名刻書家熊宗立的曾孫，承其祖上刻書之業，以「忠正堂」名號刻印圖書。現存刻本有嘉靖二十一年（1542）《新刊大字分類校正日記大全》。在刊刻書籍的過程中，他自己也動手編寫了不少通俗小說，是我國小說史上繼《三國演義》、《水滸傳》之後，出現較早的編撰長篇歷史演義和英雄傳奇小說的作家，在我國通俗小說的發展史上，具有重要影響。

熊大木編撰的通俗小說，現存的有《全漢志傳》十二卷、《唐書志傳通俗演義》八卷、《南宋志傳》十卷、《北宋志傳》十卷、《大宋中興通俗演義》八卷。其中，《北宋志傳》和《大宋中興通俗演義》分別是最早描寫楊家將抗遼和岳飛抗金故事的長篇小說。

余象斗，名文台，三臺山人、三台館主人均爲其號；雙峰堂、三台館則

爲其書堂之名。他從萬曆十六年（1588）至崇禎十年（1637），刻書數量多達四十幾種，今多有原刻本存世，所刻書多爲通俗小說和民間通俗讀物。由於具有一定的可讀性，在下層勞動人民讀者中，還是具有相當的市場。他除編著神魔小說外，還自編自刻了《新刻皇明諸司廉明奇判公案》，是我國較早的公案小說集。全書雖缺乏文采，藝術性較差，但在我國公案小說的發展史上，具有開拓之功。

（原載《福建文史》1997 年第二期）

建刻戲曲考述

　　歷史上，建陽曾是我國三大刻書中心之一，所刻書籍，稱為「建本」或「麻沙本」。建刻書籍，內容廣泛，舉凡經史子集無所不備。其中，戲曲類占了一定比例。今存國內外圖書館數量不少，多為珍貴的古籍善本。

　　本文擬在前人有關著述的基礎上，對建刻戲曲的歷史，作一綜合性的探討，疏漏之處，尚祈識者補正。

一、建刻戲曲的歷史背景

　　建陽的刻書業肇始於五代，繁盛於兩宋，延續於元、明、清初，現存於國內外大中圖書館的宋、元、明刻本數量不下千種。根據現存刻本及著錄看，建刻戲曲多為明以後所刻，宋代是個空白，元代間或有之。這種現象的產生，有其深刻的歷史原因。

　　南宋靖康之難後，隨著政治、經濟、文化重心南移，南方各省得到空前發展。閩浙一帶不但成為經濟、文化的中心，還一躍而成為政治的中心。經濟的發展，為建陽刻書業的興盛提供了充裕的物質前提；文化的發展，則為其提供了充分的養料和土壤。

　　在經濟、文化，出版業蓬勃發展的同時，南戲也在溫州、莆田、仙遊、泉州、漳州一帶產生發展起來。早期南戲如《王魁》、《趙貞女》等曾在我省閩南一帶演出過。早已失傳的南戲《朱文太平錢》，至今還保留在福建的梨園戲中。莆仙戲中至今尚較原始地保存著《荊（釵記）》、《劉（知遠白兔記）》、《拜（月亭）》、《殺（狗記）》等傳統劇目。《張協狀元》中則有「福州歌」、「福清歌」等，可以證明福建曾是南戲的發祥地之一。明代建陽通俗小說作家熊

大木描寫楊家將故事的長篇小說《北宋志傳》，除根據《宋史》等正史記載改編外，還吸收了不少宋元雜劇、戲文的故事情節，如傳統劇目《李陵碑》、《洪羊洞》、《穆柯寨》等。根據以上史料推測，宋元時期，我省沿海一帶戲曲的發展曾經有過比較繁盛的時期。戲曲的繁榮，表現在出版業上必然是戲曲刻本的數量增多。但歷史事實卻是，宋元時期，居於全國刻書數量之冠的建陽刻書業，刻印戲曲類書籍刊刻並不多，乃至今日甚少宋元刻本流傳。其中一個重要的原因，竊以為蓋源於封建正統文化抑制了民間戲曲的發展。

南宋理宗以後，朱熹的師友門人，在福建形成了一個龐大的學術流派，稱為閩學派或考亭學派，並在我省的文化史上佔據了重要地位。但朱熹理學一旦成為官方文化以後，逐漸成為政治的附庸，具有極大的排它性，對民間戲曲的排斥便是其中之一。就連朱熹本人也曾於紹熙元年（1190）知漳州州事任上，禁止當地演戲。朱熹的學生陳淳承其衣缽，也有過禁戲的舉動。在他們的影響下，許多封建文人鄙視民間戲曲。當我省的許多文人學者寫出大量傳統經學、文學、史學著作的時候，戲曲文學卻鮮有人問津，反而每每面臨著被禁的厄運，使戲曲在宋元時期只能在民間艱難而頑強地發展著。這麼說並非否定宋元時期南戲在我省曾經有過比較繁榮的局面，因為戲曲演出的社會基礎在當時來說，主要是廣大下層的勞動人民觀眾；而戲曲類書籍刊刻出版的社會基礎則至少是粗通文墨的讀者。這「讀者」與「觀眾」之間，即案頭戲曲讀物的欣賞者與舞臺演出的觀看者之間，雖有交叉的現象，但更多的卻有一個文化層次的區別。當四書五經之類書籍大量刊行，所謂「澤滿天下」的時候，小說、戲曲一類書籍，是很難與之爭一席地位的。

宋元時期建陽書坊甚少刻印戲曲類書籍，還因為建陽乃考亭故居，朱熹在崇安、建安、建陽一帶生活了幾十年，考亭學派人物中有相當一部分是這一帶的人，他們對建陽書坊的影響相當深刻，加上當時建陽書林人物與理學人物有千絲萬縷的聯繫，使這種影響更加直接而明顯了。如建陽刻書世家劉氏，與崇安五夫劉氏本同族。劉氏中有朱熹的老師劉子翬、劉勉之，弟子劉爚、劉炳、劉崇之等，多為理學名人。由於劉氏與朱熹淵源甚深，所受影響甚巨，故其在宋元時期所刻印書籍多為四書五經一類。據拙文《建陽劉氏刻書考》統計，宋元時期建陽劉氏刻印了 66 種，其中竟沒有一種是戲曲類書籍。其他刻書名家如余氏、熊氏等無不如此。這種情況，到了明代才開始有較大的變化。

　　明代是我國刻書業極盛的時期，而建陽的刻書數目又居全國首位，其中戲曲類書籍占有相當的比例，使明代戲曲刻本的現存數量遠較宋元刻本爲多。

　　其原因有二。一是統治者的提倡。明初，統治者爲緩和階級矛盾，恢復社會經濟，採取了一系列休養生息，繁榮經濟的措施。洪武元年，朱元璋詔令廢除書籍稅，直接刺激了刻書業的發展。同時，由於朱元璋子嗣繁多，爲避免藩王犯上作亂，造成藩鎮割據，朱氏平時比較重視進行防範和訓誡。對各藩王除封地、厚贈之外，還專門贈給許多戲曲、小說類書籍，試圖以此移性情、弭野心、消禍亂。明李開先《張小山小令·後序》中便有「洪武初年，親王之國必以詞曲一千七百本賜之」的記載。在此潛移默化和最高統治者的「引導」之下，明代親王中出現了不少長於文學，精通曲律之人。如朱有燉於永樂、宣德間曾自編自刻了《誠齋雜劇》22 種；甯藩朱權編刻了《太和正音譜》；鄭恭王瞻埈五世孫朱載堉著有《樂律全書》、《醒世詞》等。上有所好，下必行焉。明代建本戲曲刊行的數量遠遠超過宋元時期，此爲重要原因之一。

　　二是具有更加廣泛的社會基礎。明中葉後，社會政治趨於腐敗，土地兼併的加劇，使農民大批破產，流亡市鎮，成爲廉價的手工業勞動者，促使城市經濟得到發展，資本主義開始萌芽。市民階層的逐漸擴大，爲小說、戲曲等市民文學作品大量產生並刊板流行，提供了更加廣泛的社會基礎。在這種形勢下，像宋代朱熹那樣憑藉官方的力量來禁止演出或刊刻戲曲，事實上已經不可能。明葉盛說：

> 今書坊相傳射利之徒，偽爲小說雜書，南人喜談如漢小王光武、蔡伯喈邕、楊六使文廣；北人喜談如繼母大賢等事甚多。農工商販，抄寫繪畫，家畜而人有之，癡騃女婦，尤所酷好。好事者因目爲《女通鑑》，有以也。甚則晉王休徵、宋呂文穆、王龜齡諸名賢，至百態誣飾，作爲戲劇，以爲佐酒樂客之具。有官者不以禁杜，士大夫不以爲非；或者以爲警世之爲而披波助瀾者，亦有之矣。意者其亦出於輕薄子一時好惡之爲。如《西廂記》、《碧雲騢》之類，流傳之久，遂以泛濫，而莫之採斁！

他的話，反映了當時那些維護正統儒家思想的封建士大夫對明代小說、戲曲流行的現象頗爲不滿，但又欲禁不能的心境，也反映了明代小說、戲曲發展的盛況。

　　此外，由於朱熹理學北傳，到了明代，朱學福建派系勢力漸微，建陽的閩

學中心的地位已不復存在。建陽刻書世家中，新一代的刻書家受正統儒學的影響遠較其前輩為遜。他們對刻印書籍內容的選擇，考慮更多的是如何能速售賺錢，擁有廣大讀者的小說、戲曲就成了他們刻印的熱門書。這也是明代建陽刻印這類書較多的原因之一。如所謂「以理學名家」的建陽劉氏也出現了刊刻《西廂記》的劉太華、劉龍田，以及為戲曲刻本製作版畫插圖的劉素明。

二、建刻戲曲述評

（一）建刻戲曲的數量

從國內外一些圖書館現存建刻戲曲的數量以及各有關書目的著錄看，歷史上建陽刻印的戲曲類書籍大約略少於金陵、蘇州，而多於杭州、四川、歙縣。據筆者所知元、明、清三代建刻戲曲凡 47 種。限於見識，可能並不完整。

根據這 47 種刻本內容來看，大致可分為戲文傳奇類、戲曲選集類、戲曲史料類三種類型。其中第一類最多，共 32 種；第二類次之，12 種；第三類最少，僅 3 種。其中第三類的 3 種刻本，即宋趙令畤撰《侯鯖錄》和分別有元、明兩種刻本的元末陶宗儀《輟耕錄》，按其體裁分，嚴格地說應屬於筆記小說類。

由於各家書目著錄中對其中某些刻本或書肆的地點說法不一，或未明確列為建本。因問題直接關係到建刻戲曲的數量，故略加辨析如下：

1、未明確列為建本者，主要有：

日新堂本《西廂記》。即鄭振鐸先生〈西廂記的本來面目〉一文中列為第九種的刻本，並注明「未見」。莊一拂先生《古典戲曲存目彙考》卷四《崔鶯鶯待月西廂記》條：「日新堂本目云：第一本《焚香拜月》，第二本《冰弦寫恨》，……與現傳明弘治金台岳家刻本同」。則莊先生似見過此本，但未注明刻書地點。日新堂乃元至元到明嘉靖間建陽劉氏書肆，刻書甚多。拙文《建陽劉氏刻書考》列其元明刻本 36 種，由此可以斷定。此《西廂記》乃建陽劉氏日新堂刻本。

明嘉靖進賢堂刻《風月錦囊》戲文總集。進賢堂是嘉靖間建陽書肆，堂主姓詹。明嘉靖間刻《新刊三禮考注》，目錄後有「龍飛戊子歲孟夏月詹氏進賢堂刊」刊記，可證。

明崇禎忠賢堂刻《唾紅記》。忠賢堂乃明萬曆間建陽劉龍田的堂名之一（此外還有喬山堂、喬木山房等堂號）。劉氏曾於萬曆四十三年（1615）以此堂名刻曾楚卿《書經發穎集注》，現存北京圖書館。此外，民國九年刻建陽書坊《貞

房劉氏宗譜》，扉頁即題「忠賢堂梓」。

2、刻書地點誤錄者，主要有：

蕭騰鴻的師儉堂，過去多被誤爲是金陵書肆。根據筆者在上海中醫學院圖書館所見明蕭騰鴻刻《小兒痘疹醫鏡》一書，可以斷定蕭氏師儉堂是建陽書肆。該書上卷有「建邑書林蕭騰鴻慶雲父梓，下卷有「潭陽書林蕭騰鴻慶雲父梓」刊記。其中「建邑」、「潭陽」指的就是建陽。因建陽城內有大潭山，古稱大潭城，故又稱潭陽。文末附錄中還有「潭邑」、「潭水」、「古潭」、「潭城」等，所指均爲建陽，故蕭騰鴻的師儉堂戲曲刻本應爲建刻圖書。

（二）建刻戲曲的主要貢獻

建刻戲曲，源遠流長。宋元刻本雖流傳甚少，但有大量的明代刻本或翻刻本存世，這就爲今天的戲曲研究，以及戲曲劇本的推陳出新提供了可供借鑑的珍貴資料。

如《侯鯖錄》本爲文言小說，但此書卷五全載王性之辨《會眞記》文，並附《商調蝶戀花》十二首，實爲戲曲史上極重要之史料。《輟耕錄》則記載了金代上演的院本名目，對金戲劇之院本、雜劇、曲名、歌調考訂頗詳，是研究我國戲曲史的重要文獻。《輟耕錄》的最早刻本是元末建陽刻本，現珍藏於山西博物館，用此刻本對校中華書局據武進陶氏刻本排印本，以及其他明刻本，可以發現其中許多錯誤，可證此本之善。

又如陳三五娘的故事，從南宋以來一直在閩南、廣東潮州一帶流傳。至今梨園戲、莆仙戲、高甲戲、薌劇及潮劇中尚有《陳三五娘》劇目，是一齣被譽爲完全可以和《西廂記》相媲美的傳統劇目，就是根據南戲《荔枝記》和明傳奇《荔鏡記》改編的。今存最早的《荔鏡記》刻本即嘉靖四十五年（1566）建陽余新安所刻。余氏此刻本卷末題識云：「重刊《荔鏡記》戲文計有一百五葉。因前本《荔枝記》字多差訛，曲文減少，今將潮、泉二部增入顏臣勾欄詩詞北曲，校正重刊……。」由此可知，余氏尚刻印過《荔枝記》戲文，其刻書態度也比較嚴肅認眞。

現存於西班牙聖路寧佐皇家圖書館，刻於嘉靖三十二年（1553）的《新刊耀目冠場擢奇風月錦囊》四十一卷，簡稱《風月錦囊》，是一部被稱爲「完全可以與《永樂大典戲文》三種，《九宮正始》、成化本《白兔記》，及明本潮州戲文等的發現相提並論的」戲文總集，是研究散曲、說唱、戲曲史的珍貴

資料庫。此書已由臺灣學生書局於 1987 年影印出版，引起了國內外學者的廣泛注意。此刻本的刊刻者是建陽詹氏進賢堂，是嘉靖間建陽著名書肆。

在建陽眾多的戲曲出版家中，師儉堂蕭騰鴻最值得一提。其刻印戲曲的數量和質量中，均名列前茅。僅《西廂記》，他就刻了《湯海若先生批評西廂記》、《鼎鐫西廂記》、《鼎鐫陳眉公先生批評西廂記》三種。加上日新堂刊本、劉龍田喬山堂刊本、熊龍峰忠正堂刊本、王敬喬三槐堂刊本、潭邑書林歲寒友發兌本、潭陽太華劉應襲梓本、書林游敬泉刊本，使建陽刻印的《西廂記》，湯顯祖、陳繼儒、徐渭、李卓吾諸家評本一應俱全，爲今天的《西廂記》研究提供了可供比較、鑑別的版本系列。此外，蕭騰鴻刻印的六種戲曲，《西廂記》、《幽閨記》、《琵琶記》、《紅拂記》、《玉簪記》、《繡襦記》，甚爲有名，通常稱爲「六合同春」本。其名源於清乾隆十二年（1747）修文堂將蕭氏六種傳奇修版印行合訂，另加封面時，名曰《陳眉公先生批評六合同春》，此後，《六合同春》就成了蕭氏六種傳奇刻本的代名詞。

與建陽所刻的其他正經正史類圖書相比，建刻戲曲雖不算多，但其中仍保存了豐富的戲曲史料。一些沒有單刻本流傳的明清戲曲作品或已佚的劇本，在建本戲曲選集中也有所保存。如明蔡正河愛日堂刻本《八能奏錦》中，保存了明無名氏撰《升天記》以及《木梳記》散出。熊稔寰燕石居刻本《堯天樂》中，保存了明無名氏撰《陽春記》散齣。清順治間古潭廣平堂刊《昆弋雅調》保存了明無名氏撰《完璧記》和《中郎傳》散齣等。

此外，四大南戲之一的《白兔記》今存版本雖然很多，但像明嘉靖間進賢堂所刻《風月錦囊》中的《全家錦囊大全劉智遠》那樣刻印年代較早的版本尚不多見。至於明代四大聲腔之一的青陽腔改本《白兔記》，今已無完本存世，現存散齣，均見於建本戲曲選集中。如明葉志元刻本《詞林一枝》選《劉智遠夫婦觀花》一齣；明書林廷禮刻本《玉谷調簧》選《智遠夫婦觀花》一齣；蔡正河刻本《八能奏錦》選《承祐遊山打獵》一齣；熊稔寰燕石居刻本《堯天樂》選《汲水遇兔》、《小將軍打獵遇母》和《夫妻磨房重會》三齣等。

由於古籍善本的罕見，難以滿足人們對戲曲古籍的需求，建國前後出版界有計劃地選編了部份戲曲古籍刻本影印出版，其中便有許多建刻戲曲被選爲底木。較著名的有：《古本戲曲叢刊‧初集》所收劉龍田刻《西廂記》、楊居采刻《紅梨花記》；《四部叢刊》影印本所收元建刻《梨園按試樂府新聲》；《古本戲曲叢刊‧二集》所收明建刻《麒麟記》；《古本戲曲叢刊‧三集》所

收明楊居采《鸒釵記》；中國書店影印明熊稔寰刻《秋夜月》等。

　　值得一提的是建刻戲曲中大多刻本均有精美的版畫插圖，具有圖文並茂、雅俗共賞的特點。其形式較小說刻本的版畫插圖更爲活潑多樣、不拘一格，技法更爲圓熟，如余新安的《荔鏡記》、劉龍田的《西廂記》、蕭騰鴻的《幽閨記》、《西廂記》、《紅拂記》、《繡襦記》，陳含初的《破窯記》等刻本中的插圖，或採用上圖下文的形式，或採用單面方式，或合頁連式，突破了建陽早期刻本僅限於上圖下文方式的局限。建刻戲曲版畫多根據戲曲中人物、場景和情節構思，人物形象生動傳神，環境佈局錯落有致，雕刻刀法圓潤，風格秀婉而渾樸。如劉龍田、蕭騰鴻刻《西廂記》中的版畫，均爲建刻戲曲版畫中的精品。

　　在明代版畫三大畫派中，建刻戲曲對促進建安畫派的形成起到了積極的推動作用。由於刻書歷史的悠久，建刻版畫往往領風氣之先，並通過各地書坊之間的交流，對後來居上的徽州、金陵書派的形成也起了推動作用。如上文提到，建陽蕭騰鴻師儉堂會被誤爲金陵書肆，這與兩地之間通過交流，版刻風格比較接近有一定關係。建刻戲曲及其版畫，對促進福建乃至全國文化藝術的發展起到了積極的影響。

（原載《福建圖書館學刊》1993 年第 1 期）

黃昇《花庵詞選》新論
——我國最早有評點的詞選

　　我國最早的詩詞評點，通常多認為始於宋末的劉辰翁（1232～1297 年，字會孟，號須溪）。傳世的經其評點的作品有元代建本《增刊校正王狀元集注分類東坡先生詩》，題「廬陵須溪劉辰翁批點」。所謂「批點」，指的是此書書頁中有行間旁批與詩後評點。清葉德輝《書林清話》云：「劉辰翁，字會孟，一生評點之書甚多。同時方盧谷回，亦好評點唐宋人說部詩集。坊估刻以射利，士林靡然向風。有元以來，遂及經史。……大抵此風濫觴於南宋，流極於元明。」〔註1〕葉德輝在此所說的評點之風起於南宋，無疑是正確的。但書有評點，最早並不始於劉辰翁，也不始於方回，而是始於生活年代均早於劉辰翁和方回的建陽詞人黃昇。

　　黃昇，字叔暘，號玉林，又號花庵詞客，南宋建陽人。生卒年不詳，據其所作詞所署年號，〈南柯子〉一詞署「丙申重九」，丙申為端平三年（1236）；〈木蘭花慢〉署「乙巳」，為淳祐五年（1245）；《唐宋諸賢絕妙詞選》卷首胡德方序末署「淳祐己酉」（1249），和〈木蘭花慢·乙巳病中〉一詞中有「老矣復焉求」、「念少日書癡，中年酒病，晚風詩愁」數言，以及其友人馮熙之（取洽）為之撰〈沁園春〉（中和節日，為黃玉林壽）一詞中有「百年大齊，恰則平分」、「作風流二老，歲歲尋盟」，〈西江月〉（太歲日作）中有「老子齊頭六十，新年第一今朝。」〔註2〕諸句綜合分析，黃昇之生年至少應有五十至

〔註 1〕葉德輝《書林清話》卷二，北京：中華書局，1957。
〔註 2〕黃升《中興以來絕妙詞選》卷十，瀋陽：遼寧教育出版社，1997。

六十歲，而「乙巳」是淳祐五年（1245），則黃昇之生活年代應在紹熙初至淳祐末年（1190～1252）之間。

黃昇「早棄科舉，雅意歌詠」，〔註3〕無意於功名而追求田園歸隱之趣，和建陽文人游九功、魏慶之、延平馮取洽等過從甚密，互相唱酬往來。魏慶之編成著名詩話集《詩人玉屑》，黃昇為其作序刊行，予以很高的評價。黃昇所撰《玉林詩話》和《中興詞話》，原書已佚，今散見於《詩人玉屑》中。

黃昇所編《花庵詞選》共二十卷。前十卷名《花庵唐宋諸賢絕妙詞選》，選錄唐、五代、北宋134家詞人的作品；後十卷名《中興以來絕妙詞選》，選錄南宋88家詞人的詞作，末附黃昇自作詞38首。前十卷由建陽文人胡德方序，後十卷黃昇自序。黃昇本人既工於作詞，其詞有「上逼少遊，近摹白石」之譽；同時，又精於評論。《四庫全書簡明目錄》稱其「於詞極有鑑別，選錄己作尤冷暖自知」，「去取亦特為謹嚴」。因此，在宋人的詞選中，無論是從內容還是從形式上看，其詞選都具有獨到之處。

首先，從形式上看，黃選開了詞作評點的先例。編者對部份詞作作了簡短的評論，有些見解還相當精闢，對後世產生的影響很大。如他評李白詞〈菩薩蠻〉、〈憶秦娥〉「二詞為百代詞曲之祖」。評唐李珣〈巫山一段雲〉曰：「唐詞多緣題所賦，〈臨江仙〉則言仙事；〈女冠子〉則述道情；〈河瀆神〉則詠祠廟，大概不失本題之意，爾後漸變，失題遠矣。」道出了詞牌的最早的本來面目，及其以後的演變，這種說法沿用至今。再如他評蘇軾的詞「橫放傑出，自是曲子縛不住者」；評姜夔詞云：「白石詞極精妙，不減清真樂府，其高處有美成所不能及」；說柳永「長於纖豔之詞，然多近俚俗，故市井之人悅之」；評李煜〈烏夜啼〉（無言獨上西樓）一詞「最淒婉，所謂亡國之音哀以思」；評張孝祥的〈六州歌頭〉等詞「駿發蹈屬，寓以詩人句法」；說邵武嚴仁的詞「極能道閨闈之趣」。這些評論，大多三言兩語，言簡意賅，對後世產生很大影響。如清初詞人朱彝尊編選的《詞綜》，往往愛引用黃昇的評論，在書中每每可見「黃叔暘云」如何如何，即為一例。

如果說，以上所錄，可看成是對某一具體的詞作的評點的話，那麼，在黃選中也已出現了在後人詩詞評點中頗為流行的總評。如他在所選唐代詞之前，有一段評語說：「凡看唐人詞曲，當看其命意造語工致處，蓋語簡而意深，所以為奇作也。」

〔註3〕紀昀《四庫全書總目》卷一九九，北京：中華書局，1965。

　　從全書來看，附在詞作之後的點評即所謂「後綴」雖然不多，但偶而試筆之作卻極爲精到，如評萬俟雅言的〈長相思・山驛〉云：「雅言之詞，詞之聖者也，發妙旨於律呂之中，運巧思於斧鑿之外。平而工，和而雅，比諸刻琢句意，而求精麗者遠矣。」評僧仲殊〈訴衷情・寒食〉詞，「字字清婉，高處不減唐人風致。」說阮閱詞雖僅存一首，然「英妙傑特，所謂百不爲多，一不爲少。」

　　黃昇之後，劉辰翁評點詩詞，朱彝尊編選《詞綜》、周濟輯《宋四家詞選》，或前有例言、序論，或眉有旁批，或後有綴語，不能不說是受黃昇評點此選的啓發。雖然，從數量上看，全書選詞一千多首，而有評點的詞作不足百首，這可能就是黃氏此選爲前人所忽視，而未將其視爲最早有評點的詞選的主要原因。但正因如此，反而恰恰可以從另一個側面證明黃氏此選爲此中之最。因爲作爲一項創新之舉，前人可供參考、借鑑之處不多，而僅憑個人之力，要將一千多首詞作都作出完善、精到的點評，是一件很困難的事。況且，作爲一項創新之舉，此舉能否得到詞家的認可，讀者的贊同，還很難說，故而黃昇於此不過是略作嘗試而已。至於此舉如何完善和發展，那已是後來者如劉辰翁、方回等人的事了。

　　再從內容上看，與其他宋人選本如《樂府雅詞》（曾慥選），《絕妙好詞》（周密選）相比，和他們片面追求藝術性而忽視作品的思想內容不同，黃選則較爲注意詞作的思想性。一批愛國詞人的具有愛國主義思想的作品在詞選數量中居於首位，如北宋蘇軾 31 首，居《唐宋諸賢絕妙詞選》之冠；南宋辛棄疾、劉克莊均 42 首，居《中興以來絕妙詞選》之冠。其餘如張元幹、張孝祥、陸游、陳亮等詞人的作品也數量居前。從而廣泛地反映了時代精神，讀者可以從中窺見當時社會的縮影。

　　值得注意的是，對專寫「應制之詞」的康與之，詞選也錄了 23 首。對其詞作，黃氏斥之爲「粉飾治具」。在民族矛盾極爲尖銳的南宋初期，這類粉飾太平之作充斥著當時的詞壇，可謂悲哀。然而作爲一種曾經存在的文學現象，黃昇採用的是客觀冷靜，盡曝其醜的辦法，讓讀者瞭解什麼是「西湖歌舞」，無行文人。而對其詞作的評點，則採用了一種冷竣的春秋筆法。如評康詞〈瑞鶴仙・上元應制〉是「此詞進入，太上皇帝極稱賞『風柔夜暖』以下至末章，賜金甚厚。」「賜金甚厚」四字，在寫實的背後隱藏著譏諷。評〈喜遷鶯・丞相生日〉爲「此詞雖佳，惜皆媚竈之語，蓋爲檜相作耳。」寥寥數字，康氏

詔媚權奸的劣行躍然紙上。總之，在宋人所編的詞選中，黃選是一個較好的選本。清焦循在《雕菰樓詞話》中云：「周密《絕妙好詞》所選皆同於己者，一味輕柔圓膩而已。黃玉林《花庵絕妙詞選》，不名一家，其中如劉克莊諸作，磊落抑塞，眞氣百倍，非白石、玉田輩所能到。可知南宋人詞，不盡草窗一派也。」《四庫全書簡明目錄》則稱其「去取精審，在曾慥書之上。」這些，都是公允的評價。

這部我國現存最早有評點的詞選出現在南宋末期的建陽，是文學發展的內在原因和外部環境雙重因素交織的結果。

先說外部環境

南宋時期的建陽是我國著名的三大刻書中心（蜀、浙、閩）之一，被譽爲「圖書之府」。〔註4〕這裏書坊（私人出版社）眾多，刻本眾多，經、史、子、集，靡所不備。朱熹對此曾有「建陽版本書籍行四方者，無遠不至」〔註5〕的描述。

其時，爲了確保刻書業所需的書稿，許多書坊主人與當地文人合作編刻圖書，從而形成了一支鬆散型的，而又頗具實力的編輯隊伍。〔註6〕他們或自己著述，或整理、校注、闡釋前人的著作。內容除儒家典籍、史學著作、醫學書籍、日用類書之外，文學著作也是其中的重點。如魏齊賢編輯《聖宋名賢五百家播芳大全文粹》、葉棻編輯《聖宋名賢四六叢珠》、蔡夢弼編輯《杜工部草堂詩箋》和《草堂詩話》、何士信編輯《草堂詩餘》、魏仲舉編輯並刊刻《五百家注音辨昌黎先生文集》、《五百家注音辨柳先生文集》等。

黃昇友人魏慶之，本建陽崇化書林人，〔註7〕是一位地道的書坊編輯。他隱居在刻書中心，得當地藏書家多、古籍刻本豐富之地利，編成綜合性詩話集《詩人玉屑》，由黃昇作序，刊行於淳祐四年（1244）。在此地編書刻書蔚然成風的影響下，能詩善詞的黃昇編纂《花庵詞選》，並就近在建陽書坊刻印出版，也就不足爲奇了。

爲編詞選，黃昇曾到建陽書坊廣泛搜訪各家詞集刻本，這在他的詞選中有蛛絲馬蹟可尋。如《中興以來絕妙詞選》卷一首載「康伯可，名與之，……

〔註4〕 祝穆《方輿勝覽》卷十一，上海：上海古籍出版社，1991。
〔註5〕 朱熹《朱文公文集・建陽縣學藏書記》卷七十八，上海：商務印書館，1936。
〔註6〕 方彥壽《宋代建本編輯考述》，編輯學刊，1999，（6）。中國編輯研究・2000專輯・北京：人民教育出版社，2001。
〔註7〕 方彥壽《魏慶之里籍小考・文史》，頁35。北京：中華書局，1992。

凡中興粉飾治具，及慈寧歸養，兩宮歡集，必假伯可之歌詠，故應制之詞爲多。書市刊本，皆假託其名。」此「書市」，與魏慶之《詩人玉屑》卷十一〈考證〉「少陵有避地逸詩一首，……題下公自注云：至德二載丁酉作。此則眞少陵語，今書市諸本，並不見有」這段話中的「書市」，指的是同一地方，即建陽崇化書市。嘉靖《建陽縣誌》卷三載：「書市在崇化里，比屋皆鬻書籍。」嘉靖《建寧府芯》卷十則云：「書市在崇化里書坊，每月一、六日集。」由此可見，與魏氏編輯《詩人玉屑》一樣，黃昇也曾到此地搜訪圖書。

此外，以建陽爲中心的閩北，是南宋儒家學說的主要代表——朱子理學的發祥地。朱熹一生 71 年（1130～1200），除了在外地宦遊數年外，有 60 多年是在閩北武夷山、建陽等地度過的，爲構建其龐大、縝密的理學思想體系，朱熹在閩北創建書院，廣招門徒，培養理學人才，從而形成了一個在學界有著廣泛影響的考亭學派。這個學派以建陽爲中心，廣泛開展各種文化學術活動，而著書立說是其重點；內容則廣泛涉及傳統經學、史學、文學乃至自然科學等各個方面，而又以詮釋儒家經典爲主要內容。朱熹通過遍汴群經，將自己的理學觀點貫穿其中，從而形成其集大成的理學思想體系。如四書系列有《四書集注》，《書經》系列有《書集傳》，《易經》系列有《周易本義》，禮經系列有《儀禮經傳通解》、《文公家禮》等。當他將這種注經的方法轉向文學領域時，就有了其闡釋《詩經》和《楚辭》的兩部經典之作——《詩集傳》和《楚辭集注》。

朱熹這種注釋典籍的方法，以及他的某些文學思想不僅在社會各界產生了影響，而且對其後的文學界也有重要啓示。如魏慶之編《詩人玉屑》，採用的就是類似朱熹在注經中經常使用的「集注」、「集解」中的「集」，即博採眾長的方法。據筆者統計，該書廣泛採集唐宋人的文集、詩話、文言筆記等多達 180 多種。其中也包括從《朱文公文集》、《朱子語類》中節選朱熹論詩的語錄多達 44 條。

又如地處建陽鄰縣的邵武的文學批評家嚴羽撰《滄浪詩話》，在首章〈詩辨〉中，他提出學詩「須熟讀《楚辭》，朝夕諷詠以爲之本」，「以李杜二集枕籍觀之，如今人之治經。」其說就來源於朱熹的「三百篇，情性之本。《離騷》，詞賦之宗。學詩而不本乎此，是亦淺矣。」〔註8〕以及「作詩先用看李、杜，如士人治本經。本既立，次第方可看蘇、黃以次諸家詩」〔註9〕等說法。

〔註 8〕 魏慶之《詩人玉屑》卷十三，頁 267，上海：上海古籍出版社，1978。
〔註 9〕 黎靖德《朱子語類》卷一四〇，頁 3333，北京：中華書局，1986。

即以黃昇而論，其詞選詞評也受到朱熹的影響。他在其所撰《中興詞話》〔註10〕中有如下一段詞評：

> 閨詞牽於情，易至誨淫。馬古洲有一曲云：「睡鴨徘徊煙縷長，日長春困不成妝。步欺草色金蓮潤，撚斷花鬚玉筍香。輕洛浦，笑巫陽，錦紋親織寄檀郎。兒家門戶藏春色，戲蝶游蜂不敢狂。」前數語不過纖豔之詞耳，斷章凜然，有以禮自防之意，所謂發乎情，止乎禮義，近世樂府，未有能道此者。

文中「發乎情，止乎禮義」本出於〈詩大序〉，原文爲「變風發乎情，止乎禮義。」對此，朱熹頗不以爲然。他說：

> 〈大序〉亦有未盡，如「發乎情，止乎禮義」，又只是說正詩，變風何嘗止乎禮義？

> 「止乎禮義」，如〈泉水〉、〈載馳〉固是「止乎禮義」；如〈桑中〉有甚禮義？〈大序〉只是撿好底說，亦未盡。〔註11〕

所謂「變風」，是指《詩經》中除二南之外的十三國風。其中有許多表現愛情的詩篇，朱熹斥之爲「淫奔之辭」；並認爲其中既有「止乎禮義」的篇章，如〈泉水〉、〈載馳〉，也有未能「止乎禮義」的，如〈桑中〉等，不可一概而論。黃昇編詞選的淳祐年間，朱熹已被朝廷下詔從祀孔廟，地位顯赫；並賜「考亭書院」御書匾額，在朱子故居的建陽更是影響巨大。正因朱熹有此一說，故黃昇在《中興以來絕妙詞選》卷六馬古洲此詞後，將《中興詞話》中的這一大段文字刪去，而代之以比較含蓄的「末二句有深意」數字。由此可知，黃昇在評點詞選時，曾受到朱熹的直接影響。

再說內在原因

到黃昇所處的南宋後期，詞這一文學形式若從唐代李白（701～762 年）算起（黃昇認爲李白的〈菩薩蠻〉、〈憶秦娥〉爲百代詞曲之祖，見《唐宋諸賢絕妙詞選》卷一）至少也有 500 多年的歷史了。其間名家輩出，流派眾多，佳作紛呈，僅唐、五代的詞選就有三種。即唐代呂鵬的《遏雲集》（此集久佚，黃昇《唐宋諸賢絕妙詞選》卷一載李白〈清平樂令〉評點之語云：「按，唐呂鵬《遏雲集》載應制詞四首。」）、後蜀趙崇祚的《花間集》、無名氏的《尊前集》。而在兩宋時期，在黃昇選本問世之前的 289 年間（960～1249 年），僅有

〔註10〕 魏慶之《詩人玉屑》卷二十一，頁 480，上海：上海古籍出版社，1978。
〔註11〕 黎靖德《朱子語類》卷八〇，頁 2072，北京：中華書局，1986。

曾慥的《樂府雅詞》、鯛陽居士序本《復雅歌詞》（宋·陳振孫《直齋書錄解題》卷二十一著錄此詞選，今佚。黃昇〈絕妙詞選序〉云：「《復雅》一集，又兼采唐宋，迄於宣和之季，凡四千三百餘首。」可見，此選應編於北宋末。黃昇選詞，曾參考過此書）兩種選本問世。這種情況，與詞在宋代文學中的地位顯然不能相應。

與宋詩話數量之眾多相比，宋代詞話的寫作也可謂冷寂，除了散見於宋人文集、筆記之中的零散之論外，可視為詞論的專著在黃昇之前，則僅有王灼的《碧雞漫志》一種而已。由此可見，宋詞的評論也是遠遠落後於創作實踐的。

作為一位工於詞作，且對詩詞理論均有所研究的詞人，黃昇對其時詞選少、詞論落後的狀況自是了然於胸。正是為了扭轉宋代詞家眾多，然皆「散在諸集」，讀者「未易遍窺」（胡德方序中語）這一不利局面，黃昇「據家藏义集之所有，朋遊聞見之所傳」，廣徵博集，編成《花庵詞選》。其中後十卷《中興以來絕妙詞選》則是針對此前的詞選，如《復雅歌詞》、《樂府雅詞》未及選入南宋詞人之作而編。正如黃昇在自序中所說，「中興以來，作者繼出，及乎近世，人各有詞，詞各有體，知之而未見，見之而未盡者，不勝算也。」故黃昇此選，也可看成是對「中興以來」詞壇的一次前所未有的回顧和總結。臺灣學者蕭鵬先生將此歸納為是「以選為史的特徵」。他說：

> 《花庵詞選》是一部意在存史的選本。它所要展示和反映的，不是某一個作家群或某一種風格，某一種情趣。它是整個歷史進程的實錄，是每一詞壇的各種層次、各種群體和各個作家的完整面貌之大彙展。〔註12〕

應該說，蕭鵬先生對《花庵詞選》的評價很高，也是符合史實的中肯之論。

值得注意的是，黃昇在其《中興以來絕妙詞選·序》中提出了他的選詞的標準。他說：

> 佳詞豈能盡錄，亦嘗鼎一臠而已。然其盛麗如遊金、張之堂，妖冶如攬嬙、施之袪，悲壯如三閭，豪俊如五陵。花前月底，舉杯清唱，合以紫簫，節以紅牙，飄飄然作騎鶴揚州之想，信可樂也。

文中提出了盛麗、妖冶、悲壯、豪俊、清麗、飄逸等多種風格並存的觀點，

〔註12〕蕭鵬《唐宋人選詞與詞選通論·群體的選擇》，頁154，臺北：文津出版社，1982。

既是對唐宋，特別是對「中興以來」詞壇上各種風格流派的一次盤點，也是其遴選詞作的標準之一。根據他的這一選詞標準，就避免了其前如曾慥《樂府雅詞》那樣，「涉諧謔去之」、「小人或作豔曲，謬爲公（指歐陽修）詞，今悉刪除」，〔註13〕從而不選柳永、蘇軾等諸家詞作的弊病；也避免了其後如周密《絕妙好詞》偏重音律，講究形式美，「一味輕柔圓膩」，不顧詞作內容，以至排斥雄壯豪邁的辛派詞人詞作的偏頗。正因如此，黃昇的詞選在兩宋選本中，代表那個時代詞人選詞的最高成就，理應引起今人的關注和重視。

黃昇的生平事蹟，史志無載，但從其詞作中可約略得知一二，從而幫助我們瞭解黃昇的隱居生活。其中〈酹江月・戲題玉林〉是這一方面的代表作。詞曰：

> 玉林何有？有一灣蓮沼，數間茅宇。斷塹疏籬聊補茸，哪得粉牆朱戶？禾黍秋風，雞豚曉日，活脫田家趣。客來茶罷，自挑野菜同煮。
> 多少甲第連雲，十眉環座，人醉黃金塢。回首邯鄲春夢破，零落珠歌翠舞。得似衰翁，肅然陋巷，長作溪山主。紫芝可采，更尋岩谷深處。

詞的上闋描寫他的隱居生活。詞人好象指點著我們一一觀看他的蓮沼、茅宇、疏籬、禾黍、雞群和小豬，領略他的一甌清茶、野菜同煮的田家之趣。下闋則筆鋒一轉，描寫官宦人家的奢侈豪華的生活，上下兩闋形成了鮮明的對比。最後作者指出後者最終只不過是過眼煙雲般的一枕黃梁罷了，哪里比得上自己這樣生活在山水之間，能長久地做大自然的主人呢？這首詞可以說是黃昇「早棄科舉，雅意歌詠」的最好注腳。他爲尋「田家趣」，歸隱在建陽一個叫玉林的小村莊裏，這便是他自號玉林的由來。

正因爲黃昇工於詞作，在詞的理論和實踐上都有獨到之處，方能在宋人的諸多詞選中獨樹一幟，從而在詞選的內容和形式上都有所突破，達到「發妙音於眾樂並奏之際，出至珍於萬寶畢陳之中」〔註14〕的效果。

《花庵詞選》的最早刻本是南宋淳祐九年（1249 年）建陽劉誠甫刻本，中國國家圖書館存前十卷。版式爲半葉十三行，每行二十三字，細黑口，左右雙邊，上有「耳子」記卷數。此書通行本則有《四部叢刊》初集本，中華書局 1958 年點校本、遼寧教育出版社 1997 年《新世紀萬有文庫》本等。

〔註13〕 曾慥《樂府雅詞序・樂府雅詞・四部叢刊》，上海：商務印書館，1936。
〔註14〕 胡德方《花庵唐宋諸賢絕妙詞選序》，遼寧：教育出版社，1997。

　　黃昇的籍貫，通常的工具書均作建安（今福建建甌市）人。《四庫全書總目》據其與建陽游九功、魏慶之交往甚密，推測他也是建陽人。此外，黃昇的詞選，前十卷請建陽胡德方序，黃昇所撰《中興詞話》、《玉林詩話》也多錄建陽當地人的作品，以此論之，黃昇當爲建陽人。

閩北的音樂家及其建本著作

　　歷史上閩北的音樂人才，自宋以降，代不乏人。他們的音樂著作，多在閩北一帶刻印出版。

　　北宋皇祐五年（1053），建陽崇化里人阮逸，是一位著名的宮廷音樂家。他曾與胡瑗合撰的《皇祐新樂圖記》三卷，是現存的第一部由福建人士撰寫的音樂著作。上卷記律呂、黍尺、四量、權衡之法；中卷記古樂器鑄鐘、特磬、編鐘、編磬的形制尺寸，下卷記晉鼓與幾種禮器的形制，書中附有插圖。宋建陽刻本今已不存。現存有《叢書集成初編》本。阮逸，字天隱，北宋天聖五年（1027）進士。通經學、善音樂、工詞賦，另撰有《樂論》十二篇進呈給皇帝，今佚。

　　南宋時期，朱熹的門人蔡元定有兩部音樂論著在建陽編就、刻成。一為《燕樂原辯》，現已失傳，僅《宋史·樂志》中有錄存數百字。一為《律呂新書》，這是我國隋唐以後第一部較系統全面地闡述樂律方面的音樂理論專著。全書分為上下兩卷。上卷為《律呂本原》，分為黃鍾、黃鍾之實、黃鍾生十二律、十二律之實、變律、律生五聲圖、變聲、八十四聲圖、六十四調圖、候氣、審度、嘉量、謹權衡，共十三篇（章）。此上卷在南宋時可能曾單獨出版過，故在宋人趙希弁《郡齋讀書附志》中有「《律呂本原》一卷」的著錄。下卷為《律呂辨證》，分為造律、律長短圍徑之數、黃鍾之實、三分損益上下相生、和聲（後漢志京房六十律）、五聲小大之次第、變宮變徵、六十調、候氣、度量權衡，共十篇（章）。朱熹為之序云：

> 吾友建陽蔡君元定……獨心好其說而力求之，旁搜遠取，巨細不捐，
> 積之累年，乃若冥契。著書兩卷，凡若干言。予嘗得而讀之，愛其

明白而淵深，縝密而通暢，不爲牽合傅會之談，而橫斜曲直，如珠
之不出於盤。……季通乃能奮其獨見，超然遠覽，爬梳剔抉，參互
考尋，用其平生之力，以至於一旦豁然貫通而融會貫通焉。

給予極高的評價。

《律呂新書》的主要特色是，書中提出了音樂史上著名的「十八律」的
理論，即在古代十二律的六個大半音之間各增加一個變律，來調節其長短不
齊的關係。何爲變律？蔡氏認爲，「變律者，其聲近正而少（稍）高於正律也。
然仲呂之實一十三萬一千零七十二，以三分之不盡二算，既不可行，當有以
通之。」（卷一〈變律第五〉）正是這個「有以通之」的「變律」解決了古代
十二律旋宮（轉調）後的音程，與黃鍾宮調「不和」（不盡相同）的問題。這
在音樂史上，是一個創新。《律呂新書》也因此成爲中國音樂史上的名著。日
本現代中國音樂史專家田邊尙雄評價《律呂新書》說：「此爲研究中國樂律之
標準良書，萬人必讀之書也。」

《律呂新書》問世後，歷代均有人爲之作注解，以利流傳。如明代有許
珍撰《律呂新書分注圖纂》十三卷；清代有張敞撰《律呂新書解》二卷、周
謨撰《律呂新書注》三卷。東鄰日本則有中村惕齋著《筆記律呂新書》三卷，
中村蕃著《讀律呂新書》四卷，藤元成著《樂律要覽》一卷。

明萬曆元年（1573），楊表正撰《琴譜眞傳》六卷，爲自刻本。楊表正，
字本直，號西峰山人、貢川居士，延平府永安縣人。萬曆十三年（1585），楊
氏又將此書加以擴充，編爲十卷，書題改爲《琴譜大全》，全稱作《重修正文
對音捷要眞傳琴譜大全》，刊行於金陵三山街唐氏書坊。而原刊六卷本今已不
存，所存即此十卷本（圖一）。卷一至二爲通紀，收〈聖賢名錄〉、〈琴學須知〉、
〈辨琴雜說〉等文五十七篇；卷三至十爲琴操，共收琴曲一百零一曲。此書
彙錄琴譜諸調，考正音文，注明指法（圖二），收錄古琴名曲，搜采較爲廣博。
作者認爲宮、商、角、徵、羽五音，是「參三才而一之」，「順五行金水木火
土是也，正五性仁義禮智信是也。……其爲道也，大其爲器也。尊，能去滛
欲之心，能養中和之氣，有裨益於吾人者誠多。」這些觀點，表明作者受傳
統理學的影響頗深。其序文即寫於永安貢川龜山書院，書中也每每引用朱熹
對音樂的看法，並稱「晦翁作〈月波碧澗流泉水清吟〉」。

該書卷三收入楊氏自作曲〈遇仙吟〉，自稱「是曲楊表正作」。此曲的創
作緣由，據其自敘，「因與道契凝庵同遊武夷九曲溪，過白玉蟾洞，至晦翁書

舍，登岸隨徑至一石關，內闊空平，四維峭壁萬丈，岩名接筍」，在其中見到一「皓首童顏，鬚髮飄飄」的「出塵」異人。因作此曲，並名之曰「遇仙」。其記曲方法因係用古法記之，非專古音樂者不能讀之。其歌詞則曰：「貢川居士楊西峰，特攜綠綺來山中，葛巾一似陶灑酒，翩翩兩袖拖清風。山人枕石睡正濃，扣我鶴夢遊鴻蒙。主賓相見如舊識，對坐蒼屏清興融。」全詞共五段，此處所引僅爲第　段，然已可見楊氏既能作曲，又能塡詞的專長和才華。

明代，建本音樂著作有萬曆三十七年（1609）刻印於建陽的《太古正音琴經》十四卷、《太古正音琴譜》四卷，這也是琴譜類的圖書，題「大潭張右袞先生輯」。二書同時刊行，總名爲《太古正音琴經琴譜合參定選》，題「陽春堂藏板」（圖三）。《琴經》前有葉向高序、晉安天玉劉大任序，以及張氏自序。《琴譜》有董其昌序，張氏自序。

張右袞，字大命，號憲翼，建陽人，古琴演奏家。少年時，曾隨其父「遊吳曾，溯金山雲陽，以觀鍾阜之勝，而燕磯、牛首諸名勝無日不與。」從其時「而蓄收古書，品絲弄竹，無日不雅好。」成年後，屏絕其他愛好，而獨以「焦尾爲啖，痼之嗜矣」。從此，搜訪古琴及諸名家指法十幾年。在此過程中，逐漸積累資料，從而編纂並刊刻《琴經》和《琴譜》二書。其材料來源，據其自序，「或出於名家之傳授，或出自名譜之刪裁。」對其人其事，葉向高在序中稱爲「天資峻絕，八索九丘之籍，匪所不獵；金匱玉版之藏，匪所不探。賈公車之餘甌而實力於樂府；歎新聲代變，直溯琴學源流。上下千載，差等百王。棧毫芒於一黍，采遺韻於爨桐。補殘缺，敘失次，摩編四帙。」董其昌客宦閩中，在建陽與張氏曾「相與煮茗焚香」，命張氏拂琴「而鼓聽之」，贊其琴技「若鸞鳳和鳴而手敏心閒，音韻自叶；撫弦按節，琴我俱忘。」

《琴經》十四卷，內容頗爲豐富。卷一爲〈琴學源流〉；卷二爲〈操琴指訣〉；卷三爲〈字譜源流〉；卷四爲〈博古名操〉；卷五爲〈歷代名琴〉；卷六爲〈古琴辨〉；卷七爲〈斲法〉；卷八爲〈琴社〉；卷九爲〈大雅嗣音〉；卷十爲〈琴雋〉；十一爲〈琴窗雜記〉；十二爲〈格古要論〉；十三爲〈煞風景〉；十四爲〈琅環記〉。書中介紹琴的構造及演奏方法和歷代名琴等，均有插圖（圖四）。

《琴譜》四卷，分爲匏、土、革、木集。內容涉及弦法、指訣、調弦，以及一些著名的古琴曲，如〈洞天春曉〉、〈列子御風〉、〈歸去來辭〉、〈陽關三疊〉等。書中還有一些版畫插圖，均爲全頁巨幅，諸如〈古人抱琴式〉（圖五）、〈定弦式〉等，均刻工細膩，構圖精美，古意盎然。張氏也能詩，《琴譜》

扉頁有其自題五言一首：「吾有一寶琴，價重雙南金。刻作龍鳳像，彈爲山水音；星從徽裏發，風來弦上吟。鍾期何日遇？誰辯曲中心？」詩風簡明而飄逸，體現了詩人嗜琴如命的性格和知音難覓的惆悵。

到了清道光、咸豐年間，地處閩北山區的浦城縣出現了一位以演奏古琴而知名的音樂家，名叫祝鳳喈。

祝鳳喈（約 1805～1864 年），字桐君，自幼研讀詩書。19 歲時，始向其兄長祝鳳鳴學琴，精研琴藝三十幾年，成爲著名的古琴演奏家。他曾擔任過東陽同知的官職，宦遊江浙一帶時，以琴自隨，所至名噪一時。古琴，又稱七弦琴，西周時已有之，定型於漢代。漢魏六朝時是伴奏相和歌的樂器之一。在長期的歷史發展過程中，形成了獨特的演奏藝術和各具特色的多種流派。祝鳳喈的演奏自成一家，成爲清代閩派古琴的開創者，與浙江派、江蘇派、四川派並稱古琴四大流派。

祝鳳喈不僅是一位古琴演奏家，也是一位刻書家，還精通星相之學。他曾於咸豐六年（1856）刻印南宋建陽人蔡沈的《書集傳》六卷。蔡沈是蔡元定的長子，也是朱熹的學生，是一位研究《尚書》的專家。《書集傳》一書，歷史上曾與朱熹的《周易本義》、《詩集傳》，崇安胡安國的《春秋傳》等並列爲官書，是科舉試士的標準注本。南宋以降，此書建陽書坊多有刻本。祝鳳喈刻印此書，曾據明正統五經四書本精心校對過，爲本書的清代善本。祝氏還刻印了《造命挈要》四卷。這是祝鳳喈的自著書，是其星相學方面的著作。在今天看來，這是一部宣揚封建迷信的書，但在當時刻印後，卻風靡一時，現已極爲罕見。在對閩北地方的民俗學研究上，此書仍有一定價值。

咸豐五年（1855），祝鳳喈刻印出版了自著《與古齋琴譜》四卷，另有《補義》一卷、《指法字母簡明表說》一卷、《商集曲譜》一卷、《角集曲譜》一卷、《羽集琴譜》一卷。這是祝氏自著自印的一部論述古琴演奏理論和演奏方法、技巧的專著。該書從打譜、制曲、演奏等幾個方面，對琴曲音樂的基本要素進行了分析，對古琴的演奏方法進行了論述，對閩派古琴的發展，在理論和方法上提出了重要見解。這部書是祝鳳喈在古琴演奏研究方面最重要的貢獻，也是閩派古琴發展史上的代表性著作。

據光緒《續修浦城縣誌》載，祝鳳喈「家有園林之勝，藏古琴數十張，擇其尤者築十二琴樓以貯之。伯倡仲和，怡怡如也。」此十二琴樓，也是祝氏的書齋，他所編所刻的幾部書就在此寫成編就。琴聲悠悠，書香縷縷，構成一幅

令人神往的琴書自娛圖。他還在此接納天下名士、詩家、琴師。據傳說，林則徐當年進京赴考，途經浦城，曾到祝家花園與祝鳳喈相聚，吟詠唱和。

歲月倏忽，一百多年過去了，祝鳳喈的十二琴樓至今尚留存下來兩座。據浦城縣文物部門考證，座落在南浦鎮五一三路上。祝鳳喈刻印的《與古齋琴譜》則尚有完帙存世，成為研究福建古琴發展史的珍貴史料。

（原載《藝苑》2007 年第五期）

圖一：楊表正《琴譜大全》書影

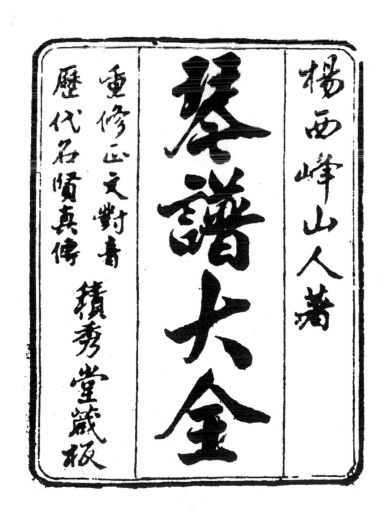

圖二：楊表正《琴譜大全》指法圖

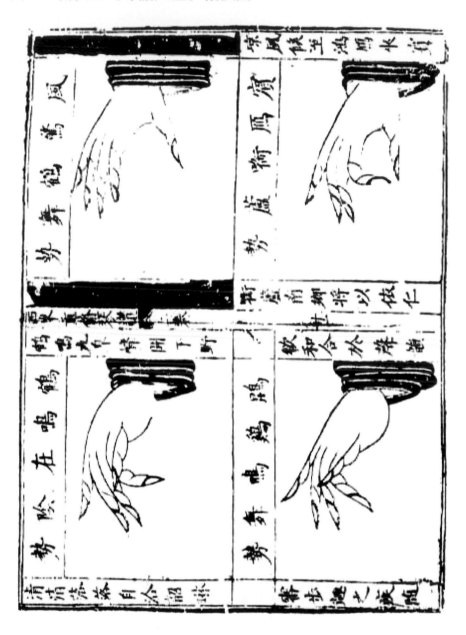

圖三：張右袞《琴經琴譜》書影

圖四：張右袞琴面、琴腹圖

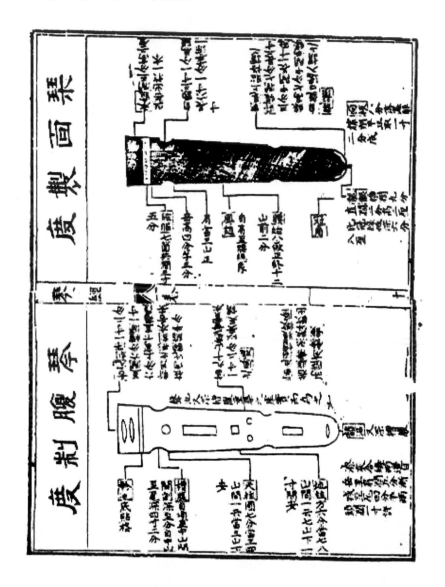

圖五：張右袞《古人抱琴式》圖

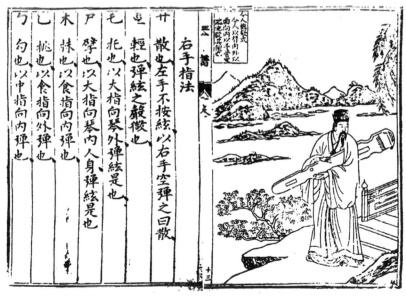

宋元建本版畫略論

　　建本版畫藝術有著悠久的歷史。本文通過傳世的宋元建本儒家經典、宗教類古籍圖書、現存最早的話本小說、現存最早的插圖本日用類書等若干種宋元建本版畫的分析，以揭示宋元建本版畫的基本面貌和特色。

　　建陽的雕版印刷萌芽於五代，繁榮於兩宋。到南宋時，建陽已成爲全國的三大刻書中心之一。當時刻書作坊聚集的麻沙、崇化兩地被譽爲「圖書之府」。

　　宋代建本圖書已開始出現插圖，由於雕版印刷是將圖、文反刻在木版上，著墨後刷印在紙上，其原理與現代版畫創作是一樣的。因此，古代刻書業中的插圖製作實際上是現代版畫的濫觴。

一

　　建陽的版畫藝術與繪畫藝術一樣，有著悠久的歷史。當北宋建陽著名畫僧惠崇繪出〈春江小景〉，令蘇東坡唱出「竹外桃花三兩枝，春江水暖鴨先知」這膾炙人口的詩句的時候；當黃齊寄興丹青，揮筆描出〈風煙欲雨圖〉，被收入《宣和畫譜》的時候；當建陽道士徐知常翻閱道家經藏，從中尋找繪製神仙故事的靈感的時候；當張、黃兩位書生，爲鄉人新作聚星亭，畫荀子、陳寔佚事於屏間，而令朱文公歎服的時候，建陽民間許多不知名的畫工、刻工則在爲建本圖書繪製插圖，雕刻上版，由宋至明，形成了中國版畫史上歷史最爲悠久，影響最大，傳世作品最多的畫派——建安畫派。

　　宋元建本版畫的主要特徵是上圖下文，以圖輔文，以文釋圖，圖文並茂。建本中率先使用插圖的，是建陽書坊中具有創新意識的刻書家們。

　　通常認爲北宋嘉祐八年（1063）建安余氏靖安刻印的《古列女傳》是最

早的建本版畫。此畫相傳為東晉著名畫家大司馬顧愷之所繪，故此書卷首標題有「晉大司馬參軍顧愷之圖畫」字樣。清徐康《前塵夢影錄》說：「繡像書籍以來，以宋槧《列女傳》為最精。」此《列女傳》的原刻本，今已無存，現存為清道光時期阮福的翻刻本，共分 8 篇，123 則，圖也是 123 幅，上圖下文。

歷史上，最早將儒家經典配上版畫插圖，使文字古奧難解的典籍得以通俗化，以便讀者閱讀，加深理解和記憶的，是南宋時富於創新的建陽書坊。傳世的刻本還有《六經圖》，「纂圖互注」諸經諸子等。現代著名的古籍版本學家傅增湘先生曾有詩云：「纂圖互注出麻沙，瞿陸雙丁未足誇，」說的就是這些刻本。

理學家朱熹在建陽講學著述期間，著有《周易本義》。在此書的宋代建陽刻本中，卷首冠有〈河圖圖〉、〈洛書圖〉、〈伏羲八卦次序圖〉、〈伏羲八卦方位圖〉、〈伏羲六十四卦次序圖〉、〈伏羲六十四卦方位圖〉、〈文王八卦次序圖〉、〈文王八卦方位圖〉、〈卦變圖〉等易圖 9 幅，圖後附簡要說明。應該說，朱熹《周易本義》的插圖，其價值的重點在於其貫通天人的理學思想體系的建構上，或者說，是體現在學術上，而不是在藝術上。然而，正是通過這種圖說的方式，將王陽明所說的「不離日用常行內，直造先天未畫前」（王陽明〈別諸生〉）的伏羲「先天之學」，以圖畫的方式簡潔完整地表達了出來。由於朱熹長期在建陽講學，並且在建陽書坊有過從事刻書的的實踐，所以此舉對建本和建本版畫發展的影響產生了不可估量的作用。宋元以來的建版圖書，不僅是通俗讀物，即便是許多嚴謹的學術著作，甚至包括朱熹的經典著作《四書集注》等也有插圖，這與朱熹的採用和推廣是分不開的。

在朱熹之後，建陽書坊出現了一批配上插圖的儒學典籍，在當時的出版界悄然括起了一股「讀圖」旋風。在存世的宋代建本中，僅以「纂圖互注」標題的就有《尚書》、《周禮》、《毛詩》、《禮記》諸經，以及《荀子》、《老子道德經》、《監本纂圖重言重意互注毛詩》、《毛詩舉要圖》和《毛詩圖譜》等。《監本纂圖重言重意互注毛詩》中的〈四詩傳授之圖〉，以圖的形式將《魯詩》、《齊詩》、《韓詩》、《毛詩》的師承和源流關係表現得明白無誤。

建本《六經圖》，將《易》、《書》、《詩》、《周禮》、《禮記》、《春秋》即所謂「六經」均配上插圖。但《六經圖》在流傳的過程中，大部分原刻本均逐漸散佚，唯獨還有《尚書圖》的原刻本，至今還完好地保存在國家圖書館。

為南宋紹熙年間（1190～1194 年）建陽書坊刻本，原書一卷，白麻紙精印，有圖 77 幅。版式為上圖下文，圖上有題。《中國版刻圖錄》曾收其中〈有虞氏韶樂器之圖〉一幅。此書原為當代著名作家、藏書家黃裳所珍藏，後捐贈給國家圖書館。黃裳先生在其所撰〈幾種版畫書〉一文中，讚揚此書，「于此可見宋代的版畫就已有非常高的水平，工細簡直不下明代中葉的作品，自然更多些端嚴的氣勢。」

2003 年 9 月 30 日國家郵政部發行的《圖書藝術》特種郵票，其中《宋刻本周禮》是我國首枚以雕版印刷古籍圖書為主題的郵票。畫面的主體部分，採用的是我國現存最早的插圖本《周禮》書影。

此插圖本《周禮》即南宋建陽刻本，現僅北京大學圖書館有收藏，為海內孤本。曾歷經張敦仁、汪喜孫、李盛鐸等名家所遞藏。原書有圖 36 幅，郵品所選，為其中兩幅。右圖〈水地法圖〉，描繪的是以水平之法量地，使四方皆平，以營造國都或城郭，文見《周禮·考工記》。左圖《天子玉路圖》，描繪的是周王朝時以美玉裝飾的皇帝專車。路，通「輅」。《周禮·春官》載：「王之五路，一曰玉路。」是說皇帝的專車有五種，其中最尊貴的是「玉路」。圖中描繪的是周天子乘「玉路」出行，前呼後擁的情景。線條流暢，形象生動。郵票設計家對此書的評價是，「該書刻印精美，圖文並茂，是一部體現中國宋代版畫藝術和雕版印刷水平的代表作。」朱熹在建陽講學時，可能曾經見到過此建本《周禮》，他說：「書坊印得《六經》，前面纂圖子，也略可觀。如車圖雖不甚詳，然大概也是。」

刻印於紹定五年（1232）前後的宗教類圖書《天竺靈籤》，現存 5 至 52 籤，每籤一圖，是現存建本中較早的有人物形象插圖的刻本。圖中人物表情和形體動作均栩栩如生，被鄭振鐸先生譽為是早期版畫創作中的「一部傑作」。（《中國版畫叢刊》）

南宋建陽書坊中許多刻工也能刊刻版畫插圖。這一時期的建本《妙法蓮華經》，也是一部宗教類古籍圖書。鄭振鐸先生《中國版刻史圖錄》收其中〈序品〉、〈藥草喻品第五〉、〈五百弟子受記品第八扉頁畫〉三幅版畫。圖中分別署有「范刁」、「范生刁」、「建安范生刊」字樣。「刁」是雕字的俗寫，建安指的是古建安郡（今建甌、建陽一帶），說明此范生是閩北人氏，建安范生即此書版畫的刻工。這便是宋代建陽唯一知名的版畫家。所謂「知名」，只是僅知其名，外加幾幅傳世的版畫作品，如此而已。由於刻工都是個體的手工工匠，

除了常年受雇於某些書坊主的固定刻工之外，他們中的大多數人均居無定所，帶有很大的流動性。屬於那種幾把刻刀、刮刀、木槌、平鏨，一個工具箱就可以闖蕩四方，受雇遠近的臨時工人。正是這種流動性，促使各地書坊之間的版畫刻印技藝得到相互交流，從而也促進了刻書業的發展。

二

元代是建陽刻書業持續發展的時期，也是建本版畫插圖製作的發展期。這一時期建本版畫的內容比宋代有所擴大，版畫插圖的技藝也有提高，出現了中國出版史、小說史，尤其在版畫史上值得大書一筆的巨作——《全相平話五種》。

在版式上，《全相平話五種》均為上圖下文，連環畫式。插圖占版面約三分之一，每一全頁一圖，即所謂合頁連圖，每圖均有小標題，主要人物標出人名，計 288 幅插圖。插圖的連續性很強，已十分接近後來的連環畫。故有人認為，此書是我國現存最早的連環畫。此外，五種平話均有帶插圖的封面，版式也是上圖下文式。如《全相三國志平話》的封面，上繪〈三顧茅廬圖〉，圖上端題「建安虞氏新刊」，圖下題書名《至治新刊新全相三國志平話》。

受版式的限制，要在狹長的畫面中，表現龐大的歷史事件，這就要求版畫的設計與製作有高度的概括性，版畫家要象一個高明的導演一樣，在狹小有限的空間中導演出一部有聲有色的歷史活劇來。《平話五種》的版畫作者較好地處理了這一矛盾。如「赤壁鏖兵」的插圖，僅用士兵五、六人，戰船一二隻，加上岸邊「孔明祭風」仗劍作法念念有詞，江上「黃蓋放火」火借風勢勢不可擋，就把火燒赤壁波瀾壯闊的戰鬥場面很好地表現出來了。

《全相平話五種》的版畫插圖，運用洗練的手法，表現紛繁複雜的歷史事件和戰爭場面，人物形象鮮明，場景的處理與人物形象交相輝映，使故事情節得到生動的表現。圖版的製作也極為精麗，線條流暢，疏密有致，在黑白分明的對比之中，較好地體現了版畫創作的辯證思維。因此，《全相平話五種》的版畫是建本圖書的插圖創作走向成熟期的力作，也是元代建本版畫的代表性作品。

元代另一部頗值得一提的建本版畫，是現存最早的插圖本日用百科全書——《事林廣記》。這是由南宋崇安陳元靚所編的一部日用類書，成書於宋理宗端平間，但宋刻本今已不存，現存最早的是元至順間（1330～1333）建安椿莊書院刻本。全書共四十二卷，分為四十三類，每類皆配有精美的插圖。

此書又有元後至元六年（1340）鄭氏積誠堂、元陳氏積善堂、元余氏西園精舍等刻本，卷數與椿莊書院本不盡相同。有的刻本則新增了一些元代民間日常生活知識方面的內容。

本書收集了宋代市民生活的各方面資料，以及在日常生活中必須具備的知識。內容涉及天文、地理、節令、文藝、書道、軍陣、音樂、醫藥、倫理、宗教、衣食、植物等各個方面，是研究宋代社會經濟文化、歷史地理等方面的重要史料。

全書圖文並茂，形象生動地反映了當時的市民生活和文化娛樂等內容。如書中表現市民「投壺」、「蹴氣球」等活動的版畫，傳神而逼真。續集卷四載《棋局篇》，是現存較早的《棋經十三篇》全文，後附「棋篇路圖」、「長生圖」、「遇仙圖」等，也是較早的棋譜。地輿類中有〈歷代國都圖〉、〈歷代輿圖〉，是現存較早的版刻地圖。卷六的三幅宋東京圖是現存最早的開封宮城圖，圖中詳盡地標出宮殿樓閣的位置，史料價值極高。農桑類中有〈耕穫圖〉、〈蠶織圖〉，與南宋甯宗時樓鑰任於潛令期間，所作《耕織圖》，可能有某種關係。續集文藝類中的〈玩雙陸圖〉，為元代人所增補。描繪兩位蒙古族官員對榻而坐，玩耍「雙陸」的遊戲。床後立著兩個侍者，一旁茶几上有杯盞茶茗，身後有畫著牡丹孔雀的屏風，一隻狗搖頭晃尾，似乎在邁著從主人哪兒學來的「官步」。整個畫面構思精巧，筆墨簡潔，人物形象鮮明，很好地表現了元代蒙古貴族階層悠然閒適的生活。

此書後集卷三〈先聖類〉有〈夫子杏壇之圖〉，表現的是孔子率門下弟子「冠者五六人，童子六七人，浴乎沂，風乎舞雩，詠而歸」的情景。卷五〈先賢類〉有周敦頤、二程、張載、邵雍、司馬光、朱熹等理學先賢的全身像，開了版畫人物圖像之先河。書中還以示意圖的方式列出了周、程和延平四賢，以及朱門中44位主要弟子的傳承關係，基本上表現出了朱熹「考亭學派」的主要陣容。

將書中的〈先賢圖〉和示意圖所列人物和朱熹的道統論相對照，可以看出，該書的編者受到朱熹很深的影響，而且是主要是受到了朱熹〈滄洲精舍告先聖文〉的影響。因為朱熹在此文中，提出了「周程授受，萬理一原。曰邵曰張，爰及司馬。學雖殊轍，道則同歸」的道統觀。而〈先賢圖〉所列七位先賢，除朱熹外，正是周、二程、張載、邵雍和司馬光，即所謂「北宋六子」。其原因，與朱熹講學的地點就在考亭滄洲精舍，而精舍的所在地，就在建本的故鄉──建陽，有著密切的關係。

　　在版式上，此書的某些插圖如〈耕獲圖〉、〈蠶織圖〉等也開始擺脫了早期建本版畫的上圖下文的單一模式，使建本版畫從僅占版面的三分之一的狹小空間中掙脫出來，出現了全頁巨幅的形式，從而使版畫能表現更為廣闊的生活內容。在編撰體例、內容和版畫製作上，《事林廣記》開了元明間建陽書坊刊刻插圖本日用類書之先河。

　　元代建本版畫的知名畫家有吳俊甫和黃叔安兩位。他們都是服務於建安虞氏書坊的畫工。建安虞氏刻印的《全相平話五種》，其中《三國志平話》、《武王伐紂平話》、《七國春秋後集》的版畫，題「樵川吳俊甫刊」，樵川是建陽鄰邑邵武的別稱，說明吳氏乃邵武人氏。虞氏刻本《秦并六國平話》的版畫，則題「黃叔安刊」。吳俊甫和黃叔安，是繼宋代「建安范生」之後，既能製圖，又能刊刻的畫工和刻工。

　　版畫插圖在刻本中的出現，增強了圖書的通俗性、趣味性，能增強讀者的理解和記憶，因此，受到廣大讀者歡迎，具有強大的生命力。發展到明代，建陽書坊的刻本幾乎發展到無書不插圖的地步。在版式上，也從宋元時期的單一的上圖下文，發展出上圖下文、文中嵌圖、單面大圖、合頁連圖、月光版圖等多種版式；在版畫技藝上，也有了巨大的進步，從早期的古樸的風格向琦麗轉變。以至到明萬曆間，建本版畫技藝發展到了巔峰，與其時的徽派版畫爭奇鬥豔，從而共同開創了鄭振鐸先生稱譽的「光芒萬丈的萬曆時代」。

圖一：有虞氏韶樂器之圖

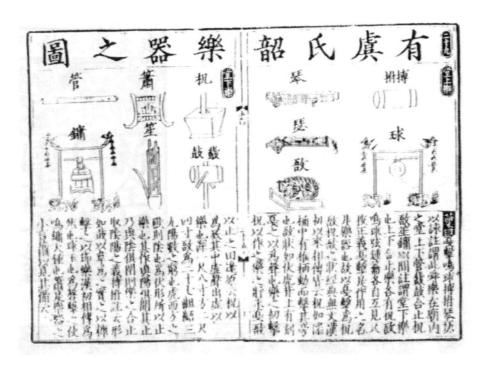

圖二：以建本圖書為題材材的《圖書藝術》郵票首日封

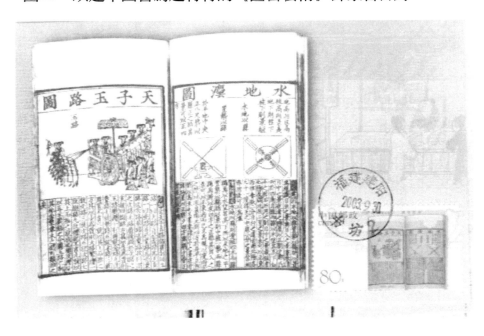

圖三：《至治新刊新全相三國志平話》

圖四：《三國志平話‧赤壁鏖兵》

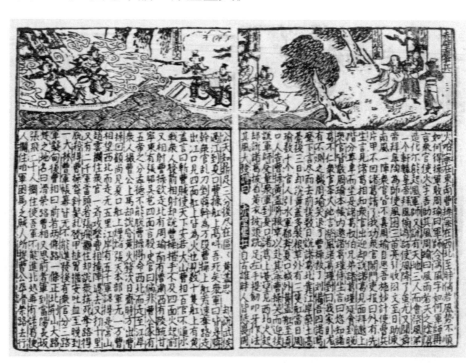

圖五：《事林廣記》中的〈耕獲圖〉、〈蠶織圖〉

圖六：《事林廣記》中的〈玩雙陸圖〉

最早描寫媽祖故事的長篇小說
——《天妃出身濟世傳》的建本

　　海峽兩岸閩台人民血肉相連，閩台風俗也同出一源。起源於福建莆田的媽祖信仰，從宋代開始逐漸流傳，傳播到閩台各地，成為閩台人民的主要宗教信仰，也成為閩台文化的重要組成部分。如今，「海峽女神」媽祖成了兩岸人民共同信仰和崇奉的民間神祇，成為溝通海峽兩岸骨肉同胞的感情紐帶。隨著人口的繁衍和遷徙，媽祖信仰還逐漸流傳到美國、日本、新加坡、馬來西來、菲律賓等國的華僑中。

　　而在地處閩北山區的邵武、建甌一帶，只要稍微留意一下，也能看到一兩座簡陋而質樸的媽祖神廟，據傳說，是當年鄭和下西洋時，曾在這一帶招募兵員，家人為祈禱他們渡海平安而立，並一直延續至今。媽祖信仰的地域之廣泛，於此可見。

　　海神媽祖的故鄉在莆田的湄洲灣。這裏，有一座面積約 16 平方公里的小島，名湄洲島。島上至今有媽祖神廟十幾座。島北端的湄嶼峰，今名媽祖山，座落著祀奉媽祖神像的天后宮祖廟。在海峽彼岸的臺灣，祀奉媽祖的大小廟宇多至數百座。由於臺灣與湄洲島隔海遙遙相望，臺胞除了組織進香團到湄洲祖廟拜祭外，還往往對著湄洲祖廟隔海遙祭。

　　在海峽兩岸，海神媽祖的傳說，可謂家喻戶曉。然而，明代建陽書坊曾刻印出版了一部最早描寫媽祖故事的小說，由於刻本流傳甚罕，時至今日，也就幾乎不為人所知。這部小說就是明萬曆年間（1573～1615 年）由建陽書林熊龍峰刊行的《新刻出像天妃出身濟世傳》，又名《天妃娘媽傳》，或《新

刻宣封護國天妃娘娘出身濟世正傳》。全書分爲上下二卷，共三十二回。書內插圖爲連環畫式，故版心又題「全像天妃出身傳」。所謂「全像」，是指此書自始至終每頁均有插圖。版式分爲上下兩欄，上欄圖畫，約占版面三分之一，下欄文字，約占版面三分之二。這是明代建本小說的常見版式，稱「上圖下文」。圖兩側各題以五言聯語一對，正文半葉十行，每行十六字。此書原刻本極爲罕見。當年孫楷第先生東渡日本，著《中國通俗小說書目》也未得見。後常熟王古魯在《日本訪書記》中也未著錄。1994 年 10 月，遼寧春風文藝出版社已據此刻本點校出版，收入《中國古代珍稀本小說》第 8 冊。

小說根據福建沿海一帶民間流傳的媽祖傳說搜集整理而成。小說開篇就說：「湄洲之山，有神人居焉。」這神人，就是「漢明帝時所敕封護國濟世天妃林氏娘娘」。她本是北方妙極星君的女兒玄眞，爲追殺屢屢作亂而逃往中界的鱷精猴妖，遂降生在莆田林長者家中，爲林氏之女。林氏女十六歲時，一日在機杼上睡去，忽見鱷精在東洋興風作浪，要掀翻一隊商船，便挺身而出，與鱷精鬥法，救護商船。酣戰之際，不料被女僕喚醒，鱷精乘機逃脫，船也被鱷精掀翻了一隻。從此，林女便不食煙火，唯禮拜觀音，最後白日飛升，往湄洲山而去。這時，猴妖又唆使西番進犯漢邦，漢將難以抵擋猴妖的妖法，漢明帝遂下詔招天下術士征番。林女之兄二郎被征，她於是在暗中相助，斬猴妖，敗番兵。漢明帝於是敕封她爲護國庇民天妃娘娘。之後，林娘娘又滅了鱷精，各地皆立廟祭祀。

這部小說所描寫的主要故事情節，如與鱷精鬥法，救護商船，與至今尚在福建沿海一帶流傳的媽祖傳說極爲相似。特別是「玄眞女機上救舟」一回，與流傳在閩南一帶的「媽祖機上救親」的傳說，可謂同出一轍。

這則傳說是說默娘 15 歲時，父親與哥哥乘船外出，出發後不久，氣候突變，風起雲湧，波浪滔天，父親和哥哥所乘兩船，在波濤中顛簸，甚爲危急。這時，默娘正在家中織機上織布，「忽於機上閉睫遊神，顏色頓變，手持梭，足踏機軸，狀若有所挾而惟恐失者。母怪，急呼之醒，而梭墜。泣曰：「阿父無恙，兄歿矣！頃而報至，果然。」〔註1〕父親脫險歸來，說他們兩隻船在風濤中幾次要沈船，後來，冥冥中似有種力量使兩船互相靠近，最後，父親的船隻脫險，而哥哥的船舵折斷沈沒，哥哥也沒入海中。

〔註 1〕參明無名氏《天妃顯聖錄》「機上救親」一節，載蔣維錟編校《媽祖文獻資料》一書，福建人民出版社，1990 年 4 月版。

　　小說與傳說略有不同的是，將救父改爲救護商船，將狂風惡浪等自然現象擬人化，改爲與鱷精在海上鬥法。小說中的鱷精與猴妖也來源於民間傳說中的海怪晏公及其屬下千里眼、萬里目、嘉應、嘉佑等魔怪。小說中的白日飛升則源於民間傳說的「湄嶼飛升」。

　　媽祖原名林默，又名默娘，她在湄洲灣護佑來往海船，拯救海難，是一位聖潔而正直的女神，被歷代朝廷敕封爲「天妃」、「天后」、「天上聖母」，這與小說中的主人公也完全一致。但小說將天妃的生活年代虛構爲東漢明帝時，而不是通常認爲的北宋年間，這是小說與傳說的不同之處。

　　小說的刻印者熊龍峰，書堂名忠正堂，是明嘉靖間建陽的通俗小說作家熊大木的後人。除刊刻本書外，還刻印了《熊龍峰小說四種》，是四種文言短篇小說的叢刻本。熊龍峰還刻印了戲曲《西廂記》，他是明萬曆期間建陽的刻書名家。本書作者吳還初，號南州散人，生平事蹟史志無載，文學史上亦不提其人。僅知其曾爲建陽余成章刻印的公案小說《郭青螺六省聽訟錄新民公案》一書撰寫引言，末署「大明萬曆乙巳（33 年，1605）孟秋中浣之吉，南州延陵還初吳遷拜題」，〔註 2〕由此可知他名遷，字還初，延陵可能也是他的號。從小說的描寫來看，作者對閩南一帶的民情風俗，以及流傳民間的媽祖的傳說，都極爲熟悉，故能據此寫成歷史上唯一的一部反映媽祖故事的長篇小說。從其自署「南州」而言，作者當是閩南一帶的人，是一位服務於書坊的編書人。

　　當前，湄洲媽祖廟每年接待前來朝拜的臺灣同胞、海外僑胞人數達數十萬，成爲福建對外開放的一個重要窗口。媽祖研究也因之成爲近年來歷史文化研究的一個熱門課題。因此，這部明代建陽刻印的最早的媽祖小說，不僅在福建出版史、小說史上具有重要意義，對研究福建古代媽祖信仰的形成，促進閩台文化交流而言，此書也是一部不可多得的珍貴歷史文獻。

〔註 2〕黃岩柏《中國公案小說史》，頁 142，遼寧人民出版社 1991 年 5 月版。

回首三分書中事
——建本《三國演義》說略

　　《三國演義》是我國長篇通俗歷史演義的開山之作，也是第一部章回體的長篇小說。作者在廣泛搜集宋、元以來民間流傳的「說三分」故事，以及民間藝人創作的話本、戲曲的基礎上，參照史書，「七分史實，三分虛構」，藝術地再現了三國時期近百年間的波瀾壯闊的歷史。作品較好地塑造了「千古第一賢相」諸葛亮，「千古第一名將」關羽，「千古第一奸雄」（清毛宗崗語）曹操等一系列典型形象，以其史詩般的宏篇巨卷，使我國古代小說的創作從此擺脫了文言筆記、稗官野史的原始狀態，成為我國小說發展史上的一個重要里程碑。

　　小說的編撰者羅貫中，元末明初人。他在編撰此書時，曾參考過元至元三十一年（1294）建陽書坊刻印的《三分事略》，和元至治年間（1321～1323年）建安虞氏刻印的《新刊全相三國志平話》。《三分事略》和《三國志平話》是一部內容相同而版本不同的元代講史藝人「說話」的底本。《演義》中的「桃園三結義」、「三英戰呂布」、「千里走單騎」、「三顧茅廬」、「赤壁大戰」、「單刀會」、「七擒孟獲」等主要故事情節在《三分事略》和《三國志平話》中已粗具規模。但《三分事略》與《平話》敘事簡略，篇幅較小，全書不過 8 萬多字，與 80 多萬字的《演義》相比，只是略具梗概而已。

　　《三國演義》現存的最早刊本是明嘉靖元年（1522）刊本，1974 年人民文學出版社曾據此影印。但這個刻本並不是在建陽刻印的，建陽刻印的眾多的《三國演義》刻本多集中在明萬曆間。為什麼這部最遲不會晚於明初就已誕生的小說，一直到將近 200 多年以後才被大量刊板問世呢？這不僅在中國小說發展史上是一個謎，在建陽的刻書史上也是一個難解之謎。有人解答謎底說，羅貫中曾於洪武年間來到全國出版中心建陽，但終未能出書，其原因

是窮書生阮囊羞澀，無力自費付梓；也有人說，羅貫中此行到建陽，是準備印他的《三中演義》和施耐庵的《水滸傳》，但建陽沒有一家書坊敢承擔。說者所據以立論的根據，無非源於明王道生所作〈施耐庵墓誌銘〉中「得識其門人羅貫中於閩」一語。羅貫中何以入閩？自然是到刻書中心建陽，由此可知，此說是一個大致可以站得住腳的合理推論。

但建陽書坊何以對羅貫中氏親送上門的書稿拒之門外？建陽書坊不是一向以編撰門目新、刻印速度快、行銷範圍廣而稱雄海內的嗎？何以對此足以吸引廣大讀者，從而可以給任何一家書坊帶來鉅額利潤的通俗讀物表現出如此的鈍感？以上所謂「無力自費」、「不敢承擔」是否符合歷史的眞實？恐怕在此得費點筆墨作一番探討。

從小環境而言，建陽書坊由於遭受到元末的戰火，元氣大傷，一時難以恢復。如至正二十三年（1363）建陽書坊曾遭兵火之災。這一年，刻印於建陽劉氏書肆的元程鉅夫《雪樓集》僅成前十卷即遭「兵燹板毀」的命運。三十年後，即洪武二十六年（1393）刻書業得到恢復後，此書三十卷本才得以完整地刻印於建陽朱氏與畊堂。除此本之外，在明初洪武的 31 年中（1368～1399 年），現存的或見於著錄的建本則基本上是個空白。在這一時期，即使是正經正史、理學諸子的著作也難以出版，何況是被士大夫視爲異端的小說、戲曲？羅貫中之建陽之行未能奏效當可由此得到一個合理的解釋。

從大背景而言，明初的統治者出於其思想統治的需要，一方面比宋元時期更爲大力提倡程朱理學。明初設太學，諸生只准學習四書五經，講學、科舉考試均以朱子之學爲正宗。建陽乃朱子學的大本營，明英宗以前的歷代皇帝除了對宋代理學諸子進加官爵、建廟祀奉外，對他們的後代也是優免有加，詔免聖賢之孫徭役。爲了取得這種優厚待遇，建陽的刻書家們也往往以名賢後裔自居。另一方面，爲了維護程朱理學在思想界的統治，制止意識形態領域內異端思想的萌芽，明統治者對刻書業加強了管理。明正統七年（1442），官方嚴禁《剪燈新話》之類「假託怪異之事」、「惑亂人心」的小說，有「印賣及藏習者，問罪如律」。明嘉靖時官方還派員監校麻沙書板。因此，明前期的建本也以宋元理學諸子的著作爲主，而小說、戲曲等書籍在明前期的近 200 多年中，基本上是一個空白。這也是《三國演義》之不在建陽首刻的主要原因。

明中葉以後，社會政治趨於腐敗，土地兼併加劇，農民破產流亡市鎮，促使城市經濟得到發展，資本主義商品經濟開始萌芽。市民階層的狀大，爲

小說、戲曲等市民文學作品大量產生並刊板流行，提供了廣泛的社會基礎。而李贄的帶有強烈的思想解放和人文主義色彩的異端哲學，對程朱理學在思想界的統治造成了一次強烈的衝擊。明萬曆以後，明王朝已處於風雨飄搖之中，統治者自顧不暇，官方刻書管理機構漸趨懈怠，因此，明萬曆間建本通俗小說、戲曲得以大量鋟板印行。而其中，又以《三國演義》一書刻本最多。

僅現存於海內外大中圖書館的《三國演義》建陽刻本就有萬曆二十年（1592）余象斗雙峰堂《新刻按鑑全像批評三國志傳》、余象斗刻本《新刊校正演義全像三國志傳評林》；萬曆間劉龍田喬山堂刻本《新鋟全像大字通俗演義三國志傳》；明書林熊沖宇種德堂刻本《新鍥京本校正按鑑演義三國志傳》；萬曆二十四年（1596）熊清波誠德堂《新刻京本補遺通俗演義三國志傳》；萬曆三十年（1602）雲林鄭世容《新鍥京本校正通俗演義三國志傳》；萬曆三十一年（1603）忠正堂熊佛貴《新鍥音釋評林演義合像三國志傳》。此外，還有鄭少垣聯輝堂、閩齋楊春元、瑞我鄭以楨寶善堂、書林楊美生、書林笈郵齋、潭邑黃止甫、建陽吳觀明、富沙劉榮吾、敬堂王泗源等諸家刻本，以及明崇禎熊飛雄飛館的《英雄譜》「三國」、「水滸」合刻本。清初，還有三槐堂刻印的《毛宗崗批評四大奇書》第一種本，現存日本東京大學附屬圖書館。可以說，在現存的《三國演義》占刻本中，百分之九十以上是建陽刻印的。建陽書坊刻印的如此眾多的珍貴版本，使得《三國演義》的版本研究，幾乎就是建陽刻本的研究。過去，學者多認為建本《三國演義》是羅貫中原作的節本，書坊偷工減料，砍頭去尾，以圖速售。這種觀點，已被《三國演義》研究的最新成果所推翻。北京大學周兆新先生通過對眾多版本的認真比較和細緻甄別，得出了與此截然相反的結論：明萬曆間《三國演義》的建陽刻本如鄭少垣聯輝堂刻本、楊春元閩齋刻本、劉龍田喬山堂刻本、余象斗雙峰堂刻本等是最接近羅貫中原作的版本，而刻印時間較早的嘉靖本則對原作作過修改和增補。

明萬曆間建陽刻印《三國演義》的眾多刻本，無疑是刻書業激烈競爭中的產品，競爭的結果必然導致書價成本下降，從而為以《三國演義》為主要代表的通俗小說爭取最為廣泛的下層勞動人民讀者創造了條件，從而為明代通俗小說在文壇上最終取得一席地位起到了重要的作用。這也是明代以刻印小說為主要內容的建陽書坊鼎盛於明後期，而中國通俗小說的發展也繁榮於明後期的主要原因。

（原載《出版廣場》2001 年第 6 期）

雖非首刊也輝煌——建本《水滸傳》說略

　　《水滸傳》的作者施耐庵，元末明初人。此書撰成後，於洪武間由其門人羅貫中攜帶入閩，準備交給建陽書坊刻版印行。遺憾的是，當時的建陽書坊由於遭到元末的戰火焚毀，無力承擔此書的刻印。

　　《水滸傳》最早刻印於何時何地，難以詳考。據明代人的書目記載，在明嘉靖或此之前，共有四種古本。即：《也是園書目》記載的二十卷本，高儒《百川書志》中記載的一百卷本，周弘祖《古今書刻》中記載的都察院刻本，以及晁瑮《寶文堂書目》著錄的郭勳刻本。可惜這四種古刻本，沒有一種完整地流傳下來。

　　曾有人撰文說：「宗臣任福建提學副使，訓練壯丁，抗禦倭寇，有羅貫中後代羅某，請以家藏小說（即《水滸》）付梓，俾軍民暇時看看，以壯士氣，得宗臣許可，由坊間刊刻出版，從此《水滸傳》才得以通行於世。」〔註1〕後來，有人據此演繹出一篇文章。文中說，羅貫中於洪武三年（1370）攜《水滸傳》書稿到建陽，而建陽沒有一家書坊敢承擔。羅貫中只好在建陽住下，等待時機，不久病逝。過了150年，方由羅氏後人以「鄉誼」去見宗臣，得到許可，才由書坊刻印出版。「可惜的是，這個最早的《水滸傳》版本，⋯⋯現在只剩下一個五回殘本。明萬曆十年，有個化名『天都外臣』的人，根據民間抄本，自己寫了個序，重新刻印問世，這就是我們今天看到的古本《水滸傳》。」〔註2〕根據上述，讀者從中不難得出《水滸傳》是在建陽首刊的結論。

〔註1〕　〈施耐庵生平探考〉，《中華文史論叢》1980年第4輯。上海古籍出版社1980
　　　　年版。
〔註2〕　曹洪朱《施耐庵與水滸》，原載香港《鏡報》1982年第6期。

那麼，《水滸傳》在建陽首刊的結論是否可靠？答案是否定的。

首先，得宗臣許可，由建陽書坊刻印《水滸傳》的說法，一無刻本流傳，二無文獻記載。即使是「天都外臣」的序言中也只提到嘉靖間郭勳刻本而不提此建陽書坊刻本。據明沈德符《野獲編》記載，天都外臣是汪太函即汪道昆的化名。巧的是，汪道昆後宗臣五任，也擔任過福建提學副使，如宗臣確曾讓書坊刻印此書，汪氏何以在序中於此隻字不提？據康熙和民國《福建通志》記載，明嘉靖間（1522～1566）的 45 年中，福建共有 67 任提學副使，後五任不過相距兩到三年，此事汪氏焉能不知？汪道昆任提學副使時在嘉靖四十一年（1562），而宗臣任此職則在嘉靖三十九年（1560）。周弘祖曾在明隆慶間，後宗臣 20 任擔任福建提學副使。他所編撰的《古今書刻》上編，著錄了明嘉靖間全國各地的刻書情況，也一一列出了這時期的福建刻本書目 477 種，其中建陽書坊刻本 367 種，內容可以說是經、史、子、集四部俱備。甚至《水滸傳》的寫作藍本之一，《宣和遺事》也名列其中，卻惟獨沒有《水滸傳》之名。相反，都察院刻印的《水滸傳》一書，在書目中卻記載得清清楚楚。

其次，據《明史·宗臣傳》，宗臣以福建參議升遷提學副使，並卒於任上（嘉靖三十九年）。民國《福建通志·名宦傳·宗臣傳》中因之有「閩人立祠於烏石山祀之」的記載。由此可知其任提學副使是在嘉靖三十九年以前。據筆者所知，宗臣與建陽書坊確有某種關係。逝世之前，曾在建陽麻沙刻印明沈霽《沈山人詩》六卷，此書今上海圖書館尚有原刻本珍藏。因此，我認為明中葉建本《水滸傳》的某個版本的問世，有可能得到宗臣的支援，但就此下結論說這就是「首刊」，則未免草率。理由是，沒有根據可以肯定此為最早，而上文所說的郭勳等四種古本均在此之後刻印。

此外，這個「五回殘本」實際上就是曾被鄭振鐸先生收藏的《忠義水滸傳》，存卷 11 第 51 至 55 回，現存北京國家圖書館。1960 年，國圖又發現此刻本的第 10 卷第 47 至 49 回，與鄭氏原藏本合為 8 回。學術界多認為，此殘本乃郭勳武定版而非建版。所謂「天都外臣」序本，即 1954 年 3 月人民文學出版社據以出版的底本。對這個版本的源流，明沈德符《野獲編》中說得很清楚：「武定侯郭勳，在世宗朝號好文多藝，能計數。今新安所刻《水滸傳》善本，即其家所傳，前有汪太函序，託名天都外臣者。」說明所謂「我們今天看到的古本《水滸傳》」，實源於郭勳武定版，而非與宗臣有關的建陽書坊刻本。

《水滸傳》的刻本有繁本與簡本兩個系統。天都外臣序本乃繁本系統，

而現存的明萬曆間建陽余象斗刻本《京本增補校正全像忠義水滸志傳評林》和《新刊京本全像插增田虎王慶忠義水滸全傳》，明天啓間建陽楊氏四知館刻本《鍾伯敬先生批評水滸忠義傳》，明崇禎間富沙劉榮吾藜光堂刻本《鼎鐫全像水滸忠義志傳》，富沙劉興我《新刻全像水滸傳》，以及建陽熊飛雄飛館的《英雄譜》「三國」、「水滸」合刻本等，則無一不是簡本。假如嘉靖間建陽書坊首刊《水滸傳》百回繁本，何以到明萬曆間，距嘉靖末不過約 30 多年的時間，建陽書坊的刻書家們居然無一人據此古本翻刻，反而自找麻煩，又是「評林」，又是「插增」，或又「鍾伯敬先生批評」等諸多名目？一個「古本」，豈不更具號召力？

綜上所述，《水滸傳》之不在建陽首刊，已經很明白了。在歷史研究中，要創立一個新的觀點，這個觀點無疑要與各方面的歷史現象相吻合，方能自圓其說。而「首刊」之說難以成立，原因固在於此。

其實，一部上下近千年的建陽刻書史，已經夠輝煌的了。即以《水滸傳》而言，現存的明代建本就有上文所列 6 種之多，在現存的明刻本中，以地域而言，建本是最多的。明嘉靖間，建陽書坊還刻印了施耐庵據以寫作《水滸傳》的祖本之一的《宣和遺事》，這在明以前的出版史上，也是惟一的記載。一部《水滸傳》之不在建陽首刊，於建本之輝煌絲毫無損。

兩宋莆田官私刻書考述

　　莆田，宋代稱爲興化軍。領莆田、仙遊、興化三縣。軍治所原設在興化，尋移莆田。興化軍是蔡襄、鄭樵、劉克莊等著名歷史文化名人的故鄉，文化底蘊深厚，藏書名家甲於全閩，聞名於世，素有「文獻名邦」的美譽。由於此前對興化莆田刻書的研究成果不多，所見者大多只是停留在對莆田古代一部分刻書目錄的初步整理上，且存在較多錯誤，從中反映出來的問題，已經影響到了今人對莆田甚至是福建刻書的基本認識或評價。筆者認爲，一切學術觀點和歷史結論，都必須從原始的歷史資料中歸納和總結出來，也必須與歷史資料相吻合，而不是相反。有見於此，故筆者撰此文，將兩宋時期的莆田官私刻本，以刊刻者爲基本線索，逐一加以分析和考述，以期對兩宋時期的莆田刻書能有一相對比較準確的認識和把握。

一、北宋時期

　　北宋時期福建的刻書史料，最著名的是福州寺院的刊刻大藏，除此之外，私家刻書，即使在福建全省也並不多見，莆田所知，僅蔡襄一人而已。

　　蔡襄（1012～1067年），字君謨，仙遊人。北宋天聖八年（1030）進士，知諫院，支援慶曆新政。其後歷官福州知府、福建路轉運使，開封知府等，在各地多有惠政。治平四年（1067），以端明殿學士知杭州卒，贈吏部侍郎，加贈少師，諡忠惠。歐陽修爲作〈端明殿學士蔡公墓誌銘〉，傳載《宋史》卷三百二十。

　　蔡襄是北宋一代名臣，書法四大家之一，詩文清健。他曾於北宋嘉祐年間（1056～1063）在仙遊刻印自撰《荔枝譜》一卷、歐陽修撰《洛陽牡丹記》

一卷。宋陳振孫《直齋書錄解題》卷十著錄云：「《荔枝譜》一卷，端明殿學士莆田蔡襄君謨撰，且書而刻之，與《牡丹記》並行。閩無佳石，以板刊，歲久地又濕，皆蠹朽，至今猶藏其家，而字多不完，可惜也。」《四庫全書總目》卷一一五著錄蔡襄《荔枝譜》云：「是編爲閩中荔枝而作，嘗手寫刻之，今尙有墨版傳於世，」故此本爲蔡襄手書上版的寫刻本。同卷又著錄歐陽修《洛陽牡丹記》云：「蔡襄嘗書而刻之於家，以拓本遺修。」按，此言拓本，不準確，應爲印本。

蔡襄所撰的《荔枝譜》是我國也是世界現存最早的荔枝專著，成書於嘉祐四年（1059）。遺憾的是，這個由作者自撰，且手書上板的珍貴的自刻本，並沒有流傳下來。上引《四庫全書總目》所說「今尙有墨版傳於世」並非蔡襄手書原刻本。儘管如此，蔡襄刊刻的《荔枝譜》和《洛陽牡丹記》二書，作爲見於文獻著錄的福建最早的家刻本，以及已知最早的名家寫刻本，在福建的刻書史、出版史上，仍有其重要的意義。

在此順帶指出，福建已知最早的拓本書紀錄，也是蔡襄創造的。他於北宋治平元年（1064 年）在建州漕治，曾小楷手書《茶錄》，並刻之於石。由於蔡襄是北宋著名的書法四大家之一，故此石刻拓本，流傳到後世，後人視同手書眞蹟，珍貴異常。明萬曆間，此石版曾在建安出土。著名藏書家徐𤊹有跋文記錄了這一史實。跋文見載於《紅雨樓題跋》卷一。此拓本《茶錄》，今上海圖書館有存本，據館藏介紹，乃宋拓孤本，其價值又高於上文所說的明出土重拓本。

二、南宋時期

（一）蔡　洸

南宋時期的莆田刻書，也以蔡氏後人開其端，其人即蔡襄曾孫蔡洸。

蔡洸，字子平，仙遊人，蔡伸之子。宋孝宗即位，以戶部郎總領淮東軍馬錢糧，知鎮江府。《宋史》卷三百九十本傳載其「以蔭補將仕郎，中法科，除大理評事，遷寺丞，出知吉州，召爲刑部郎。」《宋史》所載不紀年月，《閩書》、《福建通志》則載蔡洸在孝宗即位之時，「以戶部郎總領淮東軍馬錢糧，知鎮江府」，由此可見，蔡洸官刑部郎時，約在孝宗即位之前的紹興末（約 1161～1162 年）。

約於紹興末（1161～1162），蔡洸曾刻印其曾祖撰《莆陽居士蔡公文集》

三十卷。爲此書三十卷本的最早刻本。宋趙希弁《郡齋讀書附志》著錄云：「右蔡忠惠公襄字君謨之文也。《讀書志》止載《蔡君謨集》十七卷，希弁所藏三十卷，乃公之曾孫刑部郎洸所刊者。陳參政駪序。」考蔡氏世系，蔡襄的曾孫只有名「洸」而無名「洗」者，故趙氏所錄，當爲筆形相近之誤。趙氏所錄此刊本無具體年月，上文已考證蔡洸官刑部郎，約在孝宗即位之前的紹興末，這也是蔡洸刊刻乃祖文集的大致年份。蔡洸此刊本久佚。

　　蔡襄的文集，南宋時有十七卷、三十卷、三十六卷本三種。十七卷本題《蔡君謨集》，見於晁公武《郡齋讀書志》著錄；三十卷本題《莆陽居士蔡公文集》，見於趙希弁《郡齋讀書附志》著錄：三十六卷本題《蔡忠惠集》，見陳振孫《直齋書錄解題》著錄。《四庫全書總目》根據《宋史·藝文志》載《蔡襄集》六十卷《奏議》十卷，而《文獻通考》則作十七卷，認爲「多寡懸殊不應如是。疑《通考》以《奏議》十卷合於《集》六十卷，總爲七十卷，而傳刻訛舛，倒其文爲十七也。」只是一種推測而已，並不可靠。何況《宋史·藝文志》只是元代人所編，顯然不如宋人的著錄可信。根據後人編纂前人文集，隨著遺篇佚文的逐漸發現，篇幅和卷數會逐漸增多的一般規律，十七卷本應爲蔡襄文集最早的版本。晁公武的《郡齋讀書志》是我國最早著錄版本的私家書目，但於蔡襄此集卻不錄編者和刊行者，詳情缺考。三十卷本的刊刻者，《郡齋讀書附志》稱「乃公之曾孫刑部郎洸所刊者，陳參議駪序。」

（二）趙師俠

　　趙師俠，字介之，新淦人。淳熙二年（1175）進士，歷官江華郡丞。宋燕王趙德昭第七代孫，宣城侯趙從謹第五代孫，世系見載於《宋史》卷二一八〈表九·宮室世系四〉。

　　趙師俠曾在興化軍輯刻《西銘集解》一卷。宋陳振孫《直齋書錄解題》卷九著錄：「張載作〈訂頑〉、〈砭愚〉二銘，後更曰《東、西銘》，其〈西銘〉即〈訂頑〉也，大抵發明理一分殊之旨。有趙師俠者集呂大臨、胡安國、張九成、朱熹四家之說爲一編，刻之興化軍。」趙師俠是南宋一位較有名氣的詞人，著有詞集《坦庵長短句》，今存《宋六十家詞》本。唐圭章《全宋詞》收其詞 150 多首。其中寫於莆田的有〈滿江紅·壬子秋社莆中賦桃花〉、〈柳梢青·壬子莆陽壺山閣〉、〈漢宮春·壬子莆中鹿鳴宴〉、〈廳前柳·莆中酌獻白湖靈惠妃三首〉等十幾首。詞題中的「壬子」，應爲紹熙三年（1192），此應即趙氏輯刻《西銘集解》的時間。至於趙氏何以會在興化軍刊行此書，最大

的可能性是其時趙氏在興化軍擔任某職，而被地方誌書漏列。《四庫總目提要》在評價趙氏詞作時，曾對他的宦蹟作了如下推測：「其宦遊所及，繫以甲子，見於各詞注中者，尚可指數。大約始於丁亥而終於乙巳。其地爲益陽、豫章、柳州、宜春、瀟湘、衡陽、莆中、長沙，其資階則不可詳考矣。」其中所謂莆中，就是莆田。

在此還需順帶指出，趙師俠的〈廳前柳·莆中酌獻白湖靈惠妃三首〉是研究媽祖傳說形成的重要史料，卻極少被時人所提及。其一云：「神功聖德妙難量，靈應著莆陽。湄洲自昔仙境，宛在水中央。孚惠愛，備嘉祥。雲車風馬，肸蠁來歆，桂酒椒漿。」

（三）林琰

林琰（1158～1229 年），字景良，福清人。淳熙十一年（1184）與兄璟、環同登進士。歷任鄂州教授、江西轉運司幹辦，開禧末任吏部架閣。嘉定初除國子正、諸王宮大小學教授，改國子博士，出知興化軍。於嘉定七年（1214）在興化軍刻印時人莆田李俊甫（幼傑）撰《莆陽比事》七卷，爲此書最早刻本。清陸心源《皕宋樓藏書志》卷三十四著錄一明刊本，轉錄林琰跋曰：「僕至郡之三月，李君幼傑來訪，出其書一編，閱之，《莆陽比事綱目》也。其言才千有餘，其事上下千百年間，可法可勸可喜可愕，無所不有。於是嘉其工，歎其勤也。命工就錄全帙，延訪儒生往復訂正，凡逾年而書始成，乃鋟木以傳後。……嘉定甲戌四月下澣玉融林琰書於儒雅堂。」在此，順便糾正一個錯誤。方品光《福建版本資料彙編》將林琰誤爲「林琰書」，乃據林氏跋文「林琰書於儒雅堂」斷句失誤而來。「書」在此乃動詞，書寫之意，而非其名。這個錯誤，在《福建古代刻書》中也可以見到。

林琰乃莆田著名詩人劉克莊的岳父，逝世後，劉克莊爲之撰〈直秘閣林公墓誌銘〉，見載於《後村先生大全集》卷一四九，又撰〈直秘閣林公行狀〉，載於同書卷一六六。其生平，又見於乾隆《福清縣誌》卷十三〈人物志·風概〉。

（四）方壬

方壬（1147～1196 年），字若水，莆田人，方耒（耕道）從弟。淳熙丁未（1187）進士，任長泰主簿。劉克莊《後村居士大全集》卷一五一有其〈墓誌銘〉。

《宋元學案・滄洲諸儒學案》列其爲朱子門人。並載曰：「……淳熙中游太學，往返建安，必造謁朱子。至，必留月餘。擢第漳州長泰簿。時朱子爲守，辟先生主學，條上講說、課試、差補等十事。朱子令諸邑仿之。每見民間疾苦，悉別白爲朱子言之。後朱子召還，出《大學章句》俾刊示學者。」又據朱熹《文集》卷八十二〈書伊川先生與方道輔帖後〉一文，方壬又刻印其所藏伊川程氏與其祖方道輔書帖於家，時在紹熙元年（1190）。

（五）鄭可復

鄭可復，字彥修。仙遊人。嘉定七年（1214）進士，官東陽尉。「縣人喬行簡方處要路，族黨恃勢撓法，可復屹然守正。行簡深器之。官至朝奉郎。性儉樸，無他嗜好，俸餘悉市書籍，手自編校。晚年積至數千卷。嘗修《爾雅》及刊《戴氏禮》。」

（六）劉克莊、劉克永

劉克莊（1187～1269 年），字潛大，號後村居士。莆田人，眞德秀門人。嘉定二年（1209）以蔭補官。寶慶元年（1225）至紹定元年（1228）知建陽縣事。傳見清陸心源《宋史翼》卷二十九、民國《興化府莆田縣誌》卷二十一〈文苑傳〉。

劉克莊與其弟克永在莆田，曾同刊其父劉彌正撰《退齋遺稿》於家塾。自序云：「先君平生爲文最多。……此直先君泰山一毫芒耳。然已失者不可追，僅存者尚可傳耳，時遜、剛二弟皆已逝，乃與季弟克永刻之家塾，以示子孫。」其弟劉克永，字子修，亦博學能詩，「與克莊共爲詩商榷於所謂西齋者二十餘年，克莊自謂不如克永之精。湯伯紀見克永所作，歎曰：『是於詩外用功者』。」傳載民國《福建通志・文苑傳》卷四。

除莆田外，劉克莊還曾先後在番禺、建陽、泉州和臨安等地有刻書。筆者有〈江湖詩人宰建溪〉、〈劉克莊與建陽書坊〉二文，於此有詳細論述，此不贅述。

（七）張　友

張友，毗陵人。嘉熙間（1237～1240）知興化軍，於任上刻印邑人林光朝撰《艾軒集》二十卷。劉克莊〈艾軒集序〉云：「外孫方之泰訪求裒拾，彙爲二十卷，……東陽范侯鎔欲鋟梓，會迫上印，不克。毗陵張侯友乃緒而成之。余二大父實率鄉人以事先生者也。序非通家子弟責乎？敬不敢辭。」又

刻印其祖父戶部尚書張俟齋撰《張尚書集》若干卷，亦劉克莊撰序稱「故戶部尚書俟齋張公蓋當時親擢之一也。公之學授之家庭，又所交皆天下賢俊，而仕當朝廷極盛之時，故其詩沖澹和平，可薦之郊廟。……莆田使君，公之孫也。……既修泮宮，刊《艾軒集》，乃取家集而並傳焉。」張友小傳，載弘治《八閩通志》卷三十九〈名宦志〉。略云：「嘉熙中知興化軍，修學校，割廢刹。田租三百斛以佐學廩，郡人德之。繪其像於學宮祀焉。」

（八）宋　遇

宋遇，眉山人。宋寶祐間（1253～1258 年）任興化知府，刻印宋邑人劉夙、劉朔兄弟二人撰《遺文》十卷《附錄》五卷《史記考異》五卷。劉克莊〈二大父遺文跋〉云：「右二大父《遺文》十卷《附錄》五卷《史記考異》五卷，太守監丞眉山宋公之所刊也。公下車尚賢而崇教。既新三先生祠，復謂某曰：『吾將求君家隆（興）、乾（道）間諫草遺文，使與艾軒之書並行。』……賢太守既自題其編矣，某敬識其傳後。」

（九）林希逸

林希逸（1194～？），字肅翁，號竹溪，又號鬳齋。福清縣人。端平二年（1235）進士，歷官平海軍節度推官、秘書省正字、興化軍知軍。景定四年（1263）司農少卿，終直秘閣、中書舍人。著有《易講》、《春秋正附篇》、《鬳齋三子口義》、《考工記解》、《竹溪十一稿》等書。今存《竹溪鬳齋十一稿續集》三十卷，為明謝氏小草齋抄本，現存國家圖書館。

林希逸於淳祐八年（1248）知興化軍，次年，曾刻印其好友劉克莊撰《後村居士集》前集五十卷於郡齋。他在咸淳六年（1270）為《後村先生大全集》一書作序云：「後村先生以文章名當世，初集本未刊時，四方之士隨所得爭傳錄之，而見者恨未廣也。予戊申（1248）備數守莆，方得前集刊之郡庠，於時紙價倍常。……」據此序，此當為《後村集》的最早刊本。這個刻本，清葉德輝《書林清話》著錄為「莆田郡齋」刻本。張秀民先生《中國印刷史》則著錄為「劉克莊《後村居士集》，林希逸莆田郡齋刻，淳祐九（年），小黑口，大字黃紙十冊。又一部中字小黑口，白紙十六冊。今存。」據張伯行重編本《道南源委》卷二〈林希逸傳〉，林氏「師事陳公藻。藻之學出於林學可；學可出於林謙之，授受有源。……歷知興化軍，首詔學者云：『自南渡後，洛學中微。朱張未起，以經行倡東南，使知聖賢心不在訓詁，皆自莆南夫子始。

初疑漢儒不達性命，洛學大好文辭，使知性與天道不在文章外者，自福清兩夫子始。』因立三先生祠，並錄其文以傳。」另據乾隆《福清縣誌》卷十三〈人物志〉，林氏所錄之文，名《三先生集》。三先生者，其一乃莆田林光朝（1114～1178），字謙之，號艾軒，時號「南夫子」。其集名《艾軒集》，現存最早刻本爲明正德莆田鄭嶽刻本，共九卷，另有附錄一卷。其二爲福清林亦之，字學可，其集名《網山集》，共八卷。其三是福清陳藻，字元潔，號東軒。其集名《樂軒集》，亦爲八卷，現存也是清抄本。數人均爲南宋閩中理學家，其授受源流，已見於上引《道南源委》所言，另別見於黃宗羲《宋元學案·艾軒學案》。

（十）俞　來

俞來，括蒼人。宋淳祐間（1241～1252 年）任興化軍教授，刻印郡人劉彌邵撰《易稿》一書。劉克莊〈季父《易稿》序〉云：「季父《易稿》之所爲作也。初，余爲建陽令，季父訪余縣齋，因質《易》疑於蔡隱伯靜。後二十年而書成，大旨由朱、程以求《周禮》，由《周禮》以求羲文。……季父名彌邵，字壽翁。中歲棄科舉，閉門著書。動必由禮行義。爲鄉先生，家貧，食於學。晚益甚，並學俸卻之。太守眉山楊侯棟、郡博士括蒼俞君來即學，……後楊侯使本道，又論薦於朝，不報，卒年八十二。俞君乃取昔所卻俸爲刊《易稿》，而授簡其猶子克莊序之。」

首倡刊印此書而未果的太守楊棟，字元極，眉州青城人。明弘治《八閩通志》卷三十九有其小傳，載其「淳祐中知軍事。孔子之裔有居涵頭者，棟方建廟辟田，訓其子弟。後歷本路帥漕，入參大政。」俞來事蹟，同一志書卷三十五〈秩官〉僅列其名而已。

（十一）徐直諒

徐直諒，信州上饒人。其父徐元杰，字仁伯，紹定五年（1232）狀元，累官國子祭酒、權中書舍人，拜工部侍郎。曾從學於浦城眞德秀。在朝侃直敢言，不避權貴。其時史嵩之當權，徐元杰攻之甚力。以暴疾而卒，時人皆以爲係權奸毒殺，爲之呼冤者有之。景定二年（1261），徐直諒官興化府時，將其父所著《楳埜集》二十五卷刊行於世。後歷久失傳，清乾隆間修《四庫全書》，館臣從《永樂大典》中輯出，編爲十二卷。見《四庫全書總目》卷一六四著錄。

徐直諒事蹟罕見記載，黃仲昭《八閩通志》卷四十五〈學校志〉涵江書

院條下有以下寥寥數語:「景定四年知軍徐直諒奏請院額,理宗御書『涵江書院』四大字賜之。」其餘志書中,大多均僅列其名而已。

(十二)林元復

林元復,字號未詳。長樂人,唐校書郎、水部郎中林慎思的 14 代孫。宋咸淳九年(1273)在莆田縣學刻印林慎思撰《伸蒙子》三卷。清沈德壽《抱經樓藏書志》卷三十二著錄咸淳九年莆田劉希仁後跋云:「唐水部郎中林虔中著《伸蒙子》三卷,時咸通六年也。……公之孫名元復分教於莆,始鋟梓於泮,人始得而盡見之。」「是書采前世君臣事蹟,設爲問答,以辨治亂之道。書成而筮得蒙之觀,因以號其書曰《伸蒙子》。凡《槐里辨》三篇,《澤國紀》三篇,《時喻》二篇。每篇又各分章,凡四十章。大都憤時湛思,比物馳辨,文驟先秦,意師孟氏。與其所作《續孟子》同一醇正之書也。」

《閩書》卷七十七《英舊志》載林元復爲宋寶祐四年(1256)進士,乃「慎思裔孫」。周中孚《鄭堂讀書記》卷三十六著錄本書,稱林元復係林慎思 14 世孫,其父名永,字茂林。

(十三)王 庚

王庚,字景長,泉州人。景定間(1260～1264)官福清知縣,於景定三年(1262)刻印宋林希逸撰《列子鬳齋口義》二卷。傅增湘《藏園群書經眼錄》卷十著錄云:「宋刊本,半葉九行,每行十八字,注雙行同,細黑口,左右雙欄。版心上記字數,下記刊工人名。……希逸字肅翁,以寶謨直玉局觀,鬳齋其書室也。口義云者,謂其不爲文,雜俚俗而直述之也。據王庚後序,鬳齋撰三子口義,而列子成書最後,脫稿以授庚。此本字體方整而峭厲,是建本正宗,爲庚所刻無疑。」

王庚於咸淳間(1265～1274 年)任興化軍教授,又在興化郡學刊刻宋朱熹撰《周易本義》十二卷和宋眞德秀撰《文章正宗》二十四卷。劉克莊作〈郡學刊《文章正宗》跋〉云:「莆泮他書差備。今郡文學王君謂朱先生《易本義》精於理者也;謂眞先生此書邃於文者也。既刻《本義》,遂及《正宗》,或慮費無所出,君命學職丁南一、鄭岩會學廩,量出入得贏錢六十七萬,而二十四卷者亦畢工。吾里藏書多善本,遊泮多英才。傍考互校,它日莆田當優於廣越矣。世固有親登二先生之門,執經北面,師在則崇飾虛敬,托此身於青雲,師死則捐棄素學,束其書於高閣者。君妙年,前不及朱,後不及眞,而

尊敬二先生之心拳拳如此，豈不甚賢矣哉！」

諸志書均無王庚小傳。乾隆《泉州府志》卷三十三〈選舉志〉載一王庚為惠安人，乾道二年（1166）進士。惠安宋屬泉州，籍貫相合，然時間不對，故知南宋時泉州有二王庚，前後時間相差百年。唐圭章先生編《全宋詞》第四冊第2958頁有「官教授」的王庚《賀新郎·壽蔡久軒參政，癸丑生》一首，乃為慶建陽蔡杭（號久軒，1193～1259年）60壽辰而作。此詞作於寶祐元年（1253），從時間上看，此王庚乃字景長的王庚無疑。

（十四）陳　森

宋寶慶三年（1227），合沙陳森官莆田教官，將郡守樓昉所編《崇文古訣》二十卷刻印於郡學。清丁丙《善本書室藏書志》卷三十八乃據明刊本著錄，故作三十五卷，已非宋刻原帙。丁氏著錄稱，「前有寶慶丁亥延平姚瑤序稱，四明樓公假守莆邦，積其平生苦學之力，紬繹古作，抽其關鍵，以惠後學。廣文陳君鋟梓以傳。」

除以上所錄之外，另據洪邁《容齋隨筆》記載，南宋中葉興化軍學還曾刻印五代王仁裕撰《開元天寶遺事》一卷。洪邁將此書斥為「絕可笑」的「淺妄書」，認為「近歲興化軍學刊《遺事》，南劍州學刊《散錄》，皆可毀」。

三、在外地刻書的莆田人

為何要將在外地刻書的莆田人也在此加以介紹？這是因為見到一些圖書目錄和相關文章往往將這些書籍也歸入莆田刻書的名下，且不加任何說明，這就容易產生以訛傳訛，妨礙對莆田本土刻書業的正確認識和評價。莆田人在外地刻書，雖然與莆田文化的傳播有密切關係，但那是屬於外地刻書的範疇。

（一）方崧卿

方崧卿（1135～1195年），字季申，莆田人。隆興元年（1163）進士，歷官上饒知縣、明州通判、南安知軍、吉州知府和京西轉運判官等職。淳熙十六年（1189）在南安軍，刻印唐韓愈撰《昌黎集》四十卷，以及後人所編的《外集》一卷《附錄》五卷《年譜》一卷《舉正》十卷《外抄》八卷。其中，《年譜》一卷，洪興祖撰；《舉正》十卷，方崧卿撰。宋陳振孫《直齋書錄解題》卷十六著錄云：「莆田方崧卿增考且撰《舉正》以校其同異，而刻之南安軍。

《外集》但據嘉祐蜀本劉煜所錄二十五篇，而附以石刻⋯⋯。」後來朱熹作《韓文考異》，對方本有一基本的評價。他說：「此集今世本多不同，惟近歲南安軍所刊方氏校定本，號爲精善。別有《舉正》十卷，論其所以去取之意，又他本之所無也。」《四庫全書總目》卷一五〇著錄說：「自朱子因崧卿是書作《韓文考異》，盛名所掩，原本遂微。越及元、明，幾希泯滅。此本紙墨精好，內桓字闕筆，避欽宗諱。敦字全書，不避光宗諱。蓋即淳熙舊刻，越五百載而幸存者。殆亦其精神刻苦，足以自傳，故若有呵護其間，非人力所能抑遏歟？」由此可知，此本在乾隆年間尚存，其後亡佚，僅方氏所撰《舉正》十卷，今臺灣中央圖書館存影抄宋淳熙刻本（有《外集舉正》一卷《敘錄》一卷）。民國《興化府莆田縣誌》卷二十四本傳載：「崧卿自治嚴，接人和。所得祿賜半爲抄書之費。家藏書四萬卷，皆手自校讎。嘗校正《韓昌黎文集》，又譜其經行次第爲《韓詩編年》，凡十五卷，刻南安郡齋。」

另據宋趙希弁《郡齋讀書附志》載，方崧卿又曾刊宋歐陽修《歐陽公集古錄跋尾》六卷《拾遺》一卷。著錄云：「右周益公跋，方崧卿所刊。雖非石刻，亦眞蹟也，故附於法帖之後。」

萬曆《重修南安府志》卷十七〈宦績志〉載：「方崧卿，字季申。莆田人，進士。判昭（明）州，擢知軍。廉勤平易。嘗校正《昌黎文集》，及譜其經行次第，爲《韓詩編年》十五卷。又與教授許開修《南安軍志》十卷《拾遺》一卷，俱刊。」另據明何喬遠《閩書》卷一〇六本傳，方氏南安軍任滿後，移知吉州，「作六一堂祀歐陽文忠，搜遺墨八卷刻其中。」此即趙希弁錄《歐陽公集古錄跋尾》一書的刊刻地點，卷帙當以趙錄爲准。

（二）黃 沃

黃沃，字號未詳，莆田人。紹興八年（1138）狀元黃公度之子，唐御史黃滔之九世孫。曾歷官永豐知縣、邵州知府。淳熙三年（1176）官永豐時，搜集、整理其祖黃滔之逸作，請楊萬里作序。慶元二年（1196）知邵州，將此書刊行於世，請洪邁爲序。此即《四庫全書總目》卷一五一所著錄的《黃御史集》十卷附錄一卷。略云：「此本卷首有楊萬里及謝諤序。萬里序謂滔裔孫永豐君自言此集久逸，其父考功公始得之，僅四卷而已。其後永豐君又得詩文五卷於呂夏卿家。⋯⋯編爲十卷。是爲淳熙初刻。」但此淳熙初刻，據萬曼《唐集敘錄・黃御史集》考證，刊刻者並非黃沃，而是永豐二曾（曾時傑、曾希說）。黃沃刊本，則刻印於慶元二年（1196）黃氏官邵州知府之時。與此

書同時行世的，還有其父黃公度撰《知稼翁集》十一卷。此即《四庫全書總目》卷一五八所說「《書錄解題》載《公度集》十一卷。卷端洪邁序稱公度既沒，其嗣子知邵州沃收拾手澤，彙次爲十有一卷。卷末載有沃跋，亦稱故筍所存，塗乙之餘，才十一卷，均與陳氏所載合。」但不知爲什麼，遍查陳振孫原書，卻並無四庫館臣所說的《公度集》之著錄，考館臣據以著錄的底本是明天啓四年（1624）裔孫黃崇翰所刊二卷本，而此本卷首，恰恰就有洪邁慶元二年序。方知館臣之誤，有捨近求遠、騎驢找馬之嫌。

黃沃事蹟，民國《興化府莆田縣誌》卷十四〈選舉志〉中記云：「以父公度蔭知邵州，著有《澹齋漫稿》。」

（三）黃汝嘉

黃汝嘉，字號未詳，莆田人。淳熙五年（1178）進士，慶元間（1195～1200年）爲豫章郡學教授，刻印圖書甚多，其中最有名的是叢刻本《江西詩派》本，刊行於慶元五年，所存有二。一爲宋呂本中《東萊先生詩集》二十卷《外集》三卷，國家圖書館有殘帙六卷。著錄爲「宋慶元五年黃汝嘉刻江西詩派本。十行二十字，白口，左右雙邊。」傅增湘《藏園群書題記》有跋。二爲宋饒節撰《倚松老人詩集》二卷，王文進《文祿堂訪書記》卷四著錄。今上海圖書館存卷二殘頁，末有「慶元己未校官黃汝嘉重刊」一行。有袁克文題詩題識並跋，李盛鐸、傅增湘跋。見於著錄的有宋黃庭堅撰《山谷別集》二卷，宋陳振孫《直齋書錄解題》卷二十著錄云：「別集者，慶元中莆田黃汝嘉增刻。」慶元五年（1199），刻印宋晁沖之撰《貝茨晁先生詩集》一卷，清瞿氏《鐵琴銅劍樓藏書目錄》卷二十著錄明重刊宋本云：「卷末有『慶元己未校官黃汝嘉刊』一行，詩凡一百六十七首。」同年刻印宋晁說之撰《晁氏儒言》一卷，清陸心源《皕宋樓藏書志》卷三十九著錄；同年又刊宋晁迥撰《道院集要》三卷，《增訂四庫簡明目錄標注》卷十四著錄。同年又修補重印宋胡安國撰《春秋傳》三十卷，王文進《文祿堂訪書記》卷一著錄慶元己未（1199）莆田黃汝嘉修補劉珙刻本識語云：「右文定胡公《春秋傳》三十卷，發明經旨，當與三家並行。乾道四年忠肅劉公出鎮豫章（按，指劉珙出任江西安撫使），鋟木郡齋，以惠後學，歲久磨滅，讀者病之。汝嘉備員公教，輒請歸於學官（宮），命工刊修。會公之曾孫絳庀職民曹，因以家傳舊稿重加是正，始爲善本，工迄造成，識歲月於卷末。」今北京大學圖書館有乾道四年（1168）刻慶元五年黃汝嘉修補本。

黃汝嘉的生平，一向罕見記載，今檢《閩書》，僅得其零星事蹟如下。黃汝嘉是淳熙五年（1178）進士；其祖父黃亨，宣和六年（1124）進士；亨叔黃靜，政和二年（1112）進士，是唐御史黃滔的七世孫。以此推之，黃汝嘉是黃滔的十世孫。故在明崇禎黃鳴喬刻本唐黃滔撰《唐黃御史集·凡例》中說：「是集久逸，八世孫考功公度舊藏稿釐爲十卷，名曰《東家編略》。十世孫通判汝嘉，復於東平呂家得賦二十，詩一百五十九，文九。」文中所言的通判，據民國《興化府莆田縣誌》卷十二〈選舉志〉載，指的是黃汝嘉曾歷官廣州通判。

（四）鄭　寅

鄭寅，字子敬，鄭僑子，鄭樵從孫，莆田人。據宋趙希弁《郡齋讀書附志》卷五上著錄，鄭寅曾在廬陵刻印宋呂本中撰《東萊呂紫微雜說》一卷《師友雜說》一卷《詩話》一卷。另據宋陳振孫《直齋書錄解題》卷十八著錄，鄭寅官吉州守時，又刻印宋周必大撰《周益公集》二百卷《年譜》一卷《附錄》一卷。略云：「鄭子敬守吉，募工人印得之。余在莆田借錄爲全書，然猶漫其數十處。」

鄭寅是宋代閩中著名的藏書家，據家藏圖書撰有《鄭氏書目》七卷。陳振孫官莆田，曾過錄其藏書。鄭寅又著有《中興綸言集》二十八卷。陳振孫稱其「靖重博洽，藏書數萬卷。於本朝典故尤熟。」其事蹟，見載於弘治《八閩通志》卷七十一、《閩書》卷七十八〈英舊志〉，以及民國《興化府莆田縣誌》卷十七〈人物志〉。

《宋元學案·玉山學案》載鄭氏小傳曰：「鄭寅字子敬，忠惠（鄭僑諡號）子也。累官知吉州，召對，以言濟王冤狀忤權臣，黜。端平初，召爲左司郎兼權樞密副都，承旨首請爲濟王立廟，又力陳三邊無備，宿患未除。正紀綱，抑僥倖，裁濫賞，汰冗兵，以張國勢。出知漳州，進直寶章閣。先生博習典故，得其外王（祖）父玉山之傳。李燔、陳宓皆重之。」

（五）許興裔

許興裔，字號未詳，莆田人。嘉定十四年（1221）任嚴陵（今屬浙江）知府，刻印宋趙彥肅撰《復齋易說》六卷。清于敏中等撰《天祿琳琅書目》卷四著錄：「宋趙彥肅撰。六卷。前載彥肅行實，後宋喻仲可、許興裔二跋。……」書後彥肅門人喻仲可跋云：「公卒後二十有六年，郡太守許公取是書刊焉。」又許興裔跋云：「余假守嚴陵，屬喻君校勘，刊置公之祠堂，與志學者共之。」

跋後紀年爲嘉定辛巳，按辛巳係宋寧宗十四年。

（六）方之泰

方之泰，字嚴仲。莆田人，方壬之孫。紹定五年（1232）進士。「歷英德府教授，用中州法課試，陋士變習。方大琮爲閩漕，辟幕府，與洪天錫、徐明叔號稱幕中三賢。遷知長溪縣，以邑前輩楊楫、楊復及師儒黃幹並祠。汰庠序冗職，增弟子員，蠲民間取例錢。終袁州通判。」

方之泰曾在鄱陽刻印其外祖林光朝撰《艾軒集》二十卷，其舅父劉克莊爲序，見《四庫全書總目》卷一五九著錄。另據邵氏《增訂四簡明目錄標注》卷十六，此本刊刻年代爲淳祐十年（1250）。

（七）謝升賢

謝升賢，字景芳。仙遊人。端平二年（1235）進士，「官至循州興寧令。所著《中庸大學解》，刻於廉泉書院。」

明何喬遠《閩書》卷一一三載：「謝升賢，字景芳。少篤義理之學。舉進士，官至興寧令。所著有《太極西銘說》、《易通》、《庸學語孟解》，大意皆推本朱文公之書。」

除上述之書外，南宋莆田還曾刻印從莆田遷居吳縣的方惟深撰《方秘校集》十卷，見載於陳振孫《直齋書錄解題》卷二十著錄，具體刊刻者不明。

四、對兩宋莆田刻書的幾點基本認識

以上對兩宋莆田的 17 位官私刻書家，以及 7 位莆田籍人士在外地所刊刻之書，刻本的存佚，刻書家的生平等基本情況作了較爲詳盡的分析和考證。其中 17 位在莆田刻書的刻書家中，有蔡襄、蔡洸、方壬、鄭可復、劉克莊、劉克永 6 位是屬於本地人，可歸入私家刻書的範疇；其餘 10 人是外地人在莆田擔任官職，可歸入莆田官府刻書之列。由於資料搜集方面的局限，對兩宋時期莆田刻書史料的掌握可能還會有少量遺漏之處。根據筆者所掌握的資料來看，在此前宋代莆田刻書的研究成果中，存在以下突出的幾個問題。

一是分不清目錄學與版本學的區別，將古人的圖書目錄與刻書目錄混爲一談。其典型事例是將新舊《唐書·藝文志》中的若干種莆田的人著作，如《霧居子》、《閩山名士傳》、《泉山秀句》等均作爲「知見的唐五代刻本」收入。殊不知，《唐書·藝文志》所列只是一個簡單的書名，其所據以著錄的底本並非只

是刻本，也有可能是抄本，以此作爲刻書的依據，可以說是極不可靠。而將此作爲莆田從「唐末五代起，開始有雕版印刷」的依據，則更是匪夷所思。

二是分不清莆田人刻書與莆田人在外地刻書的區別，將二者混爲一談。

如黃汝嘉主持刻書雖多，但均在其任豫章郡學教授之時，所刻書爲江西本，而非莆田本。方品光《福建版本資料彙編》（第 4 頁）將黃汝嘉在江西所刊《春秋傳》、《晁氏儒言》、《山谷別集》、《倚松老人詩集》、《東萊先生詩集》、《貝茨晁先生詩集》全部誤爲莆田刻本。謝水順《福建古代刻書》（第 158 頁）也說：「《東萊先生詩集》二十卷，宋呂本中撰，乾道二年刻於吳郡，黃汝嘉於慶元五年重刻於莆中，北京圖書館存有殘本六卷。」方之泰於淳祐十年刻印於鄱陽的《艾軒集》，陳豪〈試論莆田古代刻書業〉也將其列爲莆田刻本。方崧卿所刻書均在南安軍，已如上文所揭，《福建古代刻書》（第 153 頁）竟將其誤爲泉州南安，殊不知泉州只有南安縣，而南安軍則在江西。

許興裔刻印《復齋易說》，是在他擔任嚴陵郡守之時，已見於上文所引清于敏中等撰《天祿琳琅書目》卷四中的著錄。而方品光《福建版本資料彙編》（第 18 頁）據清丁丙《善本書室藏書志》卷一中的著錄：「朱子寓書嘉其用意精密，而嘉定辛巳門人喻仲可識以傳之。郡守莆陽許興裔刊而跋之。」並據「莆陽爲莆田舊稱」，從而斷定此書爲莆田許興裔刻本。《福建古代刻書》也據此說：「宋嘉定十四年（1221），莆陽（莆陽爲莆田舊稱）許興裔刻宋趙彥肅《復齋易說》六卷。」（158 頁）其實，丁氏在此據說的「莆陽」乃許氏的籍貫，而非此書的刊刻地點，「郡守」才是辨析此書刊行地的關鍵，因其時，許氏是本書作者趙彥肅的家鄉嚴陵的郡守，刊刻此書，乃爲表彰當地名賢，使其著作得以流傳，將此外地刻本列入莆田刻本，真不知從何說起！

還有將泉州刻本誤爲莆田刻本的。如紹興二十七年（1157）狀元王十朋（1112～1171 年，字龜齡）於乾道四年（1168）知泉州，次年曾將先賢蔡襄撰《蔡忠惠集》三十六卷刻版印行。陳振孫《直齋書錄解題》卷十七著錄此書云：「端明殿學士忠惠蔡襄君謨撰。近世始刻於泉州，王十朋龜齡爲之序。」《四庫全書總目》卷一五二則稱：「乾道四年王十朋出知泉州，已求其本而不得。後屬知興化軍鍾離松訪得其書，重編爲三十六卷，與教授校正鋟板，乃復行於世。」王十朋自序云：「乾道四年冬，得郡溫陵，道出莆田，望公故居，徘徊顧歎而不忍去。……求其遺文，則郡與學皆無之，可謂缺典矣！於是移書興化守鍾離君松、傅君自得，訪於故家，而得其善本。教授蔣君雕，與公

同邑而深慕其為人，手校正之，鋟板於郡庠。」

與王十朋合刻此書的泉州教授蔣雝，字元肅，仙遊人。紹興二十一年（1151）進士。泉州教授之後，又歷官江陰知軍、通州知府。生平事蹟見載於明何喬遠《閩書》卷一一三、乾隆《泉州府志》卷二十九〈名宦〉、民國《福建通志‧文苑傳》卷四。清張伯行重編本《道南源委》卷二載其「援筆數千言，與林謙之輩十人，稱莆陽十先生，又稱南夫子。教授泉州，常（嘗）撰《時政十議》，王十朋見而歎曰：『經世之文也。』著有《樸齋文稿》。」以上史料，可以肯定，蔣氏乃泉州州學教授，而非興化軍教授，所刻之書理所當然地是泉州刻本而非莆田刻本。奇怪的是，方氏《彙編》和《福建古代刻書》均毫無例外地將此誤錄為「南宋乾道四年（1168 年）興化軍教授蔣雝刻宋蔡襄《蔡忠惠集》三十六卷。」上文所引四庫館臣與王十朋所說的「興化軍」或「興化守」是指通過興化知軍鍾離松的尋訪，得到此書底本而言，而下文的「教授」云云，說的已是泉州州學教授，這在行文中，表述的本來是很明白的，不知為何居然能產生這樣的誤解。

三是毫無根據地強說。如迄今未見宋代莆田書坊刻書方面的史料，但陳豪〈試論莆田古代刻書業〉卻說：「《復齋易說》、《蔡忠惠公集》、《莆陽比事》、《春秋傳》、《仲（仲）蒙了》和《方秘校集》等，都是宋代莆田書坊刻印的書籍。」在此文中，他還引用朱維幹先生《福建史稿》所說：「福建刻書之地頗多，例如：蔡襄在莆，刻《荔枝譜》及《荔枝故事》，見於《直齋書錄解題》卷十。這是家刻。興化軍刻行《開元天寶遺事》，容齋洪氏以為淺妄之書，這是官刻。」本來，朱維幹先生在此實際上已經把宋代莆田刻書的基本特點作了概括，即其時莆田刻書以官刻和家刻為主。但本文作者感到朱先生在此不談坊刻，於是又說：「《周益公集》亦是宋末鄭寅在城內書倉刻印的；還有《復齋易說》、《蔡忠惠公集》……等，都是宋代莆田書坊刻印的書籍。」鄭寅刻印《周益公集》是在其官吉州之時，已見上文所引《直齋書錄解題》卷十八著錄：「鄭子敬守吉，募工人印得之。」下文所說「余在莆借錄為全書，然猶漫其數十處。」是說他曾在莆田鄭氏後人中借錄鄭氏的吉州刻本。刻於莆田城內書倉之說，不知出處何在？《復齋易說》、《蔡忠惠公集》，一為嚴陵刻本，一為泉州刻本，上文已辨之，陳文又在方氏《彙編》、謝氏《福建古代刻書》將外地刻本誤為莆田刻本的基礎上「更進一步」，發展為「莆田坊刻」，在此不禁要問，有何文獻依據？

　　筆者之所以不惜筆墨，將宋代莆田的十幾位刻書家一一列出，並對其生平和刻書事蹟詳加辨析，其目的在於對以上有關莆田刻書的諸多謬誤予以糾正，以免以訛傳訛。這不是筆者杞人憂天，而是確確實實存在的現象。比如，近年新出版的《福建書業史》，以及《福建省志‧出版志》（徵求意見稿），對上述謬誤之處幾乎也是全盤吸收。

　　通過以上對宋代莆田刻書的考述和辨析，我的結論是，宋代莆田的刻書業，以官刻為主，私家刻書輔之，書坊刻書業，則幾乎沒有史料記載，也就談不上如《福建古代刻書》所說「繁榮時期」，更談不上如陳豪所說的「宋代莆田已經成為福建刻書的中心之一」。與同樣有「文獻名邦」美譽的建陽相比，宋代莆田的「文獻名邦」之「名」主要表現為藏書名家眾多，而不是表現在刻書業的繁榮上，這是我從以上史料出發得出來的結論。有不妥之處，希望得到方家的指正。

南宋泉州官私刻書考述

　　在中國刻書史上，南宋時期的福建刻書佔有極其重要的地位。以刻本性質而言，建陽的坊刻，福州、泉州、莆田、漳州等地的官刻和私家刻書，共同構成了其時福建刻書的繁榮局面。

　　由於宋元時期泉州作為對外貿易的重要港口，人口集中，商業繁榮，表現在刻書業上，就是其刻書規模和數量反而不如閩北建陽這樣的山區縣。為什麼會出現這種現象？這是因為，圖書的生產以原材料（木料、紙墨等）為主，原材料豐富、價廉之處往往就是書坊雲集之地，建陽就是這樣的地方。而泉州其時作為國際大都市，其圖書貿易則遠較建陽為勝。也就是說，建陽等地生產的圖書，有很大一部分是從泉州銷往海外的。這一特點，表現在刻書業上，就是泉州的坊刻並不發達。我們今天所能知道的南宋泉州書坊刻書堂號，僅有「泉州提舉市舶司東吳阿老書籍鋪」一家，傳世的刻本只是一部被傅增湘先生稱為假冒「泉州提舉市舶司東吳阿老書籍印」的《王狀元集百家注分類東坡先生詩》。書坊刻書，要以與其沒有多大關係的「泉州提舉市舶司」來標榜，說明其時的泉州書坊並不發達，基本上還處於對官府的依附階段。

　　著名的中國印刷史專家張秀民先生對泉州刻書有一評價，認為南宋時期的泉州刻書「為諸州冠也。」這個評價與上文所說是否不太一致？其實，張秀民先生是從南宋時期泉州的官刻這一角度而言的，而筆者則是從坊刻這一角度作此結論的，二者並不矛盾。也就是說，使泉州成為南宋刻書「諸州之冠」的，應歸功於其時在泉州任職的地方官員，他們刻印的圖書，有的是官刻本，有的是私家刻本而不是坊刻本。其刻本性質，究竟是官刻本還是私刻本，必須從資金所出是官帑還是私資來加以判斷，不可一概而論，而將其都

歸之於官刻之列。

由於此前對泉州刻書的研究的成果不多，所見者大多只是停留在對泉州古代一部分刻書目錄的初步整理上，筆者認爲，一切學術觀點和歷史結論，都必須從原始的歷史資料中歸納和總結出來，也必須與歷史資料相吻合，而不是相反，有見於此，故筆者撰此文，將南宋時期泉州的官私刻本，以刊刻者爲基本線索，逐一加以分析和考述如下，以期對南宋時期的泉州刻書有一相對比較準確的認識和把握。

（一）韓仲通

韓仲通，字號里籍未詳。南宋紹興間，曾歷官明州知州、建康府知府等職。乾道元年（1165）知泉州，次年（1166）刻印宋孔傳輯《孔氏六帖》三十卷於府學。後人著錄爲「泉南郡齋刻本」，版式爲半葉十二行，行十八、九字，小字二十八字，白口，左右雙邊。今國家圖書館僅存原刊本一卷、臺北故宮博物院存不全本二十九卷。兩處相加，正爲一部完書。

在政治上，韓仲通阿附秦檜，陷害忠良，毫無可取。宋李心傳《建炎以來繫年要錄》卷一八八、《宋史》卷三八三〈陳俊卿傳〉均載：（紹興三十一年三月）「庚子，殿中侍御史陳俊卿言：『敷文閣直學士知建康府韓仲通起於法家，專務刻薄。頃歲周旋刑寺十餘年，阿附故相，以三尺濟其喜怒。起大獄，殺無辜不可勝計。故相之亡，偶以憂去，因得漏網。湯思退秉政，以其出於秦氏之門，特引援之。其在建康，以公庫饋遺，旁午秦門，殆無虛日。』……詔仲通落職放罷。」據此，韓仲通知泉州，是在此次放罷數年後，又東山再起之時。

（二）王十朋、蔣雕

王十朋（1112～1171 年），字龜齡，號梅溪。宋溫州樂清人。紹興二十七年（1157）狀元。《宋史》有傳。乾道四年（1168）知泉州，「下車會七邑令飲，作一絕云：『九重天子愛民深，令尹宜懷惻隱心。今日黃堂一杯酒，使君端爲庶民斟。』於是割俸錢創貢闈，布上恩恤民。隱士之賢者詣門，以禮致之。朔望會諸生學宮講經。修姜公輔之墓，立秦系之祠，復韓琦忠獻、蔡襄安靜二堂。僚屬間有不善，反復告誡，使之自新。……去之日老穉攀留越境以送，思之如父母焉。後以龍圖閣直學士致仕，州人建梅溪祠祀之。朱熹稱十朋疏暢洞達，如青天白日磊落君子也。」

王十朋在泉州，曾將先賢蔡襄撰《蔡忠惠集》三十六卷刻版印行，時在

乾道五年（1169）。陳振孫《直齋書錄解題》卷十七著錄此書云：「端明殿學士忠惠蔡襄君謨撰。近世始刻於泉州，王十朋龜齡為之序。余嘗官莆，至其居，去城三里，荔子號玉堂紅者，正在其處。」《四庫全書總目》卷一五二則稱：「乾道四年王十朋出知泉州，已求其本而不得。後屬知興化軍鍾離松訪得其書，重編為三十六卷，與教授蔣雕校正鋟板，乃復行於世。」王十朋自序云：「乾道四年冬，得郡溫陵，道出莆田，望公故居，徘徊顧歎而不忍去。……求其遺文，則郡與學皆無之，可謂缺典矣！於是移書興化守鍾離君松、傅君自得，訪於故家，而得其善本。教授蔣君雕，與公同邑而深慕其為人，手校正之，鋟板於郡庠。得古律詩三百七十、奏議六十四、雜文五百八十四，而以〈四賢一不肖詩〉置諸卷首，與奏議之切直舊所不載者悉編之，比他集為全。」按，王十朋、蔣雕原刻本今已不存，今國家圖書館存一南宋刻本，乃據其本重刊，為此書現存的最早刻木。

與王十朋合刻此書的泉州教授蔣雕，字元肅，仙遊人。紹興二十一年（1151）進士。泉州教授之後，又歷官江陰知軍、通州知府。生平事蹟見載於明何喬遠《閩書》卷一一三、乾隆《泉州府志》卷二十九〈名宦〉、民國《福建通志・文苑傳》卷四。明朱衡《道南源委》卷二載其「援筆數千言，與林謙之輩十人，稱莆陽十先生，又稱南夫子。教授泉州，常（嘗）撰《時政十議》，王十朋見而歎曰：『經世之文也。』著有《樸齋文稿》。」

（三）彭椿年、陳應行

彭椿年，字大老，黃岩人。紹興二十七年（1157）進士。淳熙間任泉州市舶司提舉。陳應行，字季陵，建安縣人。淳熙二年（1175）進士，七年（1180）任泉州州學教授。二人於淳熙八年（1181）在泉州州學合作刻印宋程大昌撰《禹貢論》二卷《後論》一卷《山川地理圖》二卷，國家圖書館存原刊本。張秀民先生〈南宋刻書地域考〉云：「彭椿年、陳應行刻程大昌《禹貢論》、《後論》、《禹貢山川地理圖》（淳八）於郡齋，至出公帑十五萬以佐其費，可見泉郡之富足，宜其刻書為諸州冠也。」

同年，陳應行又刻印宋程大昌撰《演繁錄》十六卷、《續演繁錄》六卷。清沈德壽《抱經樓藏書志》卷四十二載陳應行刊版跋云：「應行庚子夏分教溫陵，始得其禹貢圖論……久之，乃出其所錄二書曰《考古編》、曰《演繁露》，乃密請以歸，披讀展玩，曠若發蒙。始歎曰：人之有不決者，得其書，豈不大有開明乎？即亟命繕寫，鋟木以傳，與天下之疑者為蓍龜，亦一快也。淳

熙辛丑季秋朔日迪功郎充泉州州學教授陳應行謹跋。」九年（1182）刻印宋司馬光撰《潛虛》一卷、宋張敦實撰《潛虛發微論》一卷。錢曾《讀書敏求記》卷三著錄云：「淳熙中，陳應行苦此書建陽書肆本脫略不可讀，邵武本羨詞多闕。從文正公曾孫得家藏稿本，附以張氏《發微論》校刊之，洵稱完善矣。」張鈞衡《適園藏書志》卷七錄陳應行刊跋云：「司馬文正公《潛虛》，應行嘗恨建陽書肆所刊脫略至多，幾不可讀。……親得公家傳善本，羨辭悉備，復以張氏《發微論》附之……應行再拜以請曰：『願廣其傳以惠學者。』公曰：『是吾志也。』遂以邵武舊本參稽互考，刻之郡庠，使人人得見全書，抑何幸耶？淳熙壬寅孟冬朔日迪功郎充泉州州學教授陳應行謹跋。」以上幾種刻本均刊刻於泉州州學。前二書的作者程大昌，字泰之，休寧人。紹興中試館職為秘書省正字，歷官權吏部尚書。淳熙七年（1180）知泉州，有惠政，府志列入名宦。朱熹〈答程泰之（大昌）書二〉云：「熹昨聞禹貢之書，已有奏篇，轉借累年，乃得其全，猶恨繪事易差，間有難考究處。近乃得溫陵印本，披圖按說，如指諸掌，幸甚幸甚！」所言「溫陵印本」即陳應行泉州刻本。

彭椿年之名，見載於乾隆《泉州府志》卷二十六〈職官志〉「提舉市舶司」條下。萬曆《黃岩縣誌》卷六〈人物志下〉載，彭椿年初授蘄春知縣，復任國子監主簿，遷樞密院編修。後「歷知處州、太常丞、吏部郎中，再領成均。黜浮崇雅，文風一變。以秘閣修撰致仕，賜三品服，除右文殿修撰。有雜稿藏於家。」傳中唯獨缺其在泉州的宦績，可知他在泉州的任職時間不長，此應為其後的幾種刻本均為陳應行刊行，而不是兩人繼續合作的原因。

陳應行的生平，泉州與建安的志書上均無傳，宋陳振孫《直齋書錄解題》卷十四載其所編有《杜詩六帖》十八卷。著錄云：「建安陳應行季陵撰。用白氏門類編類杜詩語。」知其字季陵，曾以白居易所編《白氏六帖》的體例編纂杜詩。民國《建甌縣誌》卷十〈選舉志〉載：「陳應行，特奏名。是年（淳熙二年）進士。」

（四）胡大正

胡大正，字伯誠，崇安人，名儒胡宏之子，胡寅從子。淳熙九年（1182）官泉州通判，於泉州中和堂刻印宋胡寅撰《讀史管見》八十卷，為此書第一刻本。清陸心源《儀顧堂題跋》卷五著錄：「每葉二十四行，行廿二字，版心有字數。據大正序，淳熙以前無刊本，至大正官溫陵始刊於州治之中和堂，乃此書之初刊本也。」

嘉靖《建寧府志・選舉志》載：「胡大正，字伯誠。乃季父郊恩補官。再調南康軍司法。史浩、劉珙薦其賢明清介，改秩僉判泉州。劇賊逼漳州甚急，泉爲鄰郡。忽近郊有荷斧者四五十人，兵捕以聞。時郡政尚勇決，同幕希意請肆諸城下，大正不肯。書牘曰：『賊欲破城，乃無戎裝、攻具、長兵耶？』詢之，果采山菌者，皆釋之。崇安人。」乾隆《泉州府志・胡大正傳》所載與此略同。

此書撰者胡寅（1099～1157年），字明仲，號致堂，胡安國長子，宣和三年（1121）進士，官至禮部侍郎。《宋史》有傳。此書成於南宋紹興二十五年（1155）。「乃其謫居之時讀司馬光《資治通鑑》而作。」

（五）司馬伋

司馬伋，字季思。本司馬光族人，因司馬光無後，建炎間以其族人爲曾孫，司馬伋入選。紹興十五年（1145）任浙東安撫司幹辦，見載於《建炎以來繫年要錄》卷一四五。紹興末，曾任括蒼通判。陸游《老學庵筆記》卷八載：「紹興末，謝景思守括蒼，司馬季思佐之，皆名伋。劉季高以書與景思曰：『公作守，司馬九作倅。想郡事皆如律令也。』聞者絕倒。」洪邁《容齋隨筆》卷四又載其於乾道九年（1173）歷廣州知府。

淳熙十年（1183），司馬伋歷官泉州知府，在任上曾以宋紹興二年劉嶠刻本爲底本，重刊宋司馬光文集，題爲《司馬太師溫國文正公傳家集》八十卷。此書刻印於泉州公使庫，故通常均著錄爲泉州公使庫刻本。黃丕烈《士禮居藏書題跋記》卷五著錄云：「及觀周香嚴所藏舊鈔本，亦爲卷八十，而標題則曰：『司馬太師溫國文正公傳家集』，卷末有『泉州公使庫印書局淳熙十年內印造到』云云。又有嘉定甲申金華應謙之、並有門生文林郎差充武岡軍軍學教授陳冠兩跋，皆云公裔孫出泉本重刊，是《傳家》又（有）重刊本矣。」

民國《福建通志・金石志》卷十有「司馬伋等九日山題名」、「司馬伋蓮華峰題名」摩崖石刻兩則，地點均在南安縣，均題爲郡守司馬伋，由此可知司馬伋任泉州「郡守」的準確時間，正與刊刻此集的時間吻合。

（六）李大有

李大有，字景溫，邵武人。李綱之孫。慶元五年（1199）進士。嘉定二年（1209）官福建路提舉市舶司幹辦時，刻印其祖撰《梁溪先生集》八十卷。因市舶司在泉州，故此本爲泉州刊本，也是此書的第一刊本。

李綱作爲南北兩宋之際積極領導抗金的著名大臣，在其逝世後的六十多

年中，其文集居然一直沒有問世，其子孫自然心急如焚。李大有在此刊本的跋語中，就通過敘述本書的編刻過程表達了這樣一種心情。他說：「大父生平有作，皆楷筆屬稿，書問亦然。……顧薨謝距今七十載，獨子孫寶藏，外無傳者，它文或有可諉，此書則實與國史相表裏，其可不廣諸世以圖不朽哉！淳熙末年，先子常（嘗）繕寫投進，並高宗爲元帥時所賜大父手書墨本。孝宗嘉歎，亟命宣索宸翰眞蹟。……然在廣內所儲，不到人間也。先子方隱居，每恨無力刊行大父遺文，而於此書尤切。大有欽承遺旨，食口痛心。充員瞳幪，適帑藏室匱，兩膚使先後極口口盟，鳩工鋟木，太守今春宮章公尙書、郡口口口趙德甫皆助其費，而尙書章公又幸口口爲之跋，以垂信增重於天下。經營涉歲，工始告成，久閟而傳，非偶然也。……嘉定二年五月既望，孫修職郎差充福建路提舉市舶司幹辦公事大有謹書。」助資李大有並爲此書作跋的章公是時任泉州知府的章穎，和時任推官的趙德甫。表明此書並非動用官帑的官刻本，而是敬仰李綱的官員們集資而成的私刻本。

《三山志》卷三十一〈人物類六〉載：「李大有，字景溫，綱之孫，夔之曾孫，經之姪孫，終奉議郎。」

（七）陳宓

陳宓，字師夏，莆田人，丞相陳俊卿四子。少與其兄守、定同學於朱熹。長，又從黃榦遊。《宋元學案·滄洲諸儒學案》、《考亭淵源錄》均列爲朱子門人。陳宓以父蔭監泉州南安鹽稅，歷知安溪、南康軍，與諸生講論於白鹿洞書院。改知南劍州，建延平書院，仿白鹿洞規以教諸生。著有《論語注義問答》、《續資治通鑑》、《唐史贅疣》諸書。傳見《宋史》卷四〇八。

乾隆《安溪縣誌》卷十《古蹟》載：「印書局，在縣治琴堂之右。（舊）志載：陳宓刊《司馬溫公書儀》、《唐人詩選》……等書。今廢。」

據該志卷五〈職官志〉，陳宓任安溪知縣，是在嘉定三年（1210）。

（八）楊楫

楊楫（1142～1213年），字通老，號悅堂，長溪人。理學家朱熹門人。歷官莆田尉、司農寺簿，除國子博士，後出任湖南提刑、江西運判，有《悅堂文集》。傳載《道南源委》卷二。

楊楫於嘉定四年（1211）在同安郡齋刻印宋朱熹撰《楚辭集注》一書。今尙存《辯證》二卷，原爲傅增湘氏所珍藏，現存臺灣中央圖書館。被傅氏

譽為「字體勁秀，是閩版之最佳者。」傅氏《藏園群書經眼錄》卷十二錄楊
楫刊跋云：「慶元乙卯楫自長溪往侍先生於考亭之精舍，時朝廷治黨人方急，
丞相趙公謫死於道，先生憂時之意屢形於色。忽一日出示學者以所釋《楚辭》
一編，楫退而思之，先生平居教學者首以《大學》、《語》、《孟》、《中庸》四
書，次而六經，又次而史傳，至於秦漢以後詞章特餘論及之耳，乃獨為《楚
辭》解釋，其義何也？然先生終不言，楫輩亦不敢竊有請焉。歲在己巳，忝
屬冑監，與先生嗣子將作簿同朝，因得錄而藏之。今以屬廣文游君參校而刊
於同安郡齋。嘉定四年七月朔日，門人長樂楊楫謹述。」

（九）周 肂

周肂，字德輔，上饒弋陽人。宋嘉定九年（1216）任安溪知縣。乾隆《安
溪縣誌·宦績志》載：「蒞官政教兼舉。當時以肂與趙彥侯皆繼陳宓而治，為
立祠並祀焉。」

又據該志卷十〈古蹟〉載：「印書局，在縣治琴堂之右。（舊）志載：『陳
宓刊《司馬溫公書儀》、《唐人詩選》；周肂刊《西山仁政類編》、《安溪縣誌》、
《竹溪先生奏議》、《庚戌旱厝封事集錄》、《宋書》、《後村先生江西詩選》、《張
忠獻、陳復齋修禊序》、《文房四友》、《王歐書訣》等書。』今廢。」

（十）真德秀

真德秀（1178～1235年），字實夫，改字景元、希元，號西山，建寧府浦
城縣人。慶元五年（1199）進士。歷官江東轉運副使，知泉州、福州、潭州，
禮部侍郎、參知政事等。師事詹體仁，為朱熹再傳。學術上，被譽為「西山
之望直繼晦翁」。慶元黨禁後，為朱學的復盛出力尤多。著有《四書集編》、《大
學衍義》、《西山文集》等。傳見《宋史》卷四三七。

據宋趙希弁《郡齋讀書附志》卷五上，真德秀在泉州刻印朱熹撰《資治
通鑑綱目》五十九卷《序例》一卷。乃「真德秀刻於泉南，陳孔碩、李方子
敘其後。……希弁又嘗參以泉本校其去取之不同。」又據宋陳振孫《直齋書
錄解題》卷四著錄：「此書嘗刻於溫陵，別其綱謂之提要。今板在監中。」溫
陵乃泉州別稱，此處指的就是真德秀泉州刊本。此本陳孔碩序說得明白：「溫
陵守真侯得是書而校讎之，刊於郡齋，使知春秋而為史學者有考焉。刊成屬
孔碩書其後。荒附晚學，豈敢與於斯文？辭不獲，命竊所聞如此。嘉定己卯
仲夏陳孔碩謹書。」表明此本刊成於嘉定十二年（1219）。按，此本八行十七

字，小字雙行同，左右雙邊。入元，書版移存西湖書院，明初復移南雍，明代仍有據此版印刷者。

同年（1219），眞德秀刊行於泉州的刻本還有宋王十朋撰《梅溪續集》。眞氏序云：「慶元中某竊第來歸，鄉之儒先楊君明遠出一編曰《南遊集》以示某曰：此永嘉詹事王公（十朋）之所作也。某時尚少，未悉公行事本末，然嘗誦晦庵先生所爲〈梅溪集序〉，則已知公爲一代正人矣。及得此編，益加卿慕。……嘉定丁丑蒙恩假守，獲繼公躅於四十七年之後。邦人父老語及公者必感激涕零。蕘夫牧兒亦知有所謂王侍郎也。公何以獲此於人哉？蔽之以一言，曰誠而已矣。……集版藏之郡齋，歲久浸或剜缺，屬議刊整。而郡士林君彬爲之某言，公勸農戒訟等文猶有未見於集者，而公之孫夔通守莆中，亦出公書問三十餘通，皆在泉時所作。前輩流風日以益遠，雖弄翰戲墨，猶當勤勤收拾，而況藹然仁義之言，皆有補於世教者乎！因並刻之，命曰《梅溪續集》，使來者得以覽觀焉。己卯九月己亥建安眞某記。」

本年眞德秀在泉刻印的圖書還有唐歐陽詹撰《歐陽四門集》，亦見眞氏自序云：「《歐陽四門集》，鋟板郡齋有年矣。嘉定己卯郡士林彬之爲余言四門之文之行，昌黎韓公蓋亟稱之。……乃刊二君之文如彬之請。又附其說如此，庶幾有補於萬一云。九月庚子建安眞某書。」

除了在泉州刻書之外，眞德秀在其他地方也刊刻了一些書籍。如《直齋書錄解題》卷五著錄：「《劉忠肅救荒錄》五卷，王居仁撰。（記）淳熙乙未樞密劉珙共父帥江東救荒本末。嘉定乙亥，眞景元刻之漕司，以配富鄭公青社之編，而以劉公行狀謚議附錄於後。」嘉定乙亥（1215）眞德秀任江東轉運副使，時蝗災、旱災侵襲，廣德、太平一帶尤甚。眞氏刻印此書，實爲濟時扶危之用。

另據宋黃榦《勉齋集》卷六〈覆李公晦書〉：「眞丈所刊《近思》、《小學》，皆已得之，《後語》亦得拜讀。先《近思》而後四子，卻不見朱先生有此語。陳安卿所謂『近思，四子之階梯，』亦不知何所據而云。」指的是眞德秀刻印的朱熹撰《近思錄》、《小學》諸書。此二書的刊刻地點，則還有待於考證。

（十一）諸葛玨

諸葛玨，宋南安縣人。曾從學於朱熹高弟漳州陳淳，爲刻其書。乾隆《泉州府志》卷四十六《宋·循績》載：「諸葛直清，字子嚴，南安人。廷瑞子，以父任歷海口鎭、主管南外睦宗院，知海陽縣。……子玨、琰。玨爲番禺令，始創黌宮，歷官韶州通判。爲陳北溪門人，刻北溪《大學》、《中庸衍義》。」

除了以上諸位在泉刻書者外，還有一些泉州人在外地刻書。在此特別提及的目的，是爲了便於今人將此與泉州刻書區別開來。如林洪，字龍發，號可山。南宋泉州人，淳熙二年（1175）特奏名。著作有《山家清供》、《西湖衣缽集》等。元韋居安《梅澗詩話》卷中載曰：「泉南林洪，字龍發，號可山，肄業杭泮，粗有詩名。理宗朝，上書言事，自稱爲和靖七世孫，冒杭貫取鄉薦。刊中興以來諸公詩，號《大雅復古集》，亦以己作附於後。」

在外地刻書最有名的是北宋的泉州商人徐戩。徐本爲海商，因私下受高麗國（今朝鮮）的委託，在杭州雕造《華嚴經》2900 多片，竣工後用海船運往高麗，徐得到酬銀高達 3000 兩。由於此事完全是徐戩個人的私下交易，事先未奏准官方同意，違反了當時的圖書管理條例和外交政策，被杭州知府蘇東坡知悉後，一紙奏狀，徐戩被「特送千里外州軍編管」。

簡短的結語

以上對南宋泉州的 13 位官私刻書家的所刊刻的圖書，以及刻本的存佚，刻書家的生平等基本情況作了簡要的分析和考證。這 13 位刻書家中，除諸葛垚外，其餘 12 位均爲外地人士在泉州任職的官員。他們所刻印的圖書，除李大有刻印的《梁溪先生集》之外，其餘均爲官刻本。這與本文開頭所說的南宋時期「泉州的坊刻並不發達」、「使泉州成爲南宋刻書『諸州之冠』的，應歸功於其時在泉州任職的地方官員」的結論是相符的。當然，由於條件所限，對南宋時期泉州刻書資料的掌握可能還會有少量遺漏之處，但在此可以負責任地說一句，即使將遺漏的部分補充完整，也難以撼動以上的這些結論。

（原載《泉州師範學院學報》2007 年第 3 期）

明代建陽刻本廣告芻議

　　明代是我國刻書事業的鼎盛時期，建陽作為著名的刻書中心，是當時全國刻書數量最多的地方。宋人祝穆·在《方輿勝覽》一書中，曾將宋代建本書籍列為當地的「土產」，擺在建茶、建盞之前。無獨有偶，明代王士性在《廣志繹》一書中，羅列當時天下著名的物產，也將明代建陽的書籍，與蘇杭之幣、揚州之姬、徐州的騾車、無錫的大米·溫州的漆器等相提並論。

　　明代建陽刻書業的興盛，是其所處的那個時代的政治、經濟、文化、地理等方面的客觀因素所產生的交合作用，也是宋元以來數百年刻書文化的沈澱和經驗積累的結果。以刻書家自身而論，競爭意識強烈，善於調動和運用各種手段進行宣傳和推銷，也是其中重要原因之一。具體言之，這種宣傳和推銷主要體現在建本的廣告上。

　　明代建陽刻書家的廣告意識，比起宋元時期的刻書家來，要深厚得多。他們刊刻的圖書，既是記載文化知識的載體，也是他們進行自我宣傳的有效工具。宋元刻本，刻書家的自我宣傳主要體現在刻本的牌記上，而明代的刻書家則在版畫、牌記、序文、凡例、書題等各種可能的場合，調動各種手段進行自我宣傳。

一、利用版畫做廣告

　　如明弘治五年（1492）建陽詹氏進德書堂刻印的《大廣益會玉篇》，是梁朝顧野王所撰的一部字書。這部書的牌記經過版畫家的精心設計，非常有特色。牌記通常只刻印刻書家的姓名堂號、刻書年月等，多為文字而無圖畫。而詹氏此刻本的牌記則設計了一幅私塾先生授課的情景。圖右書「弘治壬子孟夏之

吉」，左書「詹氏進德書堂重刊」，上書「三峰精舍」，有如一幅對聯。對聯內的畫面則像一扇敞開的門；門的上方竹簾高卷，一位老先生正在堂前高坐，手捧一書；左側立一書僮，右前側一位學生正在聆聽先生的教誨；而身後則是畫有三座山峰的屏風，寓意此即為「三峰精舍」。而整個畫面設計的用意在於，《大廣益會玉篇》這一部古代的字典，就是一位有形而無言的老師，是傳播知識的向導。（書影一）這幅版畫插圖的設計和創作都達到了相當高的藝術水平，比較含蓄地起到了廣告的作用，在古代書坊刻本中，是不多見的。

書影一

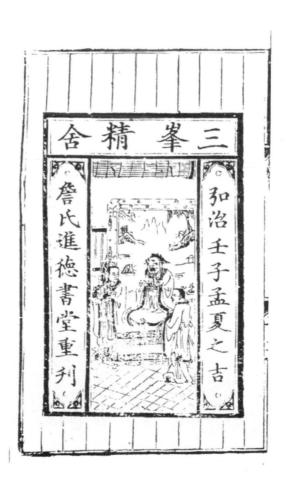

熊宗立編刻的《居家必用》，是一部日用類書，書中配有精美插圖，版式已從建陽早期刻本的上圖下文式易為單面全圖。圖左右則為建本習見的一對聯語。左云：「開百世曆日流行」，右云「集諸賢陰陽總括」，上端橫書「鰲峰

熊宗立類編」。畫面表現的是一位中年學者側坐在書桌旁，聚精會神地讀書，一書僮雙手舉著一盞燈，緩緩走近書桌前。從構圖來看，畫面表現的應是日暮黃昏時的情景，畫中的讀書人實際上就是刻書家熊宗立本人。這是建本中較早出現的的刻書家宣傳自我形象的版畫。（書影二）

書影二

《新刻芸窗彙爽萬錦情林》六卷，將小說與戲曲合編爲一書，爲明代小說與傳奇叢編類書籍，明萬曆間余象斗自編自刻。書分上下兩層，書內插圖，單面全圖。扉頁插圖，爲〈讀《萬錦情林》〉。畫面屏風上有「三台館」三個小字，這幅圖表現的是「三台館主人」披閱《萬錦情林》的情景。書坊主人將自己的畫像印製在版畫上，上下左三處配以刻書堂名、書名，以及本書主要內容，加上「海內士子，買者一展而知」之類的話，構成了一幅很好的帶有版畫插圖的圖書廣告。（書影三）

書影三

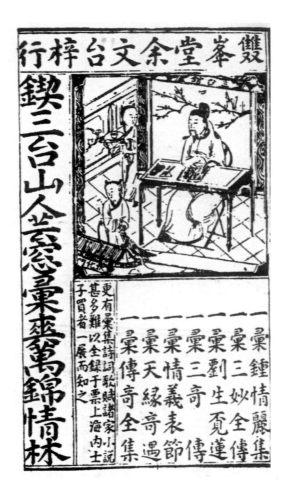

　　余象斗是明後期建陽書坊中比較注重自身宣傳的刻書家。他往往將「仰止子」、「三台館」等名號直接印在書名之中，目的就是爲了取得讀者的第一印象，在此基礎上更進一步，就是他經常把自己的畫像刻印到圖書之中。除上文提到的《萬錦情林》外，萬曆二十六年（1598）刊刻的《三台館仰止子考古詳訂遵韻海篇正宗》一書，卷首就有〈三台山人余仰止影圖〉。王重民先生對此圖作了以下生動的描述：

> 圖繪仰止高坐三台館中，文婢捧硯，婉童烹茶，憑几論文，榜云「一輪紅日展依際，萬里青雲指顧間」，固一世之雄也。四百年來，余氏短書遍天下，家傳而戶誦，誠一草莽英雄。今觀此圖，仰止固以王者自居矣。

此外，據肖東發先生〈建陽余氏刻書考略〉一文介紹，余象斗刻本《新刊理氣詳辯纂要三台便覽通書正宗》卷十一中也有〈三台山人余仰止影圖〉；《五刻理氣纂要詳辨三台便覽通書正宗》卷首有〈三台余仰止先生曆法圖〉（書影四），卷十一有〈余仰止先生仰觀天象圖〉等。

三台山人余仰止影圖

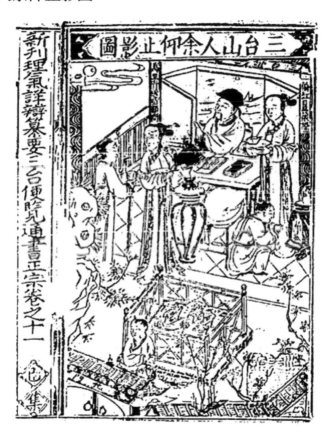

二、利用牌記做廣告

在明代建本中，利用牌記做廣告已是甚為普遍的現象，幾乎所有的刻本中都有這一方面的內容。

相對而言，明前期的建本牌記中的廣告，內容尚比較質樸，符合實際。如熊宗立刻印的《補注釋文黃帝內經素問》，目錄後牌記云：

> 是書乃醫家至切至要之文，舊本昏蒙訛舛漏落，本堂今將家藏善本
> 三復訂正，增入《運氣入室奧論》，重新繡梓。鼇峰熊氏種德堂識。

文中強調的只是此書在醫學上的重要性，以及經過家藏善本反復校正，無舊本之錯訛等等。

萬曆間，潭陽源泰堂刻本黃仁溥編《皇明經世要略》，封面有題識云「此編係國朝邊戎武場要務，皆碩輔宏論也。初刻自本堂，買者須認源泰爲記。」文中以一句話概括此書主要內容之後，接著強調此書出自本堂初刻，並提醒讀者認清書堂的標記。

明後期建本中，像源泰堂這樣比較平實的廣告詞已不多見，代之而起的類似余象斗刻本《三台萬用正宗》的牌記——

> 坊間諸書雜刻，然多沿襲舊套，採其一，去其十，棄其精，得其粗，四方士子惑之。本堂近鋟此書，名爲《萬用正宗》者，分門定類俱載全備，展卷閱之，諸用了然，更不待他求矣。買者須認三台爲記。

文中標榜唯我獨爲「正宗」的廣告味十足。這種以對比的方式，抬高自己，貶低他人，幾乎充斥了明後期建本的牌記廣告之中。如陳氏存仁堂萬曆刻本《萬寶全書》牌記：

> 坊間《萬寶全書》，不啻充棟，然不一精檢，魯魚亥豕，混雜篇章者有之。本堂特請名士，校讎事物度數，一仿古典，啓覿書箚，別摸書藻，端寫繡梓，點畫不差，應酬便用，價比南金矣。

此書實際上是根據當時書坊流行的《萬錦不求人》、《學海全書》、《五車拔錦》、《養命全書》等通俗類書，雜采拼湊而成，本身就是「混雜篇章者」，所謂「價比南金」，不過是自我吹噓而已。

三、利用序文做廣告

這也是明代建本廣告的一個特點。其好處是序文不受字數限制，書中有何優點盡可慢慢道來。如萬曆二十五年（1597）書林鄭雲齋刻本《四民利用便覽五車拔錦》序云：

> 余家世業萬卷書，凡天地帝王古今名物片詞隻字，有利於民者，莫不了然胸臆，第欲刪繁就簡，摘粹而拔尤者，竟未之覩也。近書林鄭氏新集《五車拔錦》若干篇。……其間天文、地理、人紀、國法、文修武備，與夫冠婚喪祭之儀、陰陽術數之學，悉皆分門定類……

以下還有一段長長的文字，不外乎是說此書如何如何之妙。這段「廣告詞」，不是直接從出版商自家的角度來說，而是虛擬了一個撰序人，從第三者的口

中說出，出版商的目的，是要以此取得比其直接粉墨登場更好的廣告效應。

以序文做廣告的另一好處是，撰序人多爲學者名流，廣告效果尤佳，且以撰序人的角度讚揚出版商，有利於塑造出版商自身的形象。如明正德四年（1509）劉弘毅刻本《資治通鑑節要》有一段劉吉序文云：

> 建陽義士劉君弘毅，自幼酷好經史，樂觀是書。久之，亦大有所得，乃於暇日取其眞本，正彼訛舛，命門人獨明子輩，錄而成帙，將壽諸梓以傳。

這實際上是一段塑造出版商自身形象的廣告詞。文中強調劉氏是一位「酷好經史」的「書林義士」，以其刻書，刻本質量自然屬於上乘，由此而吸引讀者。

余象斗萬曆間刻印題袁黃編《歷史大綱鑑補》，卷首有韓敬序云：「……閩建邑余君文台，慷慨豪俠，行義好施，夙與袁有通盟誼。其二三伯仲郎俱以文學名，而長君君及屢試輒冠，翩翩閩中祭酒，束裝千里，來購足書。……」與劉弘毅相比，由余象斗託名於韓敬的這一段廣告詞更有「特色」，文中諸多動態的描寫，將余氏打扮成一位風度翩翩的書壇俠士，其廣告效應已不是僅僅宣揚一本書那樣所能取代的了。

四、利用凡例做廣告

這種情況，在建本中不多見。據日本酒井忠夫先生所撰〈明代的日用類書與庶民教育〉一文介紹，現存日本內閣文庫的潭陽楊居理道卿刻本《士民便用雲錦書箋》中，有《凡例》七則，依次將此書門類、注釋、音字、校訂等各個方面一一撰寫了廣告——

> 門類之全。人生日用，幾數百事，苟有事楮墨，何可不備？茲獨細爲編彙，凡屬文字之科，靡不巨細兼修，斷無缺漏之歎。
>
> 注釋之精，博學典故，世所共推，況柬箚中多援古爲喻，苟非詳釋，難令人人易曉。本刻參今考古，況無造義，讀者辨之。
>
> 音字之詳。柬牘以便其民，四民中寧人人博學？況有古典，即存古字，非細爲音叶，未免疑惑，茲特附於上，使人一披暸然。柬牘之有音字，則自本館始也。……

楊居理的《凡例》廣告，可稱爲「系列性廣告」，在古代圖書廣告中並不多見。在廣告手段上，是一個創新。

五、利用書名做廣告

在明代建本中，這是一個較為普遍的現象。書坊主人為使書名醒目，以調動讀者的購買欲，總是在書名上加上許多字首，從而使書名越來越長。如

《新鋟評林旁訓薛鄭二先生家藏酉陽搜古人物奇編》（余應虯近聖居刻本），21 字；

《鼎鐫六科奏准御制新頒分類注釋刑台法律》（熊沖宇種德堂刻本），18字；

《鋟王氏秘傳圖八十一難經評林捷徑統宗》（劉雙松安正堂刻本），18 字；

《新刊徽郡原板校正繪像注釋魁字登雲金璧故事》（書林黃耀宇刊本），20 字；

《精刻張翰林重訂京本排韻增廣事類氏族大全》（陳國旺積善堂刻本），19 字；

《新鋟兩京官板校正錦堂春曉翰林查對天下萬民便覽》（書林陳德宗刻本），22 字。

……

在這些書名附加的成分中，其內容主要包括，一是宣揚版本來源，並經權威人士校正，以示可靠。如「徽郡原板校正」、「兩京官板校正」、「王氏秘傳」、「張翰林重訂」等等。二是標示編輯方法或體例，如「評林旁訓」、「圖注」、「繪像注釋」、「分類注釋」等。三是標榜刻本質量，如「精刻」、「新鋟」、「新鐫」等等。

這種「疊床架屋」書名產生的原因，與圖書市場競爭激烈，和書坊主人急於求售的心理有關。刻在書卷中的牌記、序文等儘管可以寫進大量的廣告用語，但終究是印在卷中，讀者不易一眼看到，而書名則不同，插在架中，不用動手，便一望即知。於是在有限的書名中，便夾進了無限長的廣告詞，從而形成了這種冗長的書名。至於文中夾雜的「京本」、「徽板」、「翰林校正」等等，恐怕很多都只是虛張聲勢而已。如余象斗刊刻《列國志傳》，此書編撰者是其叔翁余邵魚，本應是地道的家傳建本無疑，但其書題卻稱《新刊京本春秋五霸七雄全像列國志傳》。「京本」二字，毫無疑問是出版商為取得廣告效應，經過多方選擇後而隨意增添上去的。

綜觀明代建本廣告，雖有一些比較成功的範例，對今天的圖書廣告而言，

也有一些有益的借鑑，但總體而言，虛假浮誇的成分占了更大的比重。這種現象，尤以明後期的建本廣告更爲突出。明後期的建陽刻書家很少有人能眞正從提高刻本的質量著手，以此提高圖書發行的競爭能力，而是煞費苦心地泡製各種名目繁多的廣告，則不能不說是捨本逐末了。

（原載《文獻》季刊 2001 年第 1 期）

傳播海外的建本圖書

　　建本圖書，指的是宋明時期在福建建陽一帶以雕版印刷出版的古籍刻本。南宋時期，建陽的刻書業就已躋身於全國三大刻書中心（蜀、浙、閩）之列。其時，建本圖書已逐漸流傳到海外。南宋著名理學家朱熹對此有「建陽版本書籍行四方者，無遠不至」的描述；宋末元初建陽學者熊禾有「書籍高麗日本涌」、「萬里車書通上國」的詩句，都說明了建本圖書流傳海外的悠久歷史。

　　據有關著述記載，建陽書坊刻印的古籍，至今在日、韓、美、英、法、西班牙、奧地利等國家的圖書館均有珍藏。據中國小說史研究專家孫楷弟所著《中國通俗小說書目》所錄，明代建陽書坊所刻小說，僅《三國演義》一書在國外就有 20 多種。建陽古代勞動人民在保存、繼承和弘揚中華民族優秀的文化遺產，促進中外文化交流方面，都做出了不可磨滅的貢獻。

　　建本圖書流傳日本，大約始於南宋中葉，其時，日本已進入五山時代（西元十三～十六世紀）。這時，以宗教文化為核心的日本五山僧侶們，既鑽研中國的佛學經典，對以程朱為代表的宋代新儒學也採取兼收並蓄的態度。派往中國的學僧，回國時都帶回了大量的中國典籍。其中建本圖書就有《纂圖互注周易》、《六臣注文選》，王明清的《揮塵錄》、朱熹的《四書集注》、《文公家禮》、《論語精義》，祝穆的《方輿勝覽》、寇宗奭的《新編類要圖注本草》，以及類書《太平御覽》等。

　　在現存日本的南宋建本圖書中，有許多已被日本人列為「國寶」和「重要文化財」。如宋刊本《周禮》、《類編增廣潁濱先生大全文集》、宋劉叔剛刻本《附釋音春秋左傳註疏》、宋邵武朱中奉宅刻本《史記》、宋黃三八郎刻本

《鉅宋廣韻》、元建安虞氏刻本《全相評話》五種等。其中最著名的是南宋慶元版「三史」，均爲建本。即黃善夫刻本《史記》、《後漢書》，劉元起刻本《漢書》，均被列爲「國寶」。

隨著中日文化交流的不斷深入，僅靠從中國傳入圖籍已不能滿足需要，因此，日本開始了對中國文化典籍進行大量的翻刻，僑居日本的福建刻工對此起到了積極的促進作用。最著名的有莆田人氏俞良甫，元末避亂到日本，刻印了十幾種中國古籍，在日本書志學上被稱爲「俞良甫版」。俞良甫版中，就有一些刻本是翻刻宋建陽刻本。如《新刊五百家注音辨昌黎先生文集》、《新刊五百家注音辨唐柳先生文集》，是宋建安魏仲舉編刻本，通過俞良甫翻刻後，在日本大爲流行，被日本人稱爲「儒書」。

日本翻刻漢籍最爲有名的，是日本室町時代的「五山版」，刻工大多是僑寓日本的中國人。其中著名刻本如永和二年（1376）刊行的《集千家注分類杜工部詩》，也是翻刻宋建陽刻本。五山版《山谷黃先生大全詩注》，以延平知府黃坊紹定五年（1232）刻本《山谷詩注》爲底本。大永八年（1528）日本醫家阿佐井野宗瑞刊行的《名方類證醫書大全》，是翻刻明成化三年（1467）建陽熊宗立刻本。這是日本翻刻的第一部中國古代醫學典籍，對日本的漢醫的形成和發展產生了重大的影響。

日本江戶時代（1603～1867 年），實行的是閉關鎖國的政策，禁止日本人出海航行，但並不禁止中國船隻進入長崎港貿易。當代日本學者大庭脩先生認爲：

> 自浙江寧波駛向東南亞然後駛抵長崎的中國船，並不僅僅在起航地和長崎之間作往返航行，駛離長崎港的商船也同樣如此。這就是說，無論日本怎樣實行鎖國體制，由於荷蘭船和中國船可以自由航行，長崎在事實上就成了位於中國東海及南海沿岸貿易圈中最北端的港口。

從 1612 年起，中國每年均有數十艘船隻往返於中日兩國之間。據大庭脩的統計，最多的一年是 1688 年，入港的中國商船達 193 艘。其中福建最多，達 86 艘。商品以絲、紡織品、藥材、砂糖、染料和書籍爲主。

日本江戶初期，我國已進入明萬曆時期。這時，建陽刻本內容以小說、戲曲、類書、醫書等通俗讀物爲主，因此，流傳到日本的刻本也多爲這一類圖書。如建陽刊行的《水滸傳》、《三國志演義》、《二刻英雄譜》、《新刊三台

明律招判正宗》、《百家公案》、《杜騙新書》、《萬錦情林》等都在這一時期流傳到日本。

　　即使是在入清以後，建陽刻書業逐漸走向衰微之時，仍有不少建本圖書東傳日本。如日正德元年（1711），已是清康熙五十年。這年六月，鍾聖玉的卯十五號船抵達長崎，運來了大批圖書。其中就有建本圖書《綱鑑會纂》、《袁了凡先生重訂鳳洲綱鑑世史類編》、《綱鑑白眉》、《皇明通紀》、《刪補頤生微論》、《三國志》等。品種雖不是很多，但需知鍾聖玉的船隻是南京的商船，而不是福建的商船，在眾多的圖書中能有這麼幾種建本圖書就已經是很難得了。

　　在清代為數不多的建本圖書中，也有一些流傳到日本。如順治五年（1648）刻印的清熊人霖撰《地緯》二卷；康熙十四年（1675），潭水余明刻印的清游藝撰《天經或問》三卷；清書林熊維大集堂刻本，游藝撰《天經或問後集》不分卷等。

　　江戶時期，日本也翻刻了不少建本圖書。元和七年（1621），日本以銅活字排印宋麻沙刻本《皇朝類苑》，由天皇御敕造活字數萬，印刷後分賜給幕府和各公卿大臣。此宋麻沙刻本今已不存，幸賴此日本銅活字本使此書得以保存。

　　寬永四年（1627）翻刻明建陽熊宗立中和堂刻本《勿聽子俗解八十一難經》，此書熊氏原刻本已佚，也賴此日本翻刻本使此書得以流傳。中醫古籍出版社 1983 年據此日本翻刻本影印出版。

　　享保十五年（1730）大阪書坊翻刻清康熙余明刻本，游藝的《天經或問》三卷。王重民先生認為：「此必為從余氏原本翻刻，而原本行款當如是也。後二十年為寬延三年，日本東都書肆嵩山房又刻入江修注解本，可觀日本流傳之盛，而建陽原本，反極罕覯。」

　　建本圖書傳入朝鮮，也始於南宋。南宋趙汝括所撰《諸蕃志》卷上記載，由泉州赴新羅（高麗）的海船在途經四明（今寧波）時，「商舶用五色纈絹及建本文字博易」，即用五色纈絹和建本圖書交換人參等各種藥材。《諸蕃志》的記載雖然簡略，但寥寥數字已為後人勾勒出了一幅建本圖書通往海外的線路圖。

　　高麗末期，朱子學開始東傳朝鮮，其唯一的傳播媒介就是圖書，建陽刊刻的朱子學著作在此起到了主要作用。高麗忠烈王十五年（1289），高麗使臣安珦從元大都攜歸一批朱學著作，如《四書集注》、《朱文公文集》、《朱子語類》等。《高麗史》（卷 105）載：「珦又以餘貲，付博士金文鼎等送中原，畫先聖及七十子像，並求祭器、樂器、六經、諸子、史以歸。」安珦是一位崇

慕朱子學的學者，因朱熹號晦庵，晚歲遂自號晦軒，以此表達景仰之情。安珦之後，又有其門人權溥（1242～1326 年）刊行朱熹的《四書集注》，對朱熹學說在朝鮮的傳播起到了重要作用。

明代，建陽書坊是我國古典小說的出版重鎮，流傳到朝鮮的建本小說數量甚多，產生了很大影響。韓國學者閔東寬認為：

> 從文化淵源上來看，韓國古代文化屬於漢文化圈。自古以來，韓國本身無固有文字，乃借用漢字，雖然西元 1446 年世宗大王創造韓文，但是漢文仍長期為文人所採用。因此，中國文化，特別是文學方面對韓國的影響實在有不可分的關係。在兩國長期的相互交往和文化交流中，中國古典小說流傳韓國的數量並不少，而且早在 1700年前已有開始傳入韓國的記錄。

> 它們流傳韓國後，在韓國小說文學方面引起了很大的反響，特別是傳入通俗小說後，在韓國古典小說的發展上有極密切的關係，而且產生了深遠的影響。

從傳入韓國的中國古典小說綜合考察，其中屬建本小說的數量不少。如瞿佑的《剪燈新話》、羅貫中的《校正古本大字音釋三國志通俗演義》、熊大木的《南北宋志傳》、《武穆王精忠傳》、余象斗的《新刻北方真武玄天上帝出身志傳》、《新刻全像五顯靈官大帝華光天王傳》，以及《包龍圖判百家公案》等小說刻本。

除了直接進入流通領域的印本圖書之外，朝鮮也往往以之為底本加以翻刻，其中也有不少建陽刻本。如宋建本《杜工部草堂詩箋》、元建陽余志安勤有堂刻本《銅人腧穴鍼灸圖經》，朝鮮均有翻刻本。以銅活字印刷圖書，在朝鮮印刷史上具有悠久的歷史。建本圖書傳入朝鮮，也出現了以銅活字排印建本古籍的現象。如宋建陽魏齊賢刻本《聖宋名賢五百家播芳大全文粹》，元余志安刻本《銅人腧穴鍼灸圖經》，明劉文壽翠岩精舍刻本《增修附注資治通鑑節要續編》等，均有朝鮮銅活字印本。

建本圖書流傳至西歐，其數量雖不如東南亞各國，然今存者多罕見之驚人秘笈，有的甚至是在中國大陸已經失傳的孤本。如現存於法國巴黎國立圖書館的明余紹崖自新齋刻本《新刊韓朋十義記》，余象斗雙峰堂刻本《全相插增田慶王虎忠義水滸全傳》；現存英國倫敦博物院的明富沙劉榮吾藜光堂刻本《全相三國志傳》；現存西班牙愛思哥利亞修道院的明嘉靖葉逢春刻本《三國

志傳》，西班牙聖勞寧佐圖書館的明詹氏進賢堂刻本《風月錦囊》等。

建本圖書傳入西歐各國，以明嘉靖、萬曆之後的刻本居多，其原因，與當時來華傳教士的仲介作用密不可分。

16 世紀中後期，西方天主教開始向亞洲擴張。當傳教士們一踏上中華的國土時，便強烈地感受到了一種與西方教派截然不同的中華傳統文化。為了佈道傳教，以使在中國立足，西方傳教士們都努力地學習漢文，以便熟悉和瞭解中國文化。圖書，很自然地就成了他們在學習過程中著力搜訪的物件。

西方傳教士對中華典籍的傳播主要有攜帶、郵寄和翻譯這幾種方式。如比利時神父柏應理（1624～1692 年）於 1682 年隨荷蘭船舶抵達羅馬，將隨身攜帶的中國典籍和在華傳教士們的漢文著作 400 多種獻給教皇。這些圖書後被收藏在梵蒂岡教廷圖書館中。法國神父白晉（1656～1730 年），於 1697 年返抵巴黎，將康熙皇帝御賜的 49 冊三百卷中國圖書贈給法王路易十四。

法國神父馬若瑟（1666～1735 年）於 1698 年來華，通過學習，能用漢文寫作。他極為留意搜訪中華典籍，曾將數千卷圖書寄給富爾蒙，轉交法國王室圖書館（今巴黎國家圖書館）收藏。其中就有《元人百種曲》、《十三經》和一批小說、詩集等。他還將元雜劇《趙氏孤兒》譯成法文，譯本由一位傳教士帶回法國，1755 年刊佈於杜赫德主編的《中華帝國全志》中。此為傳入歐洲的第一部中國戲曲。此劇後由伏爾泰改編成《中國孤兒》，在法蘭西劇院公演，盛況空前。馬若瑟所著《關於中國一神說之信箚》，作於 1728 年。1862 年在巴黎出版，並轉載於《遠東和美洲雜誌》，以及博納蒂氏之《哲學年鑑》第五輯。據考，「這些論著的資料來源主要是《性理大全》、《朱子全書》、《四書集注》，以及朱熹弟子蔡清的《四書蒙引》等。所以，馬若瑟的論著實際上是間接地、有選擇地介紹了中國古代哲學著作。」而這些著作的明刻本，主要刊行地就是建陽。

最早將中華傳統儒學的著作加以翻譯，介紹到西方的傳教士是義大利的利瑪竇（1552～1610 年）。他於 1583 年來華。萬曆二十一年（1593），他以朱熹的《四書集注》為底本，將《四書》譯為拉丁文，並寄回義大利。利瑪竇翻譯儒家經典，其本意是為了從中尋找有利於其傳播基督教義的思想武器。為了證實基督教的「天主」與儒家經典中所說的「上帝」的同一性，他又著有《天主實義》一書。其中說：「吾天主乃古經書所稱上帝也。《中庸》引孔子曰：『郊社之禮，所以事上帝也。』朱注曰：『不言后土，省文也。』」其中所謂「朱注」，指的就是朱熹的《四書集注‧中庸章句》的注文。由此可知，

利瑪竇譯《四書》所用的底本，就是朱熹的《四書集注》。葡萄牙傳教士郭納爵（1599～1666 年），1664 年曾在延平、建甌、邵武等地修建教堂傳教。他曾把《大學》譯爲拉丁文，與義大利傳教士殷鐸澤（1625～1696 年）所譯《中庸》、《論語》一起在中國出版，被稱爲「《四書》譯文首經歐羅巴人刊行者」。

比利時的傳教士柏應理（1624～1692 年），於 1687 年在巴黎出版《中國的哲學家孔子》一書。此書標題爲《西方四書直解》，書中有中國經籍緒說，以及《大學》、《中庸》、《論語》的拉丁文譯文。此爲歐洲出版的第一部儒家典籍，所用四書中的三書，即殷鐸澤、郭納爵的譯本。

《四書》的完整譯本，是由比利時的傳教士衛方濟（1651～1729 年）完成的。他把《四書》、《孝經》，以及朱熹在武夷山編纂和出版的《小學》，總名爲《中國六部古典文學》，全部譯爲拉丁文，於 1711 年在布拉格大學出版。此書又於 1783 年至 1786 年由普魯克道院長轉譯成法文，題爲《中華帝國之經典》在巴黎刊行。

儒家經典之外，西方傳教士的譯作也涉及包括建本圖書在內的史學、醫學等其他方面的著作。如法國傳教士巴多明（1665～1741 年），於 1730 年將朱熹在建陽撰寫和出版的《資治通鑑綱目》中部分內容譯爲法文，名《中國史》。嗣後又有法國神父馮秉正（1669～1748 年），以六年之功，譯《通鑑綱目續編》，亦名《中國史》十二卷。書稿寄法國里昂圖書館，1783 年在巴黎出版。此書同時又有羅以禮義大利文轉譯本。法國傳教士殷弘緒（1662～1741 年），則以法文節譯《朱子文集》中的若干篇章，名爲《使民安樂術》等。

南宋建陽的法醫學家宋慈的《洗冤集錄》，是我國也是世界現存最早的法醫學專著。對其在海外的流傳及其影響，劉通先生有過如下的概括：

> 在國外，該書從 15 世紀初葉首先傳入高麗（朝鮮）之後，先後又從
> 不同途徑傳入日、法、英、荷、德、俄、美等國。主要以改編本的
> 形式傳播，惟有美譯本可能源於《宋提刑洗冤集錄》。據不完全統計，
> 該書在國外出版的漢文版本及外文譯本有：朝鮮三種，日本八種，
> 荷蘭一種，德國二種，法國三種，英國一種，美國一種，越南一種，
> 共計八國 20 種之多。此外，還有評論及介紹《洗冤集錄》的英文和
> 俄文書評文章公開發表。《洗冤集錄》在國外的流傳也是相當廣泛的。

文中所說的「從不同途徑傳入」，根據我的理解，除了官方外交途徑、民間商貿往來之外，也包括來華傳教士的傳播等方式。如 1759 年來華的法國傳教士

韓國英撰〈說洗冤錄〉，收入其所著《關於中國之記錄》一書中。《洗冤集錄》的一個或若干個版本，曾通過他而傳入法國應該是沒有疑問的。

1750 年來華的法國傳教士錢德明，著有《用銅人習鍼術說》，此書內容詳情缺考，但記載銅人腧穴針灸之術的文獻均為建本圖書，如元刻本《新刊補注銅人腧穴鍼灸圖經》五卷，建陽余志安勤有堂刻印；明刻本《銅人腧穴鍼灸圖經》三卷，明建陽書坊鄭氏宗文堂刻印。錢德明是在閱讀了建本圖書的相關內容之後而撰此說，這就間接地把建本古籍和中華針灸之術傳播到了西方。

西方傳教士在把中華傳統文化介紹到西方的同時，也把西方的宗教和科學知識傳到了中國。1620 年，法國傳教士金尼閣從西歐各國募集了 7000 多部西文著作帶入中國，在中國的知識界引起重視，對建陽刻書業也產生了一些間接影響。如建陽書坊人氏游藝，字子六，號岱峰，著有《天經或問後集》，是我國現存較早的天文學普及讀物。他師從明亡後隱居於建陽的學者熊明遇，「貫通中西之說，發為文章，亦明晰易解。」據王重民先生分析，熊明遇撰《格致草》一書，其中的西洋科學知識，就來自天主教的傳教士。游藝受其影響，也開始閱讀西方的相關著作。游藝所撰《天經或問後集》，「雖說很勤懇搜集材料，很用力解說，有許多地方，總是不能跳出舊迷信的範圍，而走向科學的正道。如他論『物之變化』一節，比較的明白一點，就是因為他先把湯若望的《主制群徵》裏的一些科學常識看懂了的原故。」而這個湯若望（1591〜1666 年），是 1622 年來華的德國神父。所著《主制群徵》二卷，1629 年在中國出版，是勒西烏斯《論神的智慧》和《論靈魂不滅》兩書的譯文。湯若望精通天文、光學、幾何等，其著作也以這一方面的內容居多。《主制群徵》之外，還有《渾天儀說》、《古今交食考》、《西洋測日曆》、《測天約說》等。

建陽刻書業對東歐各國也產生了一定影響。2003 年 9 月 30 日發行的《圖書藝術》郵票，其中有一枚是《匈牙利彩圖編年史》，該書版式上圖下文，與建本最典型的版式如出一轍，顯然是受了流傳於此的建本圖書的影響。

近年來，有學者提出「海上書籍之路」的重要觀點，認為比起傳播華夏物質文明的「絲綢之路」來，傳遞華夏精神文明的東亞「海上書籍之路」也許具有更加重要、更為深刻的意義。以如是觀之，以建陽為代表的福建刻書業作為我國宋以來古籍圖書的重要生產基地，無疑是此「海上書籍之路」的重要源頭之一。

清代海峽兩岸的圖書之緣

　　對臺灣與大陸骨肉相連的密切關係，許多專家學者從地緣、人緣、血緣等不同角度進行了多方位的考察，取得了豐碩的成果，有力地證明了臺灣自古以來就是大陸不可分割的重要組成部分這一史實。然而，自古以來，人們無論是在傳播思想，宣揚政治主張，發佈研究成果，或是從事教育事業，都離不開圖書這個物質載體，因此，作為與大陸「書同文，車同軌」的寶島臺灣，這種骨肉至親的血緣關係也同樣表現在兩岸的圖書之緣上。過去對這一方面的研究很少，可供參考的資料不多，本文僅就清代在這一方面的具體表現作一初步的探考，以期拋磚引玉。

　　臺灣與大陸的兩岸書緣，主要表現在以下四個方面：

一、大陸出版的圖書傳入臺灣

　　據連橫《臺灣通史·商務志》說：「當宋時，華人已至北港貿易。」清乾隆間，曾任臺灣鳳山縣教諭的朱仕玠則在其《小琉球漫志》卷七中記載了「臺地用錢，多係趙宋時錢，如太平、元祐、天禧、至道等年號。錢質小薄，千錢貫之，長不盈尺。」錢幣是貿易的基礎，臺灣既有宋代的錢幣，說明其時已與大陸確有貿易關係。元代在泉州同安縣設澎湖巡檢司，管轄澎湖和臺灣。這種有官府置司，有商品貿易和物資流通的關係，也就必然會有圖書的流傳和交易。當然，由於文獻缺徵，這只是一種合符情理的推論而已。

　　明鄭時期，跟隨鄭成功來台的明朝遺臣，如沈光文、徐孚遠、盧若騰、王忠孝、沈佺期、郭貞一等一大批儒學之士，「避難縉紳，多屬鴻博之士，懷挾圖書，奔集幕府，橫經講學，誦法先王。」由於這批人士大多來自福建，

故他們所「懷挾」的「圖書」，很自然地也以閩版圖書居多。

來自「建本」故鄉的袁宏仁，字純一，是福建建陽縣童游里人。他是臺灣府儒學的首任訓導，雍正十二年（1734）由福州儒學訓導調任。他上任伊始即捐修朱文公祠，築草亭，與諸生朝夕講學其中。他在瞭解到臺灣缺乏圖書的情況後，從家鄉購買了古今典籍 600 多部，庋藏於府學中，供諸生閱讀，從而為臺灣的學子打開了一扇瞭解中國傳統文化的新的窗口。

道光六年（1826），福建巡撫孫爾准巡視臺灣，從福州鰲峰書院調撥了 45 種 166 部圖書給臺灣仰山書院，其中以朱子理學的著作，如周敦頤、二程、張載、楊時、羅從彥、李侗、朱熹、張栻、黃榦、眞德秀、熊禾等理學家的著作為主。這些著作，既是臺灣書院藏書構成的主體，也是書院講學所使用的主要教材，並由此促進了臺灣書院的藏書建設和朱子理學和傳播。據連橫《臺灣通史・藝文志》載，始建於康熙五十九年（1720）的台南海東書院，後來成為「藏書頗富」的地方。

在大陸官員的影響下，一些臺灣學者在赴大陸任職，也積極攜帶圖書返台。如嘉義陳震曜，字煥東，號星舟，以博通經傳而聞名。家居之時，就被鳳山知縣聘為鳳儀書院主講。嘉慶十五年（1810），以優行貢太學。先後歷任福建建安、閩清、平和等縣教諭、陝西寧羌州州同、城固縣令等職。道光三十年（1850），因病歸家。行囊中「唯攜書籍古帖十數笥，多為漢、唐石刻。」淡水黃敬，字景寅，人稱關渡先生。咸豐四年（1854）歲貢生，授福清縣學教諭。為人謹飭，束修所入，悉以購書。或勸其置田，曰：「吾以此遺子孫，勝於良疇十甲也。」澎湖方景雲，號省齋，「喜涉獵說部，得錢輒購書，頗有任俠之風。」

在大陸學者的影響下，臺灣後來也出現了一些知名的藏書家。如竹塹人氏郭菁英、郭成金兄弟二人，以「家富，藏書多」而聞名於鄉里。成金於嘉慶二十四年（1819）舉於鄉，主講明志書院，以振興文教為己業。後授連江教諭，未任而卒。

彰化望族呂氏，「家富好客，藏書多」，設筱雲山莊招攬天下名士。廣東嘉應人氏吳子光（字芸閣），同治元年（1862）舉人，呂氏延為山莊教師；而吳氏則性喜讀書，正好落得坐擁書城，「自以為樂」。時著名詩人邱逢甲年方十三，聞吳氏之名，「負笈從，博覽群籍，遂以詩文鳴里中」。這是由藏書而引出的一段文壇佳話。

二、入台的大陸官員在台出版著作

隨著教育事業的發展，僅靠從大陸購進圖書已遠遠不能解決問題，故在臺灣本地刊印出版圖書，就顯得十分迫切。在這一方面，赴台的官員和學者做出了積極的努力。根據內容區分，清代在臺灣刻印的圖書有以下四個方面。

一是皇家和官府有關治理臺灣的命令。

嚴格地說，刊刻命令、條例不能算是圖書，而只是公文印刷。但此舉與臺灣的圖書出版業密切相關，是圖書印刷業的萌芽，故在此一併述之。

此舉可追溯至明鄭時期。鄭成功在驅逐荷蘭侵略者後，即下諭「著戶官刻版頒行」《命令八條》，時在明永曆十五年（清順治十八年，1661 年）。同時，又有《五梅花操法》刻板印行，被認為是「臺灣最早的漢文印刷品」。而現存的臺灣早期印本則有《大明中興永曆二十五年大統曆》。所謂「戶官」，是指明鄭集團於永曆八年（1654）所設的「分埋國事」的六官（吏、戶、禮、兵、刑、工）之一，當時擔任此職的是楊英。由他來組織《命令八條》的刻板和頒行，而刻工和印工，則必為隨軍赴台的能工巧匠。明末，福建刻書業比較發達的有建陽、連城四堡、福州、泉州、廈門等地，而曾被唐王朱聿鍵封為「延平郡王」的鄭成功起家於閩北，其時，隨鄭成功抗清復明，後又隨其攻克臺灣的兵將中，就有相當一部分來自閩北，其中就不乏能操刀鐫刻的工匠。有清一代，赴台的閩北人士更是不勝枚舉。其中來自建陽的就有：隨靖海侯施琅攻克澎湖三十六島嶼，招撫臺灣，授左都督的江靖；出身於建陽著名刻書世家的劉自成（字超五，建陽崇化里人），由廩生捐貢入國子監肄業，選漳浦縣學訓導，調臺灣鳳山縣學訓導，等等。

與明鄭入台之初相似，清統一臺灣後，最先所刊印的漢文印刷品也是皇家和官府的命令，這是社會由「亂」向「治」邁進之時的必然舉措。如康熙九年（1670），曾在大陸各地頒發康熙帝《聖諭》十六條，命各地方官，以朔望之日，集紳衿於明倫堂宣講，以俾軍民知曉。康熙二十二年（1683）統一臺灣後，此《聖諭》也曾在臺灣刊行頒發。藍鼎元〈與荊璞家兄論鎮守南澳事宜書〉中說：「島嶼之蒼黎宜恤也。用兵之道，安民為先；弭盜之源，撫民為本。……又於每月朔望集諸生鄉耆公所，宣講《聖諭》十六條，使兵民共聽，咸知為善之樂。且曉然於聖天子軫念民生，諄諄然教誨之意。」

雍正元年（1723），「又刊《欽定聖諭廣訓》，頒發各鄉，命生童誦讀。朔望之日，亦集地方公所，逐條宣講。乾隆元年，復頒《書院規訓》，其所以造

士者，可謂切矣。」此《欽定聖諭廣訓》，又名《聖諭廣訓注》，是雍正帝將康熙《聖諭》加以注解，在各地刊版印行。其中就有嘉慶十二年（1807 年）滿洲人氏武隆阿在臺灣任總兵官時，造銅活字而印刷的活字本。藍鼎元〈與吳觀察論治臺灣事宜書〉中說：「台民未知教化，口不道忠信之言，耳不聞孝弟之行。宜設立講約，朔望集紳衿耆庶於公所，宣講《聖諭廣訓》萬言書，及古今善惡故事，以警動頑蒙之知覺。臺屬四縣及淡水等市鎮村莊多人之處多設講約，著實開導，無徒視為具文。使愚夫愚婦皆知為善之樂，則風俗自化。」

雍正十年（1732）歷官福建分巡臺灣道按察司副使張嗣昌在《巡台錄》卷上中記載，他為了糾正台疆南北兩路的土番不知禮儀，圈耳紋身、繡面被髮、裏布赤身之習，曾下移風易俗之令，以達到「立社師，教化番童，俾其讀書識字，風俗丕變，一道同風」之效。為此，他特為編了《勸番短歌》「刻發，每戶給與一張，每社再發通事社丁各一張，著其不時讀聽。」此短歌僅96 字，迻錄於後：

> 諭爾番黎，沐化已久，如何陋習，至今尚有？
>
> 繡身紋面，裸體露醜，環耳披髮，又加酗酒。
>
> 種種頑風，斷不宜扭。開墾田園，子弟耕耨。
>
> 何必捕鹿？弓矢棄手。著衫穿褲，不類禽獸。
>
> 孝順父母，分別長幼，要識廉恥，男女勿苟。
>
> 再勿妄為，自取其咎，三尺具在，法所不宥。

光緒九年（1883），法國軍艦入侵臺灣之時，兵備道劉璈再辦北路團練。劉璈為此手定《章程十七條》刊佈，既而又刊刻《漁團章程》二十條，通飭紳民暨沿海漁戶遵行，其主要內容，見載於連橫《臺灣通史‧軍備志》。

二是刻印各府縣官學、書院所需的教材。

曾先後擔任閩縣知縣，福州府海防同知、臺灣鳳山知縣的曹謹，字懷朴，河南人。道光二十年（1840）升任淡水同知，「蒞治五年，日以興文教、崇實學，為淡人士倡。朔望必詣明倫堂，宣講聖諭」，又在明倫堂「刊《孝經》、《小學》，付蒙塾習誦。公餘之暇，每引諸生課試，分獎花紅。」由此促進了「淡之文風自是盛」。

臺灣書院教材最著名的刻本，是道光間巡道徐宗幹於海東書院刊刻的《瀛洲校士錄》，這是該書院的課文選本。內容選錄以台海學者的好文章作為學生

範本。如道光二十九年（1849）拔貢彭廷選，本同安人，少隨父培桂寓居淡水，設教於鄉。彭廷選能文，朝考一等，被命為淡水教諭。巡道徐宗幹對他的文章很欣賞，「曾選其文刊於《瀛洲校士錄》」。有學者評價，此書印行後，在臺灣具有廣泛影響，是臺灣文學史上的重要作品。

另據臺灣學者考證，在臺灣各地的學校教材中，「有清一代流行最廣泛的是《三字經》、《百家姓》與《千字文》。……當時所用的教本與內陸書院大同小異。……從清以來到近期所見，坊間可以輕易找到的童蒙書，除了『三百千』及各類雜字以外，還有蒙教兒經、弟子規、千家詩、唐詩三百首、增廣昔時賢文繪、朱柏廬治家格言……等。」「在臺灣教兒經和教女經，一直都有人出版，足見清代的兒女教育還非常傳統。」連橫《臺灣通史》卷十一則載，清人得台之後，在各地推行教育，「四民之子，凡年七八皆入書房，蒙師坐而教之，先讀《三字經》或《千字文》，既畢，乃授以四子書，嚴其背誦，且讀朱注，為將來考試之資。」這些推行童蒙教育的課本，顯然應由臺灣當地出版印刷。

三是刻印赴台官員和臺灣當地學者的各類著作。

上文提到的彰化望族呂氏，不僅家富藏書，也從事刻書。他所聘任的塾師吳子光「為人憤懣，胸中磊塊，時流露筆墨間。名其文曰《一肚皮集》。」此書共十八卷，後附《小草拾遺》一卷，呂氏為之刊行。

彰化陳肇興，字伯康。咸豐八年（1858）舉人。曾從學於彰化白沙書院，以詩賦而聞名。名其所居為「古香樓」，以讀書吟詠為樂。同治元年（1862），彰化戴潮春之變，陳肇興奔走武西堡牛牾嶺，謀糾義旅，以援官軍。夜則秉燭賦詩，追悼陣亡將士，語多悽愴，名其集為《咄咄吟》。戴變平息後，陳肇興在家鄉以教師為業，及門之士多成材。所著《陶村詩稿》六卷、《咄咄吟》二卷，為其自刻本。

湖南岳陽人氏劉璈，字蘭洲。光緒七年，分巡臺灣。著有《巡台退思錄》三卷，在台刊刻出版。光緒九年（1883），在反擊法國軍艦入侵之役中，劉璈守台南，防務大臣劉銘傳治軍臺北，二人意見不合。後劉銘傳為臺灣巡撫，上奏彈劾劉璈，「語多不實，奉旨革職，籍沒家產」，此書也被劉銘傳「奏毀其版」。當年連橫先生為撰《臺灣通史》，尋得此書，他深有感觸地說：「法人之役，劉銘傳治軍臺北，而劉璈駐南，皆有經國之才。使璈不以罪去，輔佐巡撫，以經理台疆，南北俱舉，必有可觀，而銘傳竟不能容之。非才之難，

而所以用之者實難，有以哉！」

廣西灌陽人氏唐景崧，於光緒十七年（1891）由臺灣道升任臺灣布政使。
所撰《請纓日記》十卷，記述的是光緒八年（1882）作者請纓入越，抗擊法
國侵略者的事蹟，於光緒十九年（1893）刻印臺灣布政使署。卷前有「光緒
癸巳刊於臺灣布政使署」刊記，邱逢甲序，卷末爲唐氏自跋。此書近年有《續
修四庫全書》影印本。

編纂志書和家譜、族譜等地方文獻，在中國有著悠久的歷史，清軍入台
後，這一傳統也就隨之傳播到了臺灣。康熙二十四年（1685 年）由首任臺灣
府知府蔣毓英主修的《臺灣府志》，是臺灣的第一部地方志書，但此志書的刊
刻地點不在臺灣（詳見下）。

最早在臺灣刊印的方志，是於康熙三十五年（1696 年）由福建分巡臺灣
廈門道高拱乾以蔣毓英的《府志》底稿增修的《臺灣府志》十卷（通稱《高
志》）。其後，相繼在台刊行的志書有康熙五十一年（1712），分巡道陳璸、知
府周元文據《高志》之舊版增修的《重修臺灣府志》十卷（通稱《周志》）；
乾隆六年（1741），分巡臺灣道劉良璧纂修的《重修福建臺灣府志》二十卷（通
稱《劉志》）；乾隆九年（1744）巡視臺灣兼提督學政監察御史范咸，與巡視
臺灣戶科給事中「六十七」（字居魯，滿洲鑲紅旗人）二人，據《劉志》與《高
志》二志增刪而成的《續修臺灣府志》二十五卷；乾隆二十九年（1764），由
分巡臺灣道兼提督學政覺羅四明（滿洲正藍旗人）總裁、臺灣知府余文儀主
修的《續修臺灣府志》二十六卷（通稱《余志》）。此外，各縣、廳志書，還
有康熙六十年（1721）知縣王禮主修的《臺灣縣誌》十卷；乾隆十七年（1752）
知縣魯鼎梅主修的《重修臺灣縣誌》八卷；嘉慶十二年（1807）知縣薛志亮
主修的《新修臺灣縣誌》八卷；康熙五十八年（1719），知縣李丕煜主修的《鳳
山縣誌》十二卷；乾隆二十九年（1764），知縣王英曾主修的《重修鳳山縣誌》
十二卷；雍正二年（1724），知縣周鍾瑄主修的《諸羅縣誌》十二卷；道光十
二年（1832）知縣李廷璧主修的《彰化縣誌》十二卷；道光十七年（1837）
通判柯培元主修的《噶瑪蘭誌略》十四卷；道光十九年（1839），通判薩廉主
修的《噶瑪蘭廳誌》八卷；同治九年（1870），同知陳培桂主修的《淡水廳誌》
八卷；光緒十九年（1893），同安林豪主修的《澎湖廳誌》十五卷等。

廣東三水人氏胡建偉，字勉亭，是乾隆十年（1745）進士。三十一年
（1766），任澎湖通判。在島上「建文石書院，親校文藝，手訂學約十條，以

爲程式。又勸各社多設義塾，助其經費，時往視之。」又以澎湖開闢已久，而文獻無徵，前任通判周于仁僅成《誌略》一卷，版又失傳，乃編纂《澎湖紀略》十二卷，在當地刊行。後升任北路理番同知，澎湖人士感其德政，爲之立位於書院，「至今談者稱爲治澎第一」。

刊刻家譜，是尊祖敬宗，使子孫後代知本識源的盛舉，在中國有著悠久的歷史。這一傳統，也在清代傳播至臺灣。連橫《臺灣通史》記載了一位名爲吳洛，字懷書的晉江人。約於乾隆十八年（1753）赴台。其時，彰化初設，曠土荒蕪，而沿山一帶，地尤肥沃。吳洛以募佃墾荒，種田致富，「歲可入穀萬石」。吳洛富裕之後，不忘家鄉，捐資給泉州的學校，又購買良田爲泉州的清源書院作爲學田。在臺灣，則分別捐資給海東、白沙兩書院。此外，在台還建宗祠，刊印《吳氏家譜》等。今海峽兩岸各地圖書館、博物館和民間收藏的各姓家譜、族譜甚多，是海外同胞尋宗訪祖的珍貴歷史資料。

三、赴台學者在台編纂的著作在大陸出版

因某些偶然原因，一些赴台的學者或官員在台編纂的著作未能在台刊印，而由後來的大陸學者爲其刊刻出版。

如金門盧若騰（1599～1664 年），字閑之，號牧洲。明崇禎十二年（1639）進士。在崇禎朝歷官武選司郎中，總京衛武學、浙江寧紹巡海道等職。以犯顏敢諫著稱。唐王朱聿鍵在福州立國，下旨徵辟，盧若騰單騎赴召。鄭成功開府思明，招徠遺老。若騰依之，禮爲上客，軍國大事，每向其諮詢。永曆十八年（康熙三年，1664）三月，與沈佺期、許吉燝等同舟入台。至澎湖，因病逝世。盧若騰的著作有《留庵文集》二十六卷，還有《方輿互考》、《與耕堂隨筆》、《島噫詩》、《島居隨錄》、《浯洲節烈傳》、《印譜》等。「稿多散佚，其同鄉林樹梅經多方尋求，得數種而刊行。」爲盧氏刻印遺著的林樹梅，字瘦雲，號嘯雲山人，亦金門人氏。出身將門而習文，曾從高澍然學詩，尤喜刻書。道光十一年（1831），他從同鄉某人處得到盧氏《島居隨錄》殘稿兩冊，次年又從其侄盧逢時處得到此稿的另一部分，遂於是年將此書校訂刊印，並於本年九月成書。此即連橫先生《臺灣通史·藝文志》中所據以著錄的《島居隨錄》二卷本。何以斷定此書刊刻於大陸而不是臺灣？這與林樹梅所刊印的盧若騰的另一部著作即《島噫詩》有關。此書林氏印本全稱爲《留庵島噫詩集》一卷，爲銅活字印本，今東北師範大學圖書館存。書中有清末福州著

名藏書家丁芸的一則題識：「此集僅一卷，道光十二年，林瘦雲先生從林君文儀借活字銅板排印，僅印五十部，傳本漸少。余從舊書肆覓得之⋯⋯。」文中提到的林文儀，字祖瑜，侯官（今福州）人，是清道光年間以銅活字印書的知名刻書家。林樹梅向他借銅板印書，當然只能在福州本地使用，而不太可能借到臺灣，由此可以推定與《留庵島噫詩集》同時刊行於道光十二年的《島居隨錄》，其刊行地點也是在福州。

被連橫先生譽爲「海東文獻初祖」的沈光文，字文開，號斯庵，浙江鄞縣人。在臺灣居住了三十多年，荷蘭人據台，到鄭氏盛衰，皆親歷目睹。著作有《臺灣輿圖考》、《草木雜記》、《流寓考》、《臺灣賦》和《文開詩文集》等。他的這些著作，其在世時未能刊行，後由其同鄉的著名學者全祖望訪其遺稿，在浙江刊印出版，爲「志臺灣者多資取焉」。

康熙二十二年（1683）率師攻克澎湖，統一臺灣的施琅（1621～1696 年），著有記述這一歷史史實的《靖海紀事》二卷。據此書卷前李光地、陳遷鶴等序，此書乃康熙二十四年（1685）由施琅五子平園刻印於福建。

上文所說的康熙二十四年（1685）由首任臺灣府知府蔣毓英主修的《臺灣府誌》，是臺灣的第一部志地方誌書，但此志刊刻地點不在臺灣，而是在大陸。1985 年中華書局影印《臺灣府志三種》，陳碧笙在《前言》中說：「此誌大概是在蔣氏調任後由其家屬在大陸刊行的，所以沒有序跋、凡例，沒有纂修姓名表，也不署蔣氏職銜，並由其子國祥、國祚校字，清代禁止文武官吏攜眷入台，僅此即可證其確係刊於大陸。」正因此書刊行於大陸，故早年在臺灣幾乎不爲所知，連橫《臺灣通史・藝文志》未列此書。

漳浦藍鼎元（1680～1733 年），字玉霖，別號鹿洲。所著《平臺紀略》一卷、《東征集》六卷，記載康熙六十年（1721）藍鼎元從其兄南澳總兵藍廷珍平定臺灣朱一貴起義始末。據《四庫全書總目》卷四十九著錄，雍正十年（1732），藍鼎元將此書「始鋟板」於其任廣州知府之時。對此，清周中孚又有不同的看法。他在《鄭堂讀書記》卷七十一中著錄《東征集》六卷，認爲「其集初刊於康熙壬寅（1722），廷珍爲之序。至雍正癸丑（1732）鹿洲又即舊刻刪定重刊。」兩說孰是孰非？實際上，《平臺紀略》與《東征集》最早是分開出版的，《東征集》在前，《平臺紀略》在後。考《東征集》王者輔雍正十年序稱，此書「風行海內，已歷歲年。余惜其板字漫漶，且詢知前刻倉皇，未及竣備，爲檢軍中舊稿，更加選評」云云。由此可知，誠如周中孚所說，《東

征集》雍正本之前有一「初刊」，由此可以斷定，此書的「始鋟板」可能就在
臺灣，而廣州本則是「重刊」。因康熙壬寅藍廷珍仍在臺灣任職，此書在台刊
行，也就順理成章了。如果此說成立的話，那麼，藍鼎元這部書就開了前後
十年間分別在臺灣和大陸兩地出版的一個特例。而《平臺紀略》在雍正十年
本之前，也有一「初刊」，即雍正元年（1723）本，比《東征集》晚一年。王
者輔序此書云：「紀略成於雍正元年，風行海內者十載。舊板漫漶，余爲加評
點而新之，因並敘其事於簡端。」又據藍鼎元此書雍正元年夏五月自序，其
時藍氏已回到漳浦，序文即書於其故居鹿洲草廬，故此書與《東征集》略有
不同，十年間的前後兩個版本均刊行於大陸。

　　乾隆二十八年（1763）任鳳山教諭的建寧朱仕玠，在台所著《小琉球漫
志》十卷，則刊行於乾隆三十年（1765），刊行地點在其故鄉。此書有本年朱
氏自序，末署「邵武朱仕玠筠園書於里中之二如園」，可證。

　　連橫《臺灣通史·藝文志·表三》中所著錄的「大興丁曰健《治台必告
錄》八卷」，刊刻的地點也不在臺灣，而是在大陸。何以知之？考丁曰健，字
述安，安徽懷寧人。咸豐四年（1854）任淡水同知。同治二年（1863）因巡
撫徐宗幹之薦而升任臺灣兵備道。此書初稿即徐氏在台時所輯。同治二年離
台前，將書稿交丁氏，而丁氏因其時爲平定戴潮春之亂，公務繁忙，無暇刊
刻此書。直到同治五年冬丁氏「舊病復發，專折奏准開缺，奉旨允准」，返回
大陸後，方於同治六年（1867）將此書加以重編，在徐氏舊稿的基礎上新增
丁氏自著《平臺藥言》三卷，釐爲八卷，刻印於丁氏知足知止園，爲此書最
早刊本。

四、臺灣學者在大陸刻印圖書

　　其實，任何交流都應該是雙向的。大陸學者在臺灣出版著作，而臺灣學
者也有在大陸刻書的舉動。隨著臺灣文化和教育事業的普及，臺灣的士人也
逐漸脫穎而出。一些台籍學者通過科舉考試，也獲得了赴大陸擔任官職的機
會，這就出現了臺灣學者在大陸刻書的現象。如上文提到的曾攜帶圖書返台
的嘉義陳震曜，於道光五年（1825）調省城福州，任鼇峰書院監理一職。因
其博通經史，文才出眾，被聘爲協助修纂《福建通志》。而鼇峰書院藏書豐富，
從創建書院以來，就有著書、編書、刻書的優良傳統。故陳震曜在書院，就
曾「訪刻先儒遺書」，得到當地學者的好評。後調任同安縣任儒學訓導，又倡

修《同安縣誌》。陳震曜的著作有《小滄桑外史》、《風鶴餘錄》、《海內義門集》、《歸田問俗記》和《東海壺杓集》等。連橫稱其「所著書，皆足資台事，非泛泛也。」

汪毅夫先生《臺灣近代文學叢稿》則記載了臺灣施鈺所撰的《臺灣別錄》，由其婿和子刊行於泉州施唐培刻坊；彰化教諭周莘仲的《周莘仲廣文遺詩》，由閩縣林紓作序，刊行於福州。

除了以上四種類型的圖書交流和刊刻出版之外，還有一些專門刻書機構在台刊刻圖書。李瑞良先生《中國出版編年史》記載說清道光初年（1821），有「臺灣府六品銜職員盧崇玉在台南創立松雲軒刻印坊。這是臺灣第一家印刷機構。松雲軒刻印坊主要刊印善書、神佛像、詩文集。」

謝水順等撰《福建古代刻書》則記載有王興源，為「福建刻工，道光二十年（1840）在臺灣刻官獻瑤《官石溪文集初刻》三卷、鄭兼才《六亭文集》十二卷，書尾均有『福省王興源在臺灣刊』一行。」而我則懷疑此王興源，極可能是書坊主，而非刻工。因為，如果僅僅是受雇於人的刻工，在書中雇主（書坊老闆）的大名不出現，而只出現個別刻工之名，這種情況是很少的（如刻於中縫下角的，則又當另作別論）。

清代大陸與臺灣，以圖書方式結緣的，涉及面最廣，流傳最為廣泛的，當屬民間刊刻的通書。在這一方面，泉州洪潮和繼成堂編刊的通書最具盛名。陳進國博士的〈民間通書的流行與風水術的民俗化——以閩台洪潮和通書為例〉一文中記載了他曾見到一民國初年繼成堂通書殘本，錄有一則道光七年（1827）六月晉江縣發佈的示禁文，禁止某些書店假冒翻刻，在「書皮及每帙中線刊列『繼成堂洪潮和長口口口口造假冒字號，發往臺灣各處銷售』，這從一個側面反映了洪氏通書在泉州、漳州、臺灣都有較強勢的市場需求。」他認為，「乾嘉以降，大批泉州人移居臺灣，泉台交流密切，來繼成堂祖館參學的臺灣人氏自然也較多。日據時期，日本當局為了使臺灣文化『脫中國化』，曾禁止大陸的各類通書入台。然而在繼成堂祖館（包括長房和三房）及各門人分館的推動下，單是祖館通書在台發行量就相當大，據說最全盛期可達十萬冊，而祖館也一直有『專售臺灣』的版本。……臺灣富有民族情感的漢人，更是將通書當作是維護傳統漢文化的利器。」

綜上所述，清代海峽兩岸通過圖書的出版和交流，不僅促進了兩岸的圖

書出版和發行，在推動臺灣文化教育事業的發展，促進清政府對台的治理等方面，無疑都起到了巨大的作用。隨著時光的推移，清代兩岸出版的相關圖書，今天大部分已成為珍貴的古籍善本，成為海峽兩岸同根同源的寶貴的文獻和文物實證。其中也有一部分經現代影印技術重新出版，在增進海峽兩岸的文化認同，弘揚中國優秀的文化遺產方面，必將產生更大的歷史作用！

宋明時期的圖書貿易與書商的利益追求

　　中國的圖書貿易市場發展到宋明時期，約經歷了近千年的發展和演變。其間，從西漢元始四年（西元 4 年）長安出現的「相與貿賣」經書的「槐市」，〔註 1〕到東漢初王充閱書的洛陽書肆，〔註 2〕均以竹簡、木牘爲交易物件，是圖書市場的萌芽階段。唐代，西元九世紀左右，長安、成都出現了一批以出售雕版曆日、醫書、佛經爲主的書坊；揚越間則有印賣元稹、白居易詩集的書肆，則是印本圖書走向市場的開端。

　　由於唐代政府用書仍停留在手抄階段，故唐代的圖書貿易，從圖書商品來看，是印本與抄本並行或相互競爭的時代；從市場主體而言，則是民間坊刻之間的競爭。這種狀況，直到後唐長興三年（932）國子監刻印《九經》，才有所轉變，印本圖書開始佔據上風；圖書市場上，也開始有了「官刻」這樣一支後起的力量。

一、宋明時期的圖書市場

　　宋代是我國雕版印刷業的黃金時代，也是圖書貿易繁榮的時代。這一時期，印本基本上取代了抄本，成爲圖書市場的主要商品。

　　從出版機構來看，以民間坊刻爲主，以政府官刻、民間家刻爲兩翼的三大系統已經形成，並由此一直延續到明清時期。從刻書地域來看，福建刻書業呈後來居上之勢，成爲全國最大的刻書中心。生活於兩宋之交的葉夢得（1077～1148）在《石林燕語》卷八中曾對「今天下印書」的杭州、四川、福

〔註 1〕　《三輔黃圖・明堂》，《藝文類聚》卷八八引，中華書局 1965 年版。
〔註 2〕　《後漢書・王充傳》，中華書局 1965 年版。

建、京師四地的刻本進行過一番比較和評價，實際上已告訴我們，北宋時全國有四個最主要的刻書基地。根據宋明時期的坊刻，大多具有集出版、印刷與銷售於一身的特點，故刻書業繁榮之處，往往也是圖書貿易繁榮的地方，由此可以推斷，北宋時的汴京、杭州、四川和福建也是當時全國最大的圖書貿易市場。

以汴梁為例，據孟元老《東京夢華錄》卷三載，京都大相國寺內就有很大的圖書市場，「殿後資聖門前，皆書籍、玩好、圖畫。」北宋文人穆修，得韓愈、柳宗元二集善本，曾出資刻版印行，在相國寺設肆出售。〔註3〕據李清照〈金石錄後序〉，每逢朔望，這位女詞人即與其夫趙明誠到相國寺書市上淘書，遇到合適的圖書，「輒市之，儲作副本。」

由於汴京圖書貿易繁榮，士人雲集，市場廣闊，很自然地成了外地書商發行圖書的首選。宋王暐《道山清話》記載了一則北宋時期有關圖書發行的軼事：

> 張文潛嘗言近時印書盛行，而鬻書者往往皆士人，躬自負擔。有一士人盡掊其家所有，約百餘千，買書將以入京，至中途，遇一士人取書目閱之，愛其書，而貧不能得。家有數古銅器將以貨之，而鬻書者雅有好古器之癖……於是盡以隨行之書換數十銅器，亟返其家，其妻……問得其實，乃詈其夫曰：「你換得他這箇，幾時近得飯吃？」其人曰：「他換得我那箇也，則幾時近得飯吃？」因言人之惑也如此，坐皆絕倒。

張文潛即詩人張耒（1054～1114），蘇門四學士之一。從上文的語氣看，此事當時是當作笑話來講的，卻從中透露出這樣的資訊：一是北宋時搞長途販書的即所謂「行商」中有不少讀書人，且生活比較貧困，傾其家中所有，僅能做一「躬自負擔」的小本生意，販書只是為了「近得飯吃」即維持基本的生活。二是長途販運的目的地是「入京」即京師汴梁。其原因不外乎是京師圖書市場容量大，成交快。由此可見，北宋時的汴京不僅是刻書基地，也是全國各地出版物的聚散之地和交易中心。

宋南渡後，臨安取代了汴京的地位，成為當時的政治、經濟、文化中心，也是刻書中心和圖書貿易中心。吳自牧《夢粱錄》卷十三載：「杭城是行都之處，萬物所聚，諸行百市，自和寧門權子外至觀橋下，無一家不買賣者。」

〔註3〕宋·朱弁《曲洧舊聞》卷四，《叢書集成初編》本。

北宋時，臨安就有陳氏萬卷堂、杭州大隱坊等書鋪印書。南宋時書鋪更多，今可考者尚有 20 多家，多以「書籍鋪」、「經鋪」、「文籍鋪」命名。最著名的是陳起的書籍鋪，以刊刻「江湖派」詩人的詩集而聞名於世。這些書鋪既刻書，同時也賣書，其主人往往就是出版兼發行於一身的書商。

南宋福建以建陽坊刻為主的刻書業發展迅速，在刻書數量上一躍而居於全國首位。一直到明代，仍是刻書最多的地方，同時也是全國規模最大的圖書貿易市場。建陽圖書市場的主要地點在麻沙和崇化，並稱「兩坊」。南宋的方志學家祝穆在《方輿勝覽》卷十一中，將建本圖書列為第一項「土產」，並稱「書籍行四方。麻沙、崇化兩坊產書，號為圖書之府。」既說到「產書」即刻書業的繁榮，又提到了「書籍行四方」即圖書貿易的興盛。嘉靖《建陽縣誌》卷三則記載說：「書市在崇化里，比屋皆鬻書籍，天下客商販者如織，每月以一、六日集。」這裏的「比屋皆鬻書籍」，是說街道兩旁所有的店鋪，清一色的全是賣書。這是寫實，而並非誇張。現今凡是到過建陽書坊鄉考察的人都知道，這裏還有一條保存不甚完整的古街，長約五、六百米。兩側的房屋仍是過去留下的店鋪模樣，使用的門面仍是過去那種可拆卸的鋪板。在這樣的一條古街上，兩旁的店鋪全部出售圖書，其盛況，大概可與今天北京的琉璃廠相媲美。且每逢一、六日集，每月就有六次這樣的圖書集市，這種與當地的趕集（當地人稱為墟市）的習俗緊密地結合在一起，而又以圖書為主要交易物件的文化集市，無論是中國圖書史還是經濟發展史上，都是極其罕見的。〔註4〕

與宋代不同，元代的圖書市場，生產與銷售出現了某種不太一致的地方。宋代的刻書中心如臨安、建陽、成都，往往也是最大的圖書貿易市場，而從元代開始，這二者之間出現了某種背離。元代的刻書中心主要在「兩陽」，即北方的平陽和南方的建陽，而圖書交易最大的市場則是在大都、杭州和泉州等地。其原因一是元朝統一中國，使政治中心重新北移，也帶動了經濟和文化的北移；二是圖書的生產以原材料為主，原材料豐富、價廉之處往往就是書坊雲集之地，建陽和平陽就是這樣的地方。而圖書銷售市場則以商業繁榮、人口比較集中的大都市為首選，元大都、杭州、泉州等地作為當時聞名世界的大都市，理所當然地成為各地書商的角逐之地。當然，生產圖書的地方如

〔註4〕這種「每月以一、六日集」，每隔五日一集的習俗，建陽的各鄉鎮，甚至在建陽的城關至今仍有保留，只是早已沒有這種以圖書為交易物件的「書市」了。

「兩陽」實際上也有銷售，而銷售圖書的大都市如大都、杭州也有書坊刻書，只是各自的側重點不同而已。如建陽「每月以一、六日集」的崇化書市在元代仍然存在。謝枋得在抗元兵敗後隱居建陽期間，就目睹了其盛況。他在〈雲衢夜月〉一詩中寫道：「長虹跨陸登雲衢，會通四海同車書。日斜市潰夜喧息，月夜雲淨天無疵。」〔註5〕詩中描寫元初的書市喧鬧異常，一直到「日斜」之時方才散市，逐漸安靜下來，說明元初的建陽圖書市場恢復得相當迅速。平陽地處山西，本為金代中國北方的刻書中心。蒙古滅金後，在此設經籍所。入元後，金代舊店和元代新鋪並存，書肆略少於建陽而多於杭州。大都刻書則以官刻為主，坊刻不多，知名者有竇桂芳設的活濟堂，刻本均醫學書籍。竇本建安（今建甌）人氏而開肆於大都，由此可知政治中心北移對書商的吸引力。

入明以後，圖書生產與銷售地點的「背離」越發明顯。明代著名藏書家胡應麟是最早發現其時「書之所出而非所聚」，並揭示這種「出」與「聚」即生產與銷售二者之間出現背離的學者。他在《少室山房筆叢》卷四〈經籍會通四〉中說：

> 今海內書，凡聚之地有四：燕市也，金陵也，閶闔也，臨安也。……
>
> 凡刻之地有三：吳也，越也，閩也。……

所謂「聚之地」是說聚集全國各地出版的圖書最多，圖書貿易最繁榮的地方，其四地分別為北京、南京、蘇州和杭州。所謂「刻之地」是說生產圖書最多的地方，其三地分別為江蘇、浙江和福建。由此可知，明代北京刻書不多但圖書貿易繁榮。據張秀民《中國印刷史》，明代北京可考的書坊僅金台汪諒、金台岳家、永順書坊等十幾家，與建陽書坊達 200 多家相比，〔註6〕的確不多。但北京作為京都，人文薈萃，經濟發達，故「海內舟車輻輳，筐篋走趨，巨賈所攜，故家之蓄，錯出其間」，從而使北京的圖書貿易「特盛於他處」，〔註7〕成為明代全國的圖書貿易中心。

明代的福建仍是全國刻書最多的地方，但因僻處東南一隅，從圖書貿易的角度而言，以本地所產圖書向外批發流出為主，而非外地刻本流入之地。而蘇州、南京的市場「巨帙類書，咸薈萃焉。」其中七成為兩地自刻本，福

〔註5〕嘉靖《建陽縣誌》卷三，上海古籍書店 1962 年影印本。
〔註6〕據拙著《建陽刻書史》，明代建陽書坊多達 221 家。
〔註7〕胡應麟《少室山房筆叢》卷四，《經籍會通四》，古籍文學社 1958 年版。

建刻本占了三成。杭州市場因「其地適東南之會，文獻之衷」，故「三吳七閩，典籍萃焉」，〔註 8〕江蘇和福建刻本在此雲集。可見，江蘇（南京、蘇州）和浙江（臨安）既是刻書業發達之處，也是圖書貿易繁榮的地方。

　　元明時期圖書市場的這種背離，其實質是自古以來以坊刻爲主體的出版業集出版、印刷與銷售於一身的三元結構方式，在新的時代背景之下所產生的第一種裂變，即圖書市場的產與銷的分離。這種分離，使圖書的生產與銷售成爲各自相對獨立的行業成爲一種趨勢，是現代出版業與圖書發行業得以各自最終形成的濫觴。

　　以上所言，僅舉宋明時期圖書貿易的主要市場而論；實際上，這一時期圖書市場已遍佈全國城鄉各地，形成了圖書市場的交易網路，促使印本圖書「行四方者，無遠不至」。從宋代開始，流傳至高麗、日本，明代因西方傳教士的仲介作用而流傳至歐、美各國。

二、圖書貿易的品種與方式

　　圖書市場上交易的主要品種是已裝訂成冊的成品圖書。新印圖書之外，古舊書籍也是圖書市場上的一大品種。如南宋臨安陳思，是著名的刻書家，印書出售之外，亦買賣古籍。著名理學家魏了翁的許多藏書，就來源於陳思代爲「收攬」。〔註 9〕陳振孫爲陳思編刻的《寶刻叢編》作序說，都人陳思，因爲買賣新舊圖書，許多買家和賣家都和他交上了朋友，由於經手的古舊圖書多了，他也成了精於版本鑑別的行家。明代北京的城隍廟書市，是古舊圖書的聚散之地，藏書家張誠父曾在此購得宋版徐鍇著《說文解字韻譜》五卷。該書卷末有其題記云：「萬曆乙未年（1595）長至日，得於北京城隍廟，價銀拾兩，子孫其世寶之。」〔註 10〕明萬曆、崇禎年間，常熟毛晉爲了刻書而廣搜古籍善本，成爲其時古舊圖書交易的一大亮點。他在家門前張榜曰：「有以宋槧本至者，門內主人計葉酬錢，每葉出二百；有以舊鈔本至者，每葉出四十；有以時下善本至者，別家出一千，主人出一千二百。於是湖州書舶雲集於七星橋毛氏之門矣。……邑中爲之諺曰：『三百六十行生意，不如鬻書於毛氏。』」〔註 11〕由於毛晉收書是在與「別家」即其他書商的競爭中進行的，由

〔註 8〕 胡應麟《少室山房筆叢》卷四，《經籍會通四》，古籍文學社 1958 年版。
〔註 9〕 魏了翁《寶刻叢編序》，《四庫全書》本。
〔註 10〕 彭元瑞《天祿琳琅書目後編》卷三，中華書局 1995 年影印本。
〔註 11〕 葉德輝《書林清話》卷七，中華書局 1957 年版。

此也推動了當地古舊圖書市場的流通。

新印與古舊圖書之外，在進入市場的圖書品種中，還有一種「半成品」，即由購書者自選紙張、油墨，或繳納紙墨錢進行自印。此舉最早始於北宋的國子監。《書林清話》卷六載：

> 宋時國子監板，例許士人納紙墨錢自印。凡官刻書，亦有定價出售。今北宋本《說文解字》後，有雍熙三年（986）中書門下牒徐鉉等新校定《說文解字》。牒文有「其書宜付史館，仍令國子監雕爲印板。依九經書例，許人納紙墨錢收贖」等語。

由此可知，北宋監本書「許士人納紙墨錢自印」是一個慣用的通例。徐鉉校本《說文解字》，只是仿照《九經》等監本原來的「書例」而已。

靖康之難，使官私藏書被金人擄掠一空。宋南渡後，館閣缺書的問題尤爲突出。紹興五年（1135）閏二月，尚書兵部侍郎兼史館修撰王居正上言：「四庫書籍多闕，乞下諸州縣將已刊到書板，不以經史子集小說異書，各印三帙赴本省。係民間者，官給紙墨工賃之值。從之。」〔註 12〕此爲中央政府爲解決史館圖書之缺，利用各地現成書版，每種各印三部。州縣官刻無償調撥，民間坊私所刻，付給紙墨工錢，以及使用書版的租金。

宋明時期這種利用原有書版自選紙墨，甚至版式的「半成品」交易，也擴大到民間。南宋理學家朱熹（1130～1200）在建陽講學時，有許多學者通過他來購買建本圖書。有一個名周樸的，寄了一筆錢，開了一個購書單給朱熹。朱熹在回信中說，你要買的書，已買到交給來人。你要的《漢書》，「不知要何等紙？板樣大小如何？其人未敢爲印，有便仔細報及，當續爲印也。」〔註 13〕可見，建陽書坊可以根據讀者所需，自由選擇合適的紙張和版式。經濟狀況好的，可選擇好紙，以及字大行疏的版式；經濟狀況不允許，則選擇差一點的紙，以及行格緊密的版式，以節省開支。這種可供選擇的「半成品」交易方式，能夠適應不同層次讀者的需要，可能在各地的圖書交易市場上，或多或少地都曾經存在過。

明永樂、宣德年間，明朝政府曾有過幾次大規模的徵購圖書的行動，以彌補館閣藏書的不足。宣德四年（1429），又有孔子的後裔「衍聖公孔彥縉以請市福建麻沙版書籍，咨禮部尚書胡濙，奏聞許之。並令有司依時值買紙雇

〔註12〕 李心傳《建炎以來繫年要錄》卷八十六，上海古籍出版社 1992 年版。
〔註13〕 朱熹《答周純仁》書一，《朱文公文集》卷六十，四部叢刊本。

工摹印。」〔註14〕這是官方根據需要自購紙張，利用書坊現成的書版雇工摹印。官方與書坊之間所進行的，是一種圖書「半成品」的買賣交易。

宋明時期圖書交易的第三種方式是書版轉讓交易。此舉最早見於北宋杭州的市易務。市易務係北宋時平抑物價的官方機構，在主業之外，也附帶刻印圖書。元祐四年（1089），大文豪蘇東坡官杭州知府時，市易務欲將一批書版轉售給杭州州學，計價 1469 貫有奇。蘇東坡認爲此事不妥，故上了《乞賜州學書板狀》，〔註15〕要求無償劃撥給州學。此次書版轉讓的最後結果如何，不得而知，但杭州市易務開官方圖書貿易書版轉讓之先河，應無疑義。

有趣的是，就在杭州市易務轉售書版的同一年，泉州商人徐戩也開始了書版買賣，且將書版賣到了國外。徐戩本爲海商，私下受高麗國（今朝鮮）的委託，在杭州雕造《華嚴經》2900 多片，竣工後用海船運往高麗，徐得到酬銀 3000 兩。由於此事完全是徐戩個人的私下交易，事先未奏准官方同意，被杭州知府蘇東坡知悉後，一紙奏狀，徐戩被「特送千里外州軍編管」。〔註16〕

宋明時期書商之間書版轉讓交易的典型事例，當屬元代建陽余志安（1275～1348）勤有堂。余氏於元皇慶元年（1312）刊刻的《集千家注分類杜工部詩》二十五卷，在余志安逝世 15 年後，即至正二十二年（1362），不知出於何種原因，其後人將書版出售給了建陽葉氏廣勤堂。今存至正二十二年印行的葉氏廣勤堂本《集千家注分類杜工部詩》，即爲原勤有堂刻版。葉氏購得其版後，在實現了版權轉讓的情況下，挖去勤有堂牌記，另增刻「三峰書舍」、「廣勤堂」刊記，印行發售。明正統年間（1436～1449），遠在北京的金台汪諒又從葉氏子孫手中購得此書版，亦改換刊記印行。這種書版一再轉讓，重印本叠出的現象，給後來的版本學家造成麻煩，以致誤錄。當然也有自以爲高明的，如清代館臣所纂《天祿琳琅書目》卷六著錄此書有一段長長的文字，將葉氏改換余氏刊記印行之事分析得條條是道，但著錄者顯然對宋明時期有書版交易一說一無所知，以至將葉氏印本斥爲「作偽」。葉氏既購得余氏書版，〔註17〕就是該書版的合法所有者，要怎麼修改或挖改，那是他的權利。試想，假如葉氏不做挖改，而仍按原版印刷出售，就會造成以元末印本冒充余氏之

〔註14〕 清·施鴻保《閩雜記》卷八，福建人民出版社 1985 年版。
〔註15〕 蘇軾《蘇東坡全集·奏議集》卷六，中國書店 1986 年版。
〔註16〕 〈乞禁商旅過外國狀〉，《蘇東坡全集·奏議集》卷八；〈論高麗進奏狀〉，《蘇東坡全集·奏議集》卷六。
〔註17〕 歷史上並無余氏與葉氏的版權糾紛發生，因此推斷此書版爲正常的轉售。

皇慶原印本的混亂，那豈不是眞正的「作僞」？

明萬曆年間書林劉龍田喬山堂刻本《三國志傳》，和閩建書林笈郵齋刻本《三國志傳》，過去多認爲是兩種刻本，拙著《建陽刻書史》亦沿襲此誤。經陳翔華先生考證認爲，其實笈郵齋並未刻此書，而是用喬山堂書版重印的。〔註18〕喬山堂的刻版當然不可能平白無故地交給笈郵齋重印，且打上笈郵齋的刊記。我們今天雖已無從瞭解此書版易主背後的故事，但此書版是喬山堂轉售給笈郵齋的應無疑義。

明末著名刻書家毛晉爲擴大其刻書經營業務，也曾於崇禎三年（1630）購置了胡震亨《秘冊彙函》殘版，經修補，刊行了大型叢書《津逮秘書》十五集，收書 137 種。〔註19〕

除了以上三個品種的「顯性交易」方式之外，宋明時期的不太爲人們所關注的「隱性交易」方式，即書坊接受官私方委託刻印圖書。這種交易方式的主體是在書坊與某一官方機構，或某一私宅或個人之間進行的。由於許多官方機構或私宅，並非專業的刻書機構，因某種原因，臨時需要出版某種或若干種圖書，但又缺乏雕版印刷方面的知識和經驗，於是就委託某些比較有實力的書坊來承擔這一任務。這種交易方式，均由委託方負責出資，並負責書稿的編輯和校對。在版式的設計，字體、紙張的選擇上，書坊必須按照委託人的要求辦理，書坊僅負責書版的雕印和裝訂等事務的具體實施而已。

宋明時期，這種圖書交易的事例是很多的。我在〈建陽書坊接受官私方委託刊印之書〉〔註20〕一文中，列舉了建陽書坊接受官府委託刻書宋代 4 例，元代 3 例，明代 17 例；接受私家委託宋代 5 例，元代 4 例，明代 5 例。在外地其他書坊，這種情況也或多或少存在。如紹熙元年（1190）朱熹在漳州，將呂大臨《芸閣禮記解》十六卷「刻之臨漳射垛書坊」。〔註21〕元太宗時，中書令楊惟中委託大都書坊刊行《四書》，尙書田和卿也委託書坊刊行《易程氏傳》、《書蔡氏傳》、《春秋胡氏傳》等。〔註22〕明末毛晉受王象晉委託，爲之刻印《二如亭群芳譜》；受張之象委託刻印《唐詩類苑》；又受張溥委託刻印

〔註18〕 陳翔華《劉龍田及其喬山堂本〈三國志傳〉紀略》，《三國志演義古版叢刊五種》之四。

〔註19〕 葉德輝《書林清話》卷七，〈明毛晉汲古閣刻書之七〉。

〔註20〕 文載《文獻》2002 年第 3 期。

〔註21〕 陳振孫《直齋書錄解題》卷二，現代出版社 1987 年《中國歷代書目叢刊》本。

〔註22〕 姚燧〈中書左丞姚文獻公神道碑〉，《牧庵集》卷十五，《四部叢刊》本。

《漢魏六朝百名家集》等。〔註23〕

　　宋明時期書坊接受官私方委託刻印圖書，其實質是自古以來以坊刻爲主體的出版業集出版、印刷與銷售於一身的三元結構方式，在圖書市場銷售方式的探索過程中所產生第二種裂變，即圖書出版者與印刷者的分離。這種分離，使圖書的生產出現了出版與印刷兩個不同的環節，是現代山版業與印刷業得以各自最終形成兩個不同行業的濫觴。

三、三大系統的不同市場表現與評價

　　作爲圖書的主要生產者，官、私、坊這三大系統的刻書機構，實際上也是宋明時期圖書貿易的主要參與者；而其主體部分，則仍是各地從事坊刻的書商，盈利是其主要目的。

　　一般來說，盈利不是官刻的主要目的，但爲了收回成本，或作爲增收項目，實際上也參與圖書市場的角逐。官刻本在五代時就有「印賣」的記載。《資治通鑑》載：後唐長興三年（932）二月辛未，「令國子監校定《九經》，雕印賣之。」〔註24〕入宋以後，國子監書庫官「掌印經史群書，以備朝廷宣索賜予之用，及出鬻而收其值以上於官。」〔註25〕可見，北宋的國子監刻本除了準備朝廷恩賜之用外，一部分也是「出鬻而收其值」的。葉德輝在《書林清話》卷六中甚至斷言宋代「凡官刻本，亦有定價出售。」並舉了南宋時期各地官方機構公使庫、州縣學的六種刻本爲例。如紹興十七年（1147）黃州官刻本《小畜集》，書中有紙墨工價「共計一貫一百三十六文足，見成出賣，每部價錢五貫文省」的牒文；淳熙三年（1176），舒州公使庫刻本《大易粹言》，每部成本爲二貫七百文，書內牒文稱「本庫印造見錢出賣，每部價錢捌貫文足」。

　　《天祿琳琅書目後編》卷四載宋淳熙象山縣學刻本《漢雋》，序後詳列成本與定價：「每部二冊，見賣錢六百文足。印造用紙一百六十幅，碧紙二幅，賃版錢一百文足，工墨裝背錢一百六十文足。」文中列出的「賃版錢」係指雕版的折舊費，加上印刷工本費共260文，定價爲600文，其利潤竟高達130%。該書目其下又載：「楊王休題云：『善本鋟木，儲之縣庠，且藉工墨贏餘爲養士之助。』」故書末詳臚工價，宋元郡庠書院多以刻書印鬻供膏火，不同坊賈

〔註23〕李瑞良《中國出版編年史》（下），第510頁。福建人民出版社2004年版。

〔註24〕《資治通鑒》卷二百七十七《後唐紀六》，北嶽文藝出版社1995年版。

〔註25〕《宋史・職官志五》，中華書局1981年版。

居奇。」是爲了說明宋元時期州縣學等官刻本售出後，其盈利部分是作爲補貼士子學習的費用，而與書商純粹是爲了盈利有所不同。當然，這只是清代館臣的說法，其實，同樣是作爲商品投放市場，二者只有參予程度上的差別，而並無實質的不同。

與官刻一樣，宋明時期的私家刻書也不以盈利爲主要目的。但在圖書市場上，又不時地能見到他們的身影。據載，僅南宋時期，從事家刻的士大夫和著名人士就有陸游、范成大、楊萬里、周必大等 100 多人。〔註 26〕其中最具典型意義的，是南宋的理學家朱熹。

乾道年間，朱熹由於奉祠家居，僅領半俸，生活陷於「艱窘不可言，百事節省，尚無以給旦暮」〔註 27〕的困境之中。爲了擺脫此窘境，也爲了保證自己的學術研究能夠順利進行，他在講學和著述之餘，在建陽崇化刻書作坊、書鋪林立之處也開設了一間「書肆」，朱熹的書鋪無名號，自稱「書肆」，〔註 28〕從事印賣活動。試圖以此維持生計，彌補其半俸之不足。朱熹將售書所得利潤，戲稱爲「文字錢」，〔註 29〕以此作爲「自助」的經濟來源。由於是文人經商，缺乏經驗，朱熹的書肆最終因經營不善而倒閉，其原因，今已無從詳考。筆者在《朱文公文集》中他給師友門人的書信中發現，爲了傳播其學術思想，他的一大批刻本多採用了贈送的方法，表明朱熹的經營目標的確只是停留在「自助」的水平上，而不是單純爲了盈利。

與官刻、家刻不以盈利爲主要目的不同，坊刻的目的很明確，就是爲了盈利，故流通性好，能暢銷的圖書競相刊刻。以市場需要爲導向來選擇圖書品種，是從事坊刻者最基本的生存和發展之道。正因如此，科舉應試之書、日用類書籍和通俗文學作品成爲宋明時期刊刻最多，圖書市場銷售量最大的門類，也就不難理解了。

同樣是刻印圖書，官刻、家刻是把圖書傳播文化知識的屬性擺在第一位的。刻本首先是精神產品，其次才是商品；賞賜、贈送之外，才講「鬻賣」，故在他們那兒，圖書的商品屬性是不完全或不充分的。坊刻則不同，在他們眼中，圖書首先必須是商品，能夠買賣盈利，其次才講它的文化屬性。正因

〔註 26〕張秀民《中國印刷史》56 頁，上海人民出版社 1989 年版。
〔註 27〕《朱文公文集》卷六，〈林擇之〉》書七。
〔註 28〕見其《續集》卷八，〈答李伯諫〉書二、書三。
〔註 29〕《朱文公文集·別集》卷六，〈林擇之〉書七。

為坊刻的這個特點，人們才把從事坊刻者稱為「書商」，即從事圖書印賣活動的商人。商人的本質是為了賺錢和盈利，而只有讓圖書具備完全的商品屬性，以商業的運作模式來經營出版和發行，圖書的生產和再生產才有可能獲得源源不斷的經濟上的支援和保證。從這個角度來說，宋明時期的書商是這一時期圖書市場中最具活力的主體，就好象我們不得不承認來自民間的書坊、書肆曾經是唐代或此之前雕版印刷業最主要的奠基者一樣，我們還不得不承認，宋明時期從事坊刻的書商，是推動這一時期圖書市場商品經濟發展的最主要的力量。

四、從市場發展的角度評價書商的利益追求

在傳統的評價中，人們習慣於從坊刻、官刻、私刻的質量比較這一單一角度出發，故對坊刻往往是貶抑者居多。從宋代以來，批評、斥責「坊賈射利」之說幾乎是眾口一辭，不絕於耳。這對部分坊刻本質量欠佳，粗製濫造，甚至偷工減料的批評，雖不乏合理的一面，但這種偏執於一端的指責，無形中既抹殺了「坊賈」在推動圖書市場商品經濟發展方面的貢獻，也否定了書商可以而且應當追求正當利益的合理性。

與傳統偏見不同，書商追求正當的利益得到理學家朱熹、熊禾（1247～1312）等人的讚賞。熊禾在為元代建陽書坊同文書院寫的《上梁文》中甚至把坊刻本與朱熹的著作相提並論，稱為「文公之文，如日麗文；書坊之書，猶水行地。」把能夠促使「書籍高麗日本通」的坐賈，「萬里車書通上國」〔註30〕的行商統統讚美為「偉兒郎」。這對培育當地圖書市場的發展，促進中華典籍的海外傳播，無疑具有進步意義和重大影響。在封建社會普遍賤商、鄙商的氛圍中，熊禾的言論，顯得尤為可貴。

朱熹對宋明時期圖書市場發展的影響也是顯而易見的。他除了以其親身在建陽崇化開設書肆的經歷，對書商盈利的合理性作了肯定的答覆外，在所撰〈不自棄文〉中，他還明確提出了「商其業者必至於盈貲」〔註31〕這樣一個重要的觀點。他認為商人追求正當的利益，就好像士人登科、農者積粟、工者作巧一樣天經地義，無可厚非。〔註32〕當我們把「商其業者必至於盈貲」

〔註30〕清道光《建陽縣志》卷五〈學校志〉，清道光刊本。
〔註31〕《朱熹遺集》卷四，《朱子全書》本第 26 冊。上海古籍出版社、安徽教育出版社 2002 年版。
〔註32〕對朱熹的商業思想，筆者另有〈朱熹的商業思想與經商實踐〉一文，此不能

這種進步的觀點放在宋明時期圖書市場發展的大背景中，再對書商的逐利行為進行觀照和考察時，我們就會得出不同於以往的以下幾點結論。

1、書商的利益追求，平抑了圖書商品的價格，其面向平民階層讀者的態度，也起到文化普及的作用。以服務對象而言，官刻、家刻主要著眼於士大夫階層，而很少考慮普通百姓的需求。在刻本的內容上，他們更側重於選擇經、史類的著作。他們雖不以盈利為主要目的，但在圖書的定價上，官刻本著眼於士大夫階層的選擇，使其書價高企也讓平民百姓難以接受。上文在列舉南宋的三種官刻的書價，《小畜集》的利潤高達 320%，《大易粹言》的利潤 196%，《漢雋》的利潤也有 130%。由於缺乏這一時期家刻本、坊刻本的圖書定價資料，使我們難以對此作一直接的比較。但為了與官刻本展開了競爭，坊刻一是採取了多刻印適合平民階層閱讀的通俗讀物，如日用類書和通俗文學作品等。二是改進版式和字體，這就產生了建陽書坊中那種典型的密行細字的版式，以爭取在較少的版面以容納更多的內容，這就降低了圖書的成本，從而降低了圖書的銷售價格，形成了薄利多銷的競爭態勢。

宋明時期坊刻的這一特點，最主要的貢獻就是平抑了圖書商品高企的價格，從而促進了文化的下移和普及，使平民階層讀者選擇購買圖書的可能性得以大幅度的提高。應該說，這一普及文化和平抑圖書價格的貢獻，並不是出於書商的主觀追求和努力，促使其產生的最初原動力，仍然是書商的利益追求。

2、書商的利益追求，促使宋明時期圖書市場的結構出現了兩種裂變，使圖書商品的產、供、銷專業分工得以初步形成。南宋偏安一隅的局限，造成閩、浙、蜀三大刻書中心均處於南方。元朝的統一，使壓抑已久的圖書市場得以反彈和向北拓展，從而造成了此後「書之所出而非所聚」，即圖書市場產與銷的裂變與分離。從其表象而言，似乎是朝代的更替和國土的復歸造成的這一變化，而分析其隱藏背後的最初動因，仍然是書商的利益追求。「市肆貿遷，皆四遠之貨；奔走射利，皆五方之民」，﹝註33﹞謝肇淛此言，道出了明代北京市場外地商販雲集的根本原因。商業與資本的逐利性，決定了產品向利潤豐厚的市場傾銷，以故，才有元代建陽、平陽刻本向大都、杭州等地市場流動；才有明代「刻之地」生產的圖書向「聚之地」北京、南京和蘇杭四地彙集。也正是這個原因，

作詳述。

﹝註33﹞謝肇淛《五雜俎》卷三，中華書局 1955 年版。

元代有竇桂芳不在建安設肆而印書於大都；明代有建陽葉貴、熊振宇、蕭騰鴻等設肆南京，熊世琦、吳世良鬻書廣州等。與此類似，促使圖書的生產出現出版與印刷分離的，也是在圖書市場上追逐利益的書商。如明代建陽書戶劉洪，以「涉獵古今，且裕於資本者」〔註34〕稱雄於書林，受官府委託，刻印了宋章如愚《群書考索》，既得到了當地官員「各捐俸金以資顧直」，又得到「復劉徭役一年以償其勞」的報酬，且獲得官方有文字可稽的「書林義士」〔註35〕之評價。僅刻一書，就賺了個名利雙收，何樂而不為？然而，就在類似劉洪這樣的書商接受官私方的委託刊刻圖書，追求正當利益之時，圖書市場上出版者與印刷者的裂變與分離，就這樣不知不覺地產生了。這一裂變與產、銷的裂變組合在一起，使我國自古以來以坊刻為主體的出版業集出版、印刷與銷售於一身的三元結構方式最終分離出三個既有相互聯繫，又各自相對獨立的行業。它標誌著中國古代的圖書市場出現了圖書商品的產、供、銷的專業分工，無疑是社會的一大進步。而追溯這一進步的原始動因，我們不得不承認，宋明時期書商的利益追求是隱藏其後的動力之源。

3、書商的利益追求，促使其在圖書的內容和品種上，必須瞄準市場的需要來選擇暢銷的品種，從而使坊刻在保存通俗文學作品方面取得了遠大於官刻、家刻的成就。

在保存和傳播中華文化典籍方面，官、私、坊三大系統無疑都有其值得肯定的歷史貢獻。但與官私方相比，坊刻最突出的貢獻應在保存和傳播通俗文學作品如宋元戲曲、元明小說等方面。由於歷史偏見，對這類圖書，官私方很少或基本不刻印，藏書家不予收藏。以至我們今天所能見到的戲曲、小說刻本，絕大多數都是坊刻本。比如令今天的文學史家津津樂道、耳熟能詳的《三國演義》的周曰校本、余象斗本、葉逢春本、熊清波本、鄭世容本、黃正甫本、熊沖宇本等三十幾種版本，幾乎全是坊刻本。這種情況，在戲曲《西廂記》、《琵琶記》，小說如《西遊記》、《水滸傳》、《金瓶梅》、《三言二拍》中，也無不如此。探求這種現象產生的最初原因，我們可以發現，並非坊刻書商獨具慧眼，在刻本內容的選擇上比官刻、私刻高明，而是這類圖書在當時在民間擁有大量的讀者，所謂「農工商販，抄寫繪畫，家蓄而人有之」，〔註36〕書坊投其所好，大量

〔註34〕明鄭京《群書考索·序》，明劉氏慎獨齋刻本。
〔註35〕同上。參拙著《建陽刻書史》第258～259頁，中國社會出版社2003年版。
〔註36〕明葉盛《水東日記》卷五，中華書局《元明史料筆記叢刊》本。

重複地刊刻。也就是說，是圖書市場旺盛的需求，促使書坊競相刻印此類圖書。書商一方面滿足了市場所需，又獲取了其所需要的高額利潤；一方面也在保存和傳播通俗文學作品方面，取得了比其他方面更加突出的貢獻。

（法文版載法國《書籍的歷史與文明》2007 年 III 期。*Histoire et civilisation du livre revue intemationale,* III。中文版載《中國和歐洲（印刷術與書籍史）》，商務印書館（北京）2008 年版。

閩版《宋元閩刻精華》三題

　　《宋元閩刻精華》叢書第一輯，福建文史館主編，福建人民出版社 2008 年 8 月版，影印宋元時期福建刊刻出版的古籍八種。一一讀來，如同面對古代先賢，獲益良多，把玩摩挲，不忍釋手，於是寫下如下文字，借《福建文史》一角，公之於同好。

一、南宋名刊傳世佳槧——讀閩版《宋本《周易本義》》有感

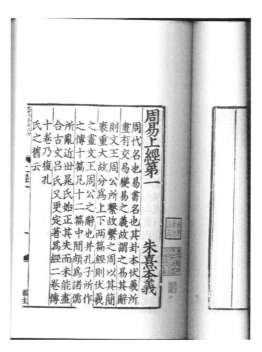

　　1996 年 5 月 17 日福建《每周文摘》以〈稀世文物流失令人憂〉爲題，摘錄了一則消息。文稱「在今年（96 年）中國一家拍賣公司拍賣的一批古籍善本中，包括『天祿琳琅』和『名家收藏』兩大系列。此次拍賣的天祿琳琅藏書有《周易本義》（宋吳革刻本）、《童溪易傳》（清刻本）等五部。」「國內知識界人士對此卻表示出憂慮，因爲此等文物若被國內藏家獲得還能留於祖國，而一旦出境便是文化上的重大損失。」

　　文中提到的《周易本義》一書，與福建的古代文化有密切的關係，因爲此書的著者是南宋著名理學家朱熹，著述地點在建陽；此書的刻印者吳革，曾官建寧（今建甌）知府，刻印地點也在建陽。這便是《周易本義》一書現存的最早刻本。

　　吳革，號恕齋，九江人。其事蹟史志罕爲記載。歷代《建寧府志》均在〈職官志〉中僅列其名，其原因與吳革任府事一職時間甚短有關。據咸淳《臨安志》、康熙《福建通志》諸志所載，吳革於淳祐中（1241～1252 年）爲錢塘令，尋通判臨安府。寶祐間（1253～1258）知南安軍。景定四年（1263）以權發遣戶部判官兼知臨安府事，六月轉朝奉大夫，十一月兼敕令所刪修官。五年七月罷。咸淳元年知建寧，二年移知福州。弘治《八閩通志・秩官志》載其小傳云：「咸淳二年（1266）知福州，爲政雅重風化，嘗創道立堂祠（祀）濂溪以下諸賢，又附以賢牧。又創經史閣，官至戶部尙書。」由此可知吳革知建寧府不過一年時間，次年即移知福州。在福州知府任上，吳革又將寶祐間永福（今永泰）縣學刻本宋徐自明撰《宋宰輔編年錄》二十卷書版修版重刊。此書原由徐自明之子永福知縣徐居誼刻印於寶祐四至五年（1256～1257），數年後，部分版片已漫漶朽壞。《永樂大典》卷 1297 引《宋宰輔編年錄》吳革跋云：「《宰輔編年》記載極詳，眞足以詔來世。余自建移閩，首閱是書，板朽字訛者半，俾幕屬趙必岊校正。擇其最漫漶三百餘板，重鋟之，餘則修補。咸淳丙寅夏五月，朝散大夫直徽猷閣知福州主管福建安撫使司公事吳革謹識。」從吳革在建寧、福州兩地的政績來看，重視文教，性喜刻書是這位知府的特點，由此促進了南宋時期建陽和福州兩地的官方刻書的發展。

　　由此我們知道，南宋咸淳元年（1265 年）吳革官建寧知府雖然不過短短的不到一年的時間，但因喜歡刻書，又得轄區內建陽書坊刻書之便，《周易本義》這個福建刻書史的上著名的官刻本能夠從他的手中誕生，也就順理成章了。

　　當年吳氏刻印此書，共印製了多少部？已無從考證，七百多年後，這部

名刊流傳於世的已經很少了。除上文所言上世紀末九十年代流傳民間擬拍賣
的一部之外，此書原刊本今僅北京、上海圖書館各存一部。《中國版刻圖錄》
著錄云：「（半葉）六行，行十五字。注文雙行，行字同。白口，左右雙邊。
首咸淳元年九江吳革序云：『昨刊《程傳》於章貢郡齋，今刊《本義》於朱子
故里。』據《建寧府志》載，吳革咸淳中仟建寧知府，知此爲建寧府官板。
朱熹少依父友劉子羽寓崇安，後徙建陽之考亭，與序稱朱子故里正合。」

　　爲了讓這部罕爲流傳的名刊佳槧服務於學界，2008 年 8 月，此書被編入
《宋元閩刻精華》叢書，由福建人民出版社影印出版。捧讀此書，古色古香，
令人賞心悅目，欣喜之情，油然而生！

　　全書分爲上、中、下三冊。上冊爲《易圖》一卷，卷前收〈河圖圖〉、〈洛
書圖〉、〈伏羲八卦次序圖〉、〈伏羲八卦方位圖〉、〈伏羲六十四卦次序圖〉、〈伏
羲六十四卦方位圖〉、〈文王八卦次序圖〉、〈文王八卦方位圖〉、〈卦變圖〉九圖，
《周易》上、下經兩卷；中冊爲《周易彖》上、下傳兩卷，《周易象》上、下傳
兩卷；下冊爲《周易繫辭》上、下兩卷，《周易文言傳》、《周易說卦傳》、《周易
序卦傳》、《周易雜卦傳》各一卷；後附《五贊》一卷、《筮儀》一卷。

　　這個刻本完整地保存了朱熹《周易本義》的原貌。通常的宋代建陽刻本
版式多十行本，坊刻本爲節省成本，甚至也有十行以上的，從而形成了行格
緊密，「傳刻疏瘦」的特點。而此書爲古籍中罕見的半頁六行，每行十五字，
小字雙行同，字大行疏，大字端楷，筆意介於顏、柳之間，是宋代官刻本中
的最著名的刊本之一。

二、夢陶回憶禮陶時——從「湯注陶詩」本的傳奇說到刊刻年代

　　　　夢陶回憶禮陶時，搜遍中華此最奇，

　　　　亦似曇花開易落，不禁雙淚墮如縻。

此爲清代文獻學家葉昌熾《藏書紀事詩》卷五中的一首詩。描述的是一部南
宋福建刻本《陶靖節先生詩注》在清代的流傳過程，曾經發生過的一段非常
曲折和有趣的故事。乾隆年間，杭州的藏書家知不足齋主人鮑廷博（1728～
1814 年）藏有一部「湯注陶詩」。乾隆四十六年（1781 年）四月，他到浙江
海寧的藏書家周春（1729～1815 年，字松靄，號春兮）的家中，提到此書，
並言及此書序末署名湯漢，不知何許人。周春不禁拍案叫好，告訴他說，湯
漢在《宋史》中有傳，此書在馬端臨的《文獻通考》中有著錄，並問書現在

哪里。鮑說已送給海鹽張燕昌（1738～1815 年，字芑堂，號文魚）了。周即向張借閱，張也不知此書好在哪里，只是從這部書裝幀考究，是用宋朝金粟山藏經箋作封面這一點上，疑其爲一部罕見秘笈，故索還甚急。周則要求張讓售，並以書畫、銅瓷、端硯交換，張均不同意。後經友人說合，周最後以明人葉元卿的「夢筆生花」大圓墨交換而得到此書。周春得到此書後，把這部書和另一部宋刻本《禮書》藏在同一書室中，並把兩部書的第一個字合在一起，將他的書室命名爲「禮陶齋」。藏本秘不示人，並打算逝世後以此二書作爲殉葬品埋在地下。後因故失去《禮書》，周氏爲之嗟歎不已。痛惜之餘只得將書室改名爲「寶陶齋」。嘉慶十三年（1808 年），周春的《湯注陶詩》因不得已的苦衷又讓售他人，「去書之日，泣下數行」，爲此茶飯難進，晝思夢想，他的書室也就改名爲「夢陶齋」。

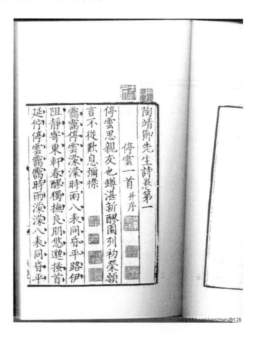

這部珍貴的宋刻本從周春手中散出後，於第二年（1809 年）中秋節前被蘇州的大藏書家黃丕烈（1763～1825 年）以一百兩銀子購得。在此之前，黃丕烈曾得到一部北宋刻本《陶淵明詩集》，於是，他把自己的書室命名爲「陶陶室」。他還請當時的知名學者王芑孫爲他寫了一篇〈陶陶室記〉，專門記載此事，以志慶賀。後來，他把其中的一部送給一位好朋友。不久他得到另外一部宋刻本陶詩，於是，他的書室又改名爲「復陶室」。禮陶——夢陶——復

陶的過程，也是建本《湯注陶詩》輾轉曲折的流傳、收藏過程。其中凝聚著藏書家的歡樂與辛酸，也體現了此建本圖書的珍貴。

書名中的「陶靖節」即東晉時的大詩人陶淵明，一名潛，字元亮，私諡靖節。他的田園詩以平淡自然的詩風為我國的詩歌創作開闢了一個新的領域，在詩歌史上獨樹一幟。所謂「湯注」，指的是此書是由南宋知名學者湯漢編注的。

湯漢，字伯紀，江西饒州安仁人，淳祐間（1241～1252年）官史館校書，又曾歷任福建常平司提舉、福建轉運司判官等職，官至端明殿學士，《宋史》有傳。他還是南宋著名理學家真德秀的學生。嘉定十五年（1222年），就曾與劉克莊、徐華老等人從真德秀在建寧府浦城縣相與「講習研討」，湯漢有感於陶淵明詩文高奧難解，學者未易窺測，乃反複鑽研，「清言微旨，抉出無遺。馬端臨《文獻通考》以為淵明異代知己。」此書撰成，名之以《陶靖節先生詩注》四卷，外加《補注》一卷，於咸淳元年（1265）前後，在建寧府刊刻。此即版本學上著名的「宋刻湯注陶詩」本。

這個刻本，現珍藏在北京國家圖書館，是海內孤本，曾經清代藏書家項禹揆、周春、黃丕烈、汪士鍾、楊以增，以及現代著名愛國藏書家周叔弢先生等人先後收藏，大字端楷，字體為唐歐陽詢體，行款半葉七行，行十五字，注字小字雙行，白口，左右雙邊。周春有「是書乃世間所稀有，宋刻之最精者也」的讚美。被收入《宋元閩刻精華》叢書第一輯的，也是據這個刻本影印的。

《中國版刻圖錄》著錄云：「匡高一八·九釐米，廣一三釐米。七行，行十五字，注文雙行，行字同。白口，左右雙邊。《四庫全書》未收。刻工蔡慶、鄧生、吳清等，咸淳元年又刻《周易本義》，因推知此書當刻於建寧府。首淳祐元年湯漢自序。自淳祐元年初版，迄咸淳元年，中歷二十五年，此本疑是咸淳元年前後重刻本。是時湯漢正官福州知府，在福建安撫使任，故有可能延建寧名工刻書。」

既然是「疑」，也就是說，此書準確的刊刻時間，尚無定論。

1987年，北京圖書館古籍特藏部的陳杏珍同志又在〈宋刻陶淵明集兩種〉一文中，詳細地論證了此湯注陶詩本「應是咸淳前後建寧府所刻」的兩點理由。

一是「從刻工來推斷刻書的時間和地點」。其論據與上引《中國版刻圖錄》大致相同，且增加了「宋咸淳年間建寧府另一任知府吳堅刻於福建漕治的《張子語錄》，也有吳文、鄧生等刻工名。據此推斷，湯刻陶詩的版刻年代和地點，應與《周易本義》和《張子語錄》大致相近」等內容。

　　二是從湯漢的籍貫與早期經歷來看，「淳祐十二年（1252）以前，湯漢不太可能延請建寧名工來刻自注陶集。」而「在度宗即位，即咸淳元年的前後，湯漢最有條件延請建寧名工來刻此書，這與《周易本義》、《張子語錄》的版刻時間、地點正好一致。」她在文中介紹說，此書「卷前有淳祐初元年九月九日湯漢自序，舊時因而定爲『宋淳祐元年湯漢刻本』，北京圖書館對這個鑑定作了更正。」但不知爲什麼，在新版的《北京圖書館古籍善本書目》中並未對此作出更正，而是仍將其著錄爲「宋淳祐元年湯漢刻本」。

　　實際上，根據湯漢的經歷看，此刻本的刊刻年代就有「淳祐十二年（1252）以前」的可能。這裏且不言早在嘉定十五年（1222），湯漢作爲名儒眞德秀的學生，就曾與劉克莊、徐華老等從眞氏在建寧府浦城縣相與「講習研討」。因其時，湯氏此詩注或許尙未成書，但建寧府書坊刻書之盛況，其時湯漢就應已耳聞目睹，留下了深刻的印象。

　　淳祐十二年（1253）以後，湯漢的宦蹟，據《宋史》本傳的記載是「提舉福建常平，劾福州守史嵒之、泉州守謝惪。尋以直華文閣、福建運判，改知甯國府。」也就是說，早在咸淳元年湯漢「官福州知府，在福建安撫使任」前，湯漢就已在福建任職。而福建常平提舉和轉運判官這兩個職務的任職地點均不在福州，而是在建州。據何喬遠《閩書》卷四十三《文蒞志》：「提舉常平司，……政和三年（1113），專置提舉茶事官，置司建州。（建炎）二年（1128）建兵叛，權移福州。紹興五年（1135），併以提舉常平司爲名，置司泉州。……十二年歸建州。」又載：「福建轉運司，初置於建寧府，建炎二年以建寇故移司。紹興二年（1132）復還。三年又移福州，尋復舊。」據此記載，則湯漢官福建常平提舉和轉運判官的寶祐年間（1253～1258 年。按，此任職時間據弘治《八閩通志》及康熙《福建通志・名宦志》所載），均應在建州（即建寧府，治所在今建甌）任職。民國《南平縣誌》卷十四《藝文志》有一篇題湯漢撰〈演山劍潭碑記〉，乃其禱雨之文。開篇即云：「維寶祐四年歲次丙辰，九月戊子朔，越二日己丑。朝奉郎權知南劍州軍州，兼管內勸農事，節制本州屯戍軍馬湯漢，敢告於演山劍潭之神……。」由此文可知，湯漢在寶祐四年，曾一度權知南劍州，而南劍州與建寧府乃鄰郡，兩地相隔僅百里地，這時，湯漢才是「最有條件延請建寧名工」來刻印《陶靖節先生詩注》一書。

　　除此之外，還有一種可能性，即此書在淳祐年間即已在建寧刻印，而刊刻此書的主持者乃湯漢的兄長湯中。其時，他在建寧任知府。據嘉靖《建寧府志・

職官志》，在淳祐年間的十位建寧知府中，湯中位居第八。其時，應在淳祐八至十年（1248～1250 年）之間。其時，正是在「淳祐十二年（1252）以前」。

另據《四庫全書總目》卷九十二，湯漢在福建還主持刊刻了真德秀《西山讀書記》乙集下二十二卷。自序云：「《讀書記》惟甲、乙、丁為成書。甲、丁二記先刊行。乙記上即《大學衍義》，久進於朝。其下本及繕寫而德秀沒，漢從其子仁夫鈔得，釐為二十二卷而刊之福州」，時在開慶元年（1259）。版式為半葉九行十六字，小字雙行二十四字，白口，左右雙邊，國家、上海和山東省等圖書館有存本。

據載，福州鼓山靈源洞有開慶元年（1259）湯漢等題名石刻，云：「鄱陽湯漢以使事過鼓山，觀天風海濤之狀，……開慶己未四月十三日住山普門立。」

綜合以上史料，故此湯注陶詩本的刊刻年代，是否就是在咸淳年間刊印，似還有商榷的餘地。

一則充滿傳奇色彩的「夢陶」故事，一個又一個關於此書刊刻年代的疑寶，捧讀這部由古代閩中刻書家刊刻，當代出版家影印的「雙料」閩版古籍，令人滿懷追思與遐想……。

三、走出深閨識真容——讀閩版《中興詞選》有感

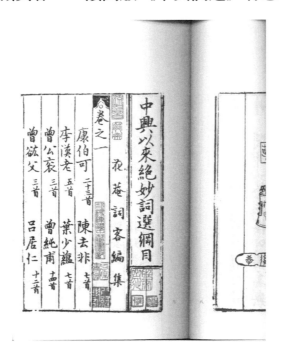

　　黃昇是我心儀的一位歷史人物。上世紀八十年代末，我曾在某期刊上發表題爲〈黃昇及其花庵詞選〉的文章。二十年後，我在長期積累的基礎上，又撰寫了題爲〈黃昇花庵詞選新論——我國最早有評點的詞選〉的學術論文，在某大學學報上發表。

　　爲何我對黃昇情有獨鍾？這是因爲：其一，黃昇乃閩北建陽人氏，是我的同鄉前輩學者。其二，他的《花庵詞選》開了詞作品評點的先河，在我國文學史上，具有大輅先輪的首創之功。

　　回憶當年，我爲了研究黃昇的這部詞選，曾四處尋找此書的版本，希望能夠將此書所有的版本一網打盡。但遺憾的是，此書存本實在不多，我所能閱讀的，不過是《四部叢刊》初集本，中華書局 1958 年點校本、遼寧教育出版社 1997 年《新世紀萬有文庫》本等一類的通行本而已。

　　因爲查找資料和參加學術會議等原因，我曾數次到過國家圖書館，初衷本想好好拜讀一下這位家鄉前輩的著作，均因國圖的藏書實在太豐富，可讀的古籍善本太多太多，而無暇拜讀此書的建本。

　　歲月倏忽，不知不覺之間，又過了二十年，時至我文明古國迎來了奧運之年，所謂「福無雙至今朝至」，好事總是紮堆而來。其中之一，就是黃昇《中興詞選》被編入《宋元閩刻精華》叢書而由福建人民出版社影印出版，捧讀此書，古意盎然，滿袖生香，欣喜之情，油然而生！

　　黃昇，字叔暘，號玉林，又號花庵詞客，南宋建陽人，生活年代在紹熙初至淳祐末年（1190～1252）之間。黃昇所編《花庵詞選》共二十卷。前十卷名《花庵唐宋諸賢絕妙詞選》，選錄唐、五代、北宋 134 家的作品；後十卷名《中興以來絕妙詞選》，選錄南宋 88 家的詞作，末附黃昇自作詞 38 首。前十卷由建陽文人胡德方序，後十卷黃昇自序。由福建人民出版社影印出版的黃昇《中興詞選》，即後十卷。所用底本是南宋淳祐九年（1249 年）建陽劉誠甫刻本。版式爲半葉十三行，每行二十三字，細黑口，左右雙邊。

　　此書有何亮點？

　　從形式上看，黃選開了詞作評點的先例。編者對部份詞作作了簡短的評論，有些見解還相當精闢，對後世產生的影響很大。黃昇之後，劉辰翁評點詩詞，朱彝尊編選《詞綜》、周濟輯《宋四家詞選》，或前有例言、序論，或眉有旁批，或後有綴語，均受黃昇評點此選的啓發。

　　從內容上看，與其他宋人選本如《樂府雅詞》（曾慥選），《絕妙好詞》（周

密選）相比，和他們片面追求藝術性而忽視作品的思想內容不同，黃選則較為注意詞作的思想性。一批愛國詞人的具有愛國主義思想的作品在詞選數量中居於首位，如北宋蘇軾 31 首，居《唐宋諸賢絕妙詞選》之冠；南宋辛棄疾、劉克莊均 42 首，居《中興以來絕妙詞選》之冠。其餘如張元幹、張孝祥、陸游、陳亮等詞人的作品也數量居前。從而廣泛地反映了時代精神，讀者可以從中窺見當時社會的縮影。

　　作為一位工於詞作，且對詩詞理論均有所研究的詞人，黃昇針對其時詞選少、詞論落後於創作的狀況，為扭轉宋代詞家眾多，然皆「散在諸集」，讀者「未易遍窺」（胡德方序中語）這一不利局面，黃昇「據家藏文集之所有，朋遊聞見之所傳」，廣徵博集，編成《花庵詞選》。其中後十卷《中興以來絕妙詞選》則是針對此前的詞選，如《復雅歌詞》、《樂府雅詞》未及選入南宋詞人之作而編。正如黃昇在自序中所說，「中興以來，作者繼出，及乎近世，人各有詞，詞各有體，知之而未見，見之而未盡者，不勝算也。」故黃昇此選，也可看成是對「中興以來」詞壇的一次前所未有的回顧和總結。臺灣學者蕭鵬先生將此歸納為是「以選為史的特徵」。

　　在此書自序中，黃昇提出了他的選詞的標準。他說：「佳詞豈能盡錄，亦嘗鼎一臠而已。然其盛麗如遊金、張之堂，妖冶如攬嬙、施之袪，悲壯如三閭，豪俊如五陵。花前月底，舉杯清唱，合以紫簫，節以紅牙，飄飄然作騎鶴揚州之想，信可樂也。」文中提出了盛麗、妖冶、悲壯、豪俊、清麗、飄逸等多種風格並存的觀點，既是對唐宋，特別是對「中興以來」詞壇上各種風格流派的一次盤點，也是其遴選詞作的標準之一。

　　應該說，在詞學發展史上，這是一部很重要的著作，但由於歷史的原因，這部現存最早的南宋建陽刻本，卻一直鎖在深閨無人識，福建人民出版社將此書影印出版，讓世人得以一睹這部產生於黃昇故鄉的「閩刻精華」，善莫大焉！當然，如果有機會，能將此書的上半部，即《花庵詞選》的前十卷，在《宋元閩刻精華》第二、三輯中出版，那更是夢寐以求的了！

建陽古代刻書通考

　　建陽地處武夷山南麓，背據潭山，面臨建水。這裏歷史悠久，山川秀麗，人文薈萃，地沃物豐。遠在四千年前新石器時代，古越族先民就在這一塊土地上繁衍生息。漢武帝時，閩越王餘善築大潭城以拒漢。東漢建安十年（205年），孫策遣賀齊討上饒，分上饒地及建安之桐鄉地置建平縣，此為建陽建縣之始。西晉太康元年（280年）更名為建陽縣。西晉末年的永嘉之亂和隋唐五代時期，中原人口大舉南遷入閩，促使建陽經濟、文化得到很大發展，為福建刻書業在兩宋時期的繁榮奠定了豐厚的基礎。

一、建陽刻書業萌芽於五代

　　福建刻書業萌芽於五代，繁榮於兩宋，延續於元、明和清代。其中，建陽刻書業作為福建刻書業的典型代表，無論是在中國圖書發展史，還是在古代出版史上，都佔據了極其重要的地位。

　　建陽刻書始於何時？對此，通常有唐、五代、北宋三種說法。

　　唐代說以清彭元瑞《天祿琳琅書目續編》、葉德輝《書林清話》、孫毓修《中國雕版源流考》諸書所載而流行一時，但缺乏確鑿的史料證明，近年來，此說已被學者所推翻。

　　五代說則濫觴於朱維幹《福建史稿》。他在此書中據閩王王審知曾為徐寅刻印《釣磯文集》一書，推論說麻沙印刷業可能在這個時候萌芽。從徐寅詩「拙賦偏聞鐫印賣，惡詩親見畫圖呈」來看，此詩有兩處頗值得玩味。一是人物，即刻印徐賦的人。徐詩所言，顯然不是指王審知。「拙賦」，是自謙之詞，「偏聞」則毫無恭敬之意，用於閩王的身上，顯然不合適。再說，閩王刻

書，不可能是爲了「賣」，所以，這個「鐫印賣」者，應當另有其人，而且是社會地位極爲一般的普通人。印書而賣之，是爲了養家糊口。這表明五代時的福建民間，不但有人開始刻書，而且已經有人以此爲業，印賣書籍了。二是地點，僅據此詩句，很難說徐寅的賦就在福州刻印，也有可能就在徐的老家莆田刻印，或者在文風頗爲鼎盛的建陽刻印。當然，以此詩句作爲福建刻書業萌芽於五代的證據，則大致不會錯的，而以北宋作爲建陽刻書業的起始則似嫌太晚。因爲，建陽刻書業在北宋就已經相當發達了，儘管年代久遠，今見於著錄的刻本尙有嘉祐二年（1057）建邑王氏世翰堂刻印的《史記索隱》，治平丙午（1066 年）蔡子文東塾之敬室刻本《邵子擊壤集》。北宋末，則有宣和甲辰（1124）建陽劉麟刻本《元氏長慶集》；建陽游酢、崇安胡安國刻印《二程集》等。此外，據北宋方勺（1066～？）《泊宅編》卷上載：

> 符建間，有杭州學教授出《易》題。誤寫「坤爲釜」作「金」字。一學生知其非，佯爲未喻，懷經上請，教授因立義以酬之。生徐曰：「先生所讀恐是建本，據此監本乃是「釜」字。教授大慚，鳴鼓自罰三直⋯⋯。

在下文中，作者特地點明這位杭州教授乃「不久遂歷清要，官至八座，近方殂謝」的「姚佑尚書也」。說明這一段掌故並非文人酒後茶餘以資閒談的杜撰，而是有名有姓，可供查考的史實。按，這段掌故中的主人公姚佑，字伯受，湖州長興人，《宋史》有傳。元豐末（約 1084～1085 年）進士。徽宗初，除右正言，進殿中監遷工部尚書。對這段掌故，古今學者多作爲建本校勘不嚴的根據，殊不知，這裏尙有一條重要的資訊被人們所忽視，即在北宋元符、建中靖國年間（1098～1101 年），一般的科舉士子就已經熟知了建本或麻沙本等版本專有名詞。這種專有名詞的出現，必然是建本或麻沙本大量鋟板問世、銷售四方，並經人們頻繁地接觸後約定俗成的結果，而在刻書初期，是不可能產生的。

據此可知，建陽刻書業在北宋時就已經相當發達，它的時間上限不可能是北宋，因爲任何事物都有一個發生、發展的過程，建陽刻書業也不可能例外，也有它的萌芽發生期和發展期。這個萌芽發生期當在五代，而兩宋則是它的發展乃至繁榮的時期。

二、建陽刻書業繁榮於兩宋的歷史背景

建陽刻書業之所以繁榮於兩宋，是當時政治、經濟、文化、地理交通等

方面交錯和相互作用的結果。正如恩格斯所言,「最終的結果總是從許多單個的意志的相互衝突中產生出來的。」

（一）經濟的迅猛發展,為建刻的繁榮提供了巨大的資源優勢

宋王朝的建立,結束了唐末五季分裂割據的局面。但宋朝的三百多年間,始終存在尖銳的民族矛盾。北宋有契丹、西夏的騷擾,南宋有女真、蒙古的入侵。由於民族戰爭的戰場,均在北方、中原一帶擺開,而南方則相對穩定,故兩宋南方的經濟發展,遠比北方迅速。靖康之難後,因出現了中國歷史上第二次人口大遷移,從魏晉南北朝開始的經濟、文化重心南移至此最後完成。南方各省的經濟、文化得到空前的發展,閩浙一帶不但成為宋經濟文化的中心,隨著宋都的南移,還成為政治的中心。這便是宋代三大刻書中心均分佈在南方──閩浙在東南,川蜀在西南,而北方、中原一帶反而只有一些難以產生規模經營的零散刻書戶,在政治、經濟、文化、地理諸方面的綜合性的因素。

「天旋地轉,閩浙反為天下中。」（朱熹語）。北宋中期,福建就已被稱為「今之沃壤」;南宋初,被譽為「東南全盛之邦」。閩北一帶墾山隴為田,耕種面積進一步擴大。水利建設也取得巨大成就,境內陂壩林立。優良品種占城稻得以推廣,產量大為提高。經濟作物建茶、建蓮,手工織物建錦被列為貢品。礦冶業、陶瓷業在國內佔有重要地位。宋初即在建州設鑄造錢幣的豐國監。閩北能生產的礦產有鐵、銅、鉛、銀等。建窯以黑釉聞名,所產兔毫盞是鬥茶者喜好的茶具,風靡全國,遠銷海外。與雕版印刷密切相關的造紙業更為發達。閩北三府州延平、邵武、建州皆產紙。竹紙的生產以建陽最盛,名為「書籍紙」,又有「建陽扣」之稱。「凡篁竹、麻竹、綿竹、赤梘竹,其竹穰皆厚,擇其幼稚者,制上等、中等（紙）」,「宋元麻沙板書,皆用此紙二百年」。印書所需的紙、墨、筆等,構成了建陽刻書業的一大優勢。宋代建本墨色濃厚,紙堅字朗,除了境內造紙工業發達外,印書所需的筆墨也是境內自產。嘉靖《建寧府志·物產志》中記載,「墨、書籍紙俱建陽產。」弘治《八閩通志》載:「墨出甌寧、建陽。」而這兩地,恰恰是宋代閩北刻書最多的地方。與甌寧僅隔一里地,同為建寧府附廓之城的建安縣,則是以產筆知名於世。宋代該縣有名蔡藻者「以筆名家」,善製羊毫筆,為建陽書工所採用。

兩宋福建特別是閩北的社會經濟的發展達到前所未有的水平,這就為建本圖書的雕版印刷提供了充裕的物質條件和強勁的購買力。而閩北境內豐富

的物產，則爲建陽的刻書業提供了巨大的資源優勢。

（二）文化的長足進步，爲建刻的發展提供了良好的文化氛圍

宋代統治者有鑑於唐末五季武臣亂政的教訓，奉行的是重文抑武的基本國策。科舉制度以文章取士，各階層爲求取功名而研經讀史蔚然成風，促使兩宋閩北的文化事業也出現了前所未有的局面。

文學方面，楊億創「西昆體」，時人競相效仿。柳永開「婉約詞派」先河。建陽黃昇，雅於歌詠，精於塡詞，所編《花庵詞選》首開詞作評點先例，見解精闢，去取精審。嚴羽的《滄浪詩話》以理論色彩見長。建陽魏慶之的《詩人玉屑》、蔡夢弼的《草堂詩話》等均不失爲研究古典詩歌的重要參考。

史學方面，黃伯思是著名的文獻學家，於圖書整理、校勘均有所長。袁樞的《通鑑紀事本末》有「文省於紀傳，事豁於編年」之譽。熊克的《中興小曆》，可補正史之載缺。

藝術上，浦城章友直以篆書知名，北宋仁宗時，爲太學篆書《二體石經》。建陽僧惠崇能詩善畫。阮逸、蔡元定則分別是南北宋建陽兩位精通音律的學者。

在文化方面，對建陽刻書業影響最爲深刻的是閩學。閩學指的是以朱熹爲代表的，包括其弟子在內的南宋理學思想學派，以及元明以降福建理學家對其思想的發展。北宋末，將樂楊時、建陽游酢同爲程門高弟，閩學先驅。後經朱熹集其大成，程朱理學從此成爲中國封建社會後期占統治地位的儒家思想學說。閩學人物對建陽刻書業的影響，較上述幾個方面都要直接和明顯。這是因爲建陽乃考亭故居，朱熹長期生活在閩北，其師友門人中建陽、浦城、武夷一帶的人甚多，他們多在這一帶結廬講學。尤其是朱熹一生中有五十多年在武夷、建陽著書立說、興建書院、廣招弟子，在閩北形成了一個具有龐大陣容的「考亭學派」，對建陽的刻書業起到了極大的推動作用。

這種作用主要表現在閩北書院文化對建陽刻書業的影響上。兩宋時期，閩北一帶已出現了書院林立、講帷相望的盛況。僅在建陽，朱熹及其師友門人就興建了寒泉精舍、雲谷書院、考亭書院、西山書院、廬峰書院、雲莊書院、溪山書院、環峰精舍、潭溪精舍等十幾所書院。加上朱熹及其門人在閩北其他地方創建的書院那就更多了。這些書院遍佈閩北山區，象一顆顆珍珠閃耀著文化之光，由此吸引了全國各地的莘莘學子負笈前來求學。建陽因此被譽爲「小鄒魯」，武夷山被稱爲「道南理窟」。

眾所周知，創辦書院當然少不了要用書，教育和出版的關係，其密切程

度是自不待言的。諸多資料表明，書院的生員往往就是書坊刻本的讀者。同時，他們爲了發佈他們的研究成果，其書稿往往就近在建陽書坊刻印，因此，他們也就成了書坊的作者。而書坊的刻書家爲了他們的書籍暢銷，往往又與當地的文人合作。因此，書院的生員往往又是書坊聘請的編輯。這種書院與書坊之間的密切關係，使得建陽麻沙、崇化地處深山、交通不便的劣勢，由於處於眾多的書院群落的包圍之中，反而成了優勢。這是建陽的刻書業所以能在宋代繁榮的極其重要的原因。

綜上所述，兩宋福建特別是閩北文化事業的繁榮，爲建陽的雕版印刷業的興盛提供了良好的文化環境和充分的文化養料。它的繁榮，既是文化發展推動的結果，又適應了文化事業發展的需要。

（三）人口的增長爲刻書業提供了各方面的人才

人口因素是與各項社會事業發展密切相關的要素之一，刻書業自然也不例外。兩宋福建的人口增長迅速，促使這種增長的要素有二。一是北宋與遼國，南宋與金國的對壘，戰禍頻仍，而相對穩定的南方則成了躲避戰亂的大後方，特別是靖康之難後，宋室南遷，中土人民由此紛紛入閩。二是兩宋時期福建社會經濟的飛速發展，社會穩定，經濟富庶，促使人口繁衍迅速，以幾何級遞增。

唐高祖武德四年（621），建陽被列爲全國七個上縣之一，人口約爲 6000 戶以上。到了北宋崇寧間（1102～1106），人口增至 41,220 戶，100,648 人，增長率約爲六倍以上。由於史志缺載，地方誌上宋代建陽的人口數字僅此一見，使我們難以進行兩宋時期建陽人口的動態比較。朱維幹先生的《福建史稿》列有宋代福建路戶口遞次增加的數字，頗有助於說明這一問題。

宋初，福建全路人口戶數只有 467,815 戶，到崇寧元年（1102），人口戶數發展到了 1,599,214。二百六十年間，福建人口增長了 3.4 倍。南宋詩人陸游在《邵武縣興造記》中說：「自高宗皇帝至今天子，歷四聖，寬賦薄征，休養元元，歲且屢豐，公饒私餘，生齒繁滋。考之《九域志》，郡戶八萬七千九百有奇，今增五萬四千二百有奇。爲戶十四萬二千一百有奇，可謂盛矣！而邵武一邑，獨當戶五萬六千四百有奇，爲郡境十之四。」陸游在此說的雖是南宋時邵武的人口增長情況，但建陽與邵武爲緊鄰，且同爲閩北的大縣，其人口增長速度當不低於邵武。

人口的增長在某種情況下，是社會經濟發展的動力，它促進了閩北山區

的開發。當有限的田地不足以養活日益增長的人口時，猶如沿海的圍海造田一樣，山區農民則「墾山隴爲田，層起如階級」，使荒脊的山地得到充分的開發和利用，從而使社會經濟得到進一步的發展。閩北在五代兩宋以後，墾山隴爲梯田之風經久不衰。建陽縣境西南、西北一帶梯田最高者達海拔 1000 米左右，而武夷山風景區的最高峰不過是 717 米。由此可知，人口的增長與農田的開發及增長在一段時期內是成正比地同步發展的。

人口的增長在另一種情況下，又是社會經濟發展的一種阻力，這與福建的山多平地少的地理環境有密切的關係。據統計，宋代全國的人口已達到一億四百多萬，比漢唐時期人口的最高額增加了一倍多。而建陽的人口增長速度，上文說過，北宋崇甯比唐初超出了六倍，這就遠遠高於全國平均增長速度。由於人口超過生產力增長速度，民眾賴以生存的最低生活資料難以保障。《宋史·食貨志》載：「福建地狹人稠，無以贍養，生子多不舉。」這裏的「舉」是培育、哺育的意思。生子不育，乃至棄嬰、溺嬰、殺子，是宋代流行於南方各省的一種惡習，其中尤以福建最爲盛行。而伴隨著地狹人貧的，又是封建統治者強加給廣大勞動人民的人口稅——丁賦。按宋代的簿籍制度，二十至五十九歲的男子爲丁，需承擔各種丁稅和差役。由此可見，封建統治者的殘酷壓榨也是生子不育的重要原因。

朱熹的父親朱松曾寫過一篇〈戒殺子文〉，裏面記載說：「閩人不喜多子，以殺爲常，雖有法而不勝。」朱熹在建陽，還將此文刻印於書坊，請人「張之通途要津」，以正風俗。

殘酷的現實使宋代的福建境內的農民起義連綿不斷，迫使統治者做出某種讓步。如建炎、紹興間，震驚全國的建州（今建甌）范汝爲農民起義，雖然最後被統治者殘酷鎮壓，但官府不得不採取一些緩和階級矛盾的措施。如於紹興元年（1131）三月，「減建、劍州銀半分。令福建轉運司兌糴米二萬斛，充賑濟。」同年六月，「蠲建、劍、汀州和邵武軍租」，即田賦。

當社會矛盾未曾激化到劍拔弩張的程度時，「地狹人貧」，田少人多作爲社會經濟發展的桎梏，就產生了宋代福建社會除了起義、生子不育之外的第三種現象，這就是大批的勞動者不得不從「日出而作，日落而息」的土地上走出來，逐漸轉爲從事其他生產部門的勞動，從而成爲手工業的生產者。而刻書業，從書寫、刻版、印刷，到裝訂成冊都需要人力，正是一個可以容納大批手工業勞動者的行業。「以刀爲鋤，以版爲田」的刀錐生涯和筆墨耕耘，

並非僅僅是文人杜撰的輕巧比喻，其根源正在於古代建陽書坊的許許多多的書工、刻工、印工和裝訂工人，本來就是在田野上辛勤耕耘的農夫！

另一方面，與刻書業相關的行業，如刻書需要木版，於是就有伐木和鋸板工；需紙，就有了造紙工人，需要筆、墨，就有了製筆和製墨工，需要發行，於是就有了長、短途運輸工人和書商。於是，人口優勢在這個行業的發展中就顯示出極其重要的作用。這便是刻書業爲什麼會在兩宋的建陽崛起並走向繁榮，在人口方面的重要原因。

此外，人口的增長也爲建陽的刻書業提供了大批文化人。其中包括寫書、編書的作者，收藏珍本、異本，嗜書如命的藏書家，以及窮窗苦讀以謀求錦繡前程的莘莘學子。於是，兩宋福建的文化事業也就勢不可遏地蓬勃發展起來了。

三、宋代建陽刻書業的繁榮

宋代是建陽刻書業繁榮、興盛的時期。其主要標誌是刻書機構眾多；官刻、家刻、坊刻三大系統已經形成；刻書地點分佈廣泛；刻印圖書數量居全國之冠，是全國三大刻書中心（蜀、浙、閩）之一。

祝穆在《方輿勝覽》一書中將建版書籍列爲建陽的土產，擺在建茶、建盞之前。並說：「麻沙、崇化兩坊產書，號爲圖書之府。」麻沙在永忠里，距縣城約四十公里。崇化即崇化里書林，古驛道距麻沙僅五公里之遙。嘉靖《建陽縣誌》稱：「書市在崇化里，比屋皆鬻書籍，天下客商販者如織，每月以一、六日集。」這種以書籍爲主要交易物件的文化集市，無論是在中國文化史上還是經濟發展史上，都是極爲罕見的。此外，據《方輿勝覽》一書卷末〈福建轉運司錄白〉稱「榜下麻沙、書坊、長平、熊屯刊書處」云云，則建陽禾平里的長平、崇泰里的熊屯兩地也是書肆的聚集地。

宋代建陽刻書的規模和數量，大約麻沙和崇化不分軒輊。熊屯、長平兩地刻書不多。由於麻沙刻本多署麻沙某宅、某堂刻印，如「麻沙鎮水南劉仲吉宅」、「麻沙鎮南齋虞千里」等，以及宋元以降的藏書家，著錄建陽刻本時，多題「麻沙坊刻本」、「宋麻沙刻本」、「麻沙小字本」、「麻沙刊巾箱本」等，因此，麻沙刻書的聲名，歷史上在崇化坊之上。實際上，被稱爲「麻沙本」的刻本中，有相當一部分是在崇化刻印的。由於麻沙、崇化兩地相距甚近，刻書家之間相互交流比較容易，故兩坊刻本在內容、形式上都有許多共同之處，如刻本無明確署明刻印地點，實不易區分。因此，歷史上的藏書家往往以「麻沙本」、「建本」

以至「閩本」統稱之。歷史上，建陽許多書坊還喜用古建安郡名，也有以建寧府書坊自稱者，沿至明清，有些藏書家甚至把福州、閩南一帶的某些刻本也稱爲「建本」。這表明，建陽刻書業代表了福建刻書業的主流。

（一）蔚為風氣的官府刻書

建陽刻書的特點是以坊刻爲主，官刻不是刻書業的主流。由於宋代閩北文風鼎盛，書院林立，研經讀史蔚然成風。私家、書坊刻書作坊數以十計，流風所及，府、縣官員均喜刻書。他們或將祖上的遺文刻印成集，或將地方名賢的著作付之梨棗。其中刻書較多的是建寧府的官員們。

建寧府，宋紹興（1131～1162 年）以前稱建州，紹興三十二年（1162）改爲府。下轄建安、甌甯、建陽、崇安、浦城等八縣。建寧府的刻書地點何在？通常談印刷史、版刻史的論著多不加考證。實際上，府城官方刻書並不在建寧，而是在建陽。這類書通常由官方出刻印經費，而交給書坊刻印出版。建寧府之外，還有福建路駐守在建寧的派出機構也有類似的情況。如紹興七年（1137 年）晁謙之任福建轉運判官，當時轉運司設在建州。他於這一年刻印其兄晁補之《濟北晁先生雞肋集）七十卷，即在建陽開雕付梓。咸淳三年（1267）建寧知府吳堅、劉震孫刻印祝穆《方輿勝覽》，也委託建陽張金甌刻印。宋周輝《清波雜誌》卷四載：

> 淳熙間，親黨許仲啓官麻沙，得《北苑修貢錄》，序以刊行。

許仲啓是提舉茶事的轉運司官員，生產貢茶的北苑在府治所在地的建安，當然不可能在麻沙任職，但他的書卻在麻沙刻印。周輝把兩件事糅在一塊說，雖然說錯了，但卻無意中透露了府治刻書多放在建陽刻印的一點資訊。

宋代建陽官刻本有漕司本、知府本、府學（郡齋、郡庠）本、縣學（縣齋）本、書院本之別。如漕司本有黃伯思《東觀餘論》十卷，紹興十七年建安漕司刻印。漕司，即轉運司，是掌財賦穀物轉運事務的官方機構。知府刻本有《皇朝大詔令》二百四十卷，嘉定三年（1210）建寧知府李大異刻印。府學刻本有漢戴德《大戴禮記》十三卷，淳熙二年（1175）建寧府學刻印。宋徐天麟《西漢會要》七十卷，嘉定間建寧郡齋刻印。縣學刻本有朱鑑《晦庵先生朱文公易說》二十三卷，淳祐十二年（1252）建陽縣齋刻印。

官府刻書的內容側重於經、史、先賢文集等，但具體刻印什麼書，最終還是根據地方長官的旨意和喜好而定，帶有很大的偶然性。從現存與著錄看，比較突出的現象有兩個：

　　一是名賢後裔刻印祖、父輩的著作。如建安漕司本《東觀餘論》，由黃伯思之子黃訏主持刻印。淳熙間（1174～1189 年）建寧府刻印《東坡別集》四十六卷，爲東坡曾孫蘇嶠任知府時刻於任上。嘉定十六年（1223）建寧府刻印洪邁《容齋隨筆》五集共七十四卷。洪邁（1123～1202 年），字景盧，號容齋，江西鄱陽人。淳熙間繼蘇嶠之後任建寧知府。嘉定間，其侄孫洪伋亦任此職，刻印此書於任上。

　　二是後學刻印先賢著作。如嘉熙三年（1239）金華王埜任建寧知府，刻印唐李頻《梨岳詩集》一卷，另有《附錄》一卷。李頻，字德新，建德人，唐咸通間任建州刺史，有惠政。後人在建州建梨岳廟祀之。紹定五年（1232）建寧知府陳韡刻印朱熹《論語詳說》八卷，眞德秀爲序。嘉熙三年（1239）建安書院刻印《晦庵先生文集》。建安書院乃王埜任建寧知府時所建。王埜也是眞德秀的門人，其父王介，則是朱熹的門人，故王埜對表彰朱學，不遺餘力。王埜之後，金壇人王遂於淳佑三年（1243）任知府，五年（1245）也在建安書院刻印朱熹《續集》十卷，並將王埜刻本舊版與此《續集》合印。

　　官府刻書，由於資金雄厚，不惜工本、故刻印質量較佳。如建寧知府吳革在咸淳元年（1265）刻印的《周易本義》，爲半頁六行；建寧知府吳堅於咸淳三年（1267）刻印的《方輿勝覽》爲半頁七行，堪稱字大行疏，加上刻印俱精，成爲宋刻本中的上品。

（二）雙峰並峙的私家刻書

　　私家刻書是指由私宅、家塾或個人出資刻印圖書，其刻本稱爲家刻本或家塾本。私家刻書與官府刻書的區別主要在資金來源不同，與書坊刻書的區別則在於盈利與非盈利上。但建陽的私家刻書，從其刻本牌記的內容看，往往帶有商業廣告的性質，有的也以銷售、盈利爲目的。因此，私家刻書與書坊刻書不易區分，有時容易混淆。

　　北宋時期，建陽的私家刻書有建邑王氏世翰堂，嘉祐二年（1057）刻印《史記索隱》三十卷；建安蔡子文東塾之敬室，治平丙午（1066）刻印宋邵雍《康節先生擊壤集》十五卷，分內外集；建安劉麟，宣和甲辰（1124）刻印唐元稹《元氏長慶集》六十卷。這只是歷經數百年後，由清代藏書家保存的宋刻本中偶見著錄的幾種北宋私家刻本。

　　南宋時期，建陽的私家刻書極其繁盛，知名的刻書家有三十多家。建陽的刻書家們在其宅名、堂號前多喜用「建安」之名，此乃沿用古建安郡名，

因三國吳景帝永安年間（258～262）至隋朝，建陽縣隸屬於建安郡之故，不是指建安縣。

南宋建陽的私家刻書，大致可分爲兩種類型。第一種類型即通常所說的私宅、家塾刻書。判定其爲私家刻書的根據是以其刻書牌記上「往往以某某家塾、某堂、某齋、某宅、某府等爲標記」。如麻沙鎮水南劉仲吉宅、建安劉日新宅、建安陳彥甫家塾等。這種判定方法雖然並不嚴密，往往容易與坊刻混淆。如刻書名家余仁仲萬卷堂通常列爲坊刻，但其刻《春秋公羊解詁》又署「余仁仲刊於家塾」，就是一個很典型的例子。但是在對古代刻書家們內部生產組織情況缺乏記載，一無所知的情況下，這條界限仍不失爲一種有效而簡便的方法。

另外一種類型則爲學者刻書。如游酢、胡安國、朱熹及其門人蔡元定、俞聞中、祝穆、劉爚、劉炳等。這些閩學者之外，則還有熊克、吳炎、余允文、黃昇等。這些學者刻書與一般私宅刻書家不同的地方在於他們刻印的圖書多爲自己的著作，在編輯、校勘、版式等圖書技術處理上往往體現出一種學者風範，對建陽整個刻書業而言，起到了示範作用，也提高了建陽刻本的學術層次。假如說，我們把第一種類型的私家刻書稱爲「家塾型私家刻書」的話，那麼這些學者刻書，我們不妨稱之爲「學者型私家刻書」。宋代的學者型私家刻書與家塾型私家刻書一起，猶如雙峰並峙，構成了建陽刻書史上的一大景觀。

學者型私家刻書主要以朱熹學派的人物爲代表。在朱熹之前，則有閩學先驅者建陽游酢和崇安胡安國刻印《河南程氏遺書》。此後，朱熹在建陽、武夷結廬講學，以及晚年定居建陽考亭期間，曾刻印了不少書籍。在他的影響下，其門人也多有刻書。

朱熹在建陽自編自刻的圖書主要有乾道八年（1172）刻印的《論孟精義》，以及在此前後刻印的《程氏遺書》、《程氏外書》、《上蔡語錄》、《游氏妙旨》、《庭聞稿錄》等。淳熙二年（1175）還刻印了與呂祖謙合編的《近思錄》一書。淳熙十一年（1184）編刻張栻《南軒集》四十四卷。顧志興先生《浙江出版史研究——中唐五代兩宋時期》一書認爲，據「朱熹年譜：淳熙十年癸卯春正月，朱熹差主管台州崇道觀，次年辦浙學，疑此《南軒先生文集）即刻印於此時。」按，宋代的宮觀官，是一種根本無需到任的閒職，朱熹主管台州崇道觀，是在其任浙東提舉，彈劾唐仲友受挫，於淳熙九年九月離任之後。這年十一月請祠，

次年一月得此虛職。從這時起，一直到淳熙十二年二月祠滿，朱熹始終在武夷山。閩學史上著名的武夷精舍，就創建於這一時期，因此《南軒集》刻本應爲朱熹在福建的刻本，刻印地點在建陽。顧先生文中所引的「次年辦浙學」，實乃「辨浙學」——與以呂祖儉、葉適、陳亮等人爲代表的浙東學派開展論辯之誤。淳熙十四年（1187）朱熹又在武夷精舍刻印《小學》六卷，封面作「武夷精舍小學之書」。這在出版史上，是刻本書籍最早使用封面的記載。

朱熹在刻書中，其門人蔡元定、蔡淵、林擇之等在編書、校書、刻書等方面起了很大作用。日常事務則主要交由其婿劉學古、季子朱在打點。林擇之擔任部分發行工作。對朱熹從事刻書，其友人張栻認爲此舉不妥。他寫信勸阻朱熹說：「比聞刊小書板以自助，……雖是自家心安，不恤他說。要是於事理，終有未順耳。」其時，朱熹正處於貧困交加之際，他在給林擇之的信中說：「又此數時，艱窘不可言。……百事節省，尚無以給旦暮。」因此，他請林擇之刻本售出後，儘快將「文字錢」帶來，「千萬早示一數於建寧城下」，其經濟上入不敷出，捉襟見肘的窘況於此可見。因此，朱熹刻書，實際上也可以說是迫不得已之舉。

朱熹在建陽長期從事教學、著述和刻書，除了在學術思想上給門人以重大影響外，許多門人也像朱熹那樣，在從事學術研究的同時，也從事刻書。如蔡元定曾刻印朱熹的《中庸章句》、《詩集傳》二書。在《朱文公文集·續集》寫給蔡元定的書信中，多次提到刻書之事，其中對版本的修定、錯字的校勘均有詳細的指示。蔡元定長子蔡淵，受朱熹的委託，刻印《周易參同契考異》。建陽劉炳則爲朱熹刻印了《龜山別錄》。劉炳兄長劉燏在朱熹逝世後爲之重刻了《四書集注》。朱熹的學生和表侄祝穆，晚年定居於建陽麻沙水南，編成《方輿勝覽》一書，自刻於嘉熙三年（1239）。全書豐富而有條理，印行之後，被書坊競相翻刻。祝氏借助於當時政府的力量，頒佈了具有法律效力的文告，是我國也是世界上現存最早的有明確年代可考的版權文告。

除以上閩學者刻書外，還有其他一些學者也刻印了不少圖書。如建陽熊克刻印《宣和北苑貢茶錄》；書林余氏中的學者余允文則刻印了朱熹的《論語集注》；花庵詞客黃昇於淳祐己酉（1249）自編自刻了《中興以來絕妙詞選》；邵武吳炎在建陽刻印《東萊標注老泉先生文集》；邵武俞聞中在建陽書坊刻印叢書之祖《儒學警悟》。

學者型刻書家上可承官府刻書，下可聯書坊刻書，是聯接、維繫建陽整

個刻書業的橋梁。如淳熙間（1174～1189）朱熹在建陽，就曾委託當時任職於建寧的福建轉運司提舉鄭伯熊刻印《古今家祭禮》；委託建寧知府傅自得為之刻印《弟子職》、《女誡》、《溫公雜儀》等書。他委託建陽書坊刻印的圖書則有《洪韻》、《近思錄》等。他在〈答黃商伯〉書中說：「《洪韻》當已抄畢，幸早示，乃此間付之書坊鏤板，甚不費力。」〈答鞏仲至〉書中說：「此間工匠工於剪貼，若只就此訂正，將來便可上板，不須重寫，又生一重脫誤，亦省事也。」

除以上學者刻書之外，南宋時期，建陽以私宅、家塾等面目出現的私家刻書還有東陽崇川余四十三郎宅、麻沙水南劉仲吉宅、麻沙劉仕隆宅、麻沙劉將仕宅、劉元起家塾、劉日新家塾之敬室、建安虞氏家塾、建安魏仲舉家塾等二十一家。宋代建陽私家刻書的數量，多則三、四種，少則一、二種。內容主要以正經正史為主，子部、集部書間或有之。

如刻印經部書的有：建安劉日新宅，開禧元年（1205）刻印宋王宗傳《童溪王先生易傳》三十卷，今存殘帙二十二卷。劉叔剛宅刻印宋曾糙《大易粹言》七十卷，又刻《附釋音禮記註疏》六十三卷。建安魏縣尉宅刻印《附釋音尚書註疏》二十卷，有「字體方整峭屬，紙墨俱勝，是閩中精刻」的評價。麻沙劉仕隆宅，刻印《廣韻》五卷，日本有存本。

刻印史部書的有：麻沙鎮水南劉仲吉宅，紹興庚辰（1160）刻印歐陽修《新唐書》二百二十五卷。麻沙鎮南齋虞千里，乾道五年（1169）刻印宋王令《十七史蒙求》十六卷，現存清康熙間程氏仿刻本。建陽錢塘王叔邊家，刻印《前漢書》、《後漢書》各一百二十卷，建安魏仲立宅刻印《新唐書》二百五十五卷，「是建本之至精者」。

刻印子部書的有：東陽崇川余四十三郎宅，紹興十七年（1147）刻印唐徐堅《新雕初學記》三十卷，序後有牌記，日本宮內廳書陵部存。東陽是建陽別稱，崇川即崇化，余四十三郎是建陽余氏中年代較早的刻書家。建安余恭禮宅，嘉定丙子（1216）刻印宋劉信甫《活人事證方》二十卷。建安劉通判宅仰高堂，刻印《音注老子道德經》二卷。麻沙鎮虞叔異宅刻印宋張師正《括異志》十卷，為宋代罕見的文言小說刻本。現存明正德影抄本，《四部叢刊續編》本即據此影印。

刻印集部書的有：建安陳彥甫家塾，慶元丙辰（1196）刻印宋葉棻《聖宋名賢四六叢珠》一百卷。麻沙劉將仕宅，刻印呂祖謙輯《皇朝文鑑》一百

五十卷。建安魏忠卿家塾刻印《王狀元集百家注分類東坡先生詩》二十五卷。麻沙劉仲吉宅，刻印黃庭堅《類編增廣黃先生大全文集》五十卷。

宋代建陽私家刻書，可以劉氏爲其典型代表。劉氏刻書，宋代主要集中在麻沙。劉氏乃建州望族，家族中崇安東族劉子翬、劉勉之均爲朱熹的老師，西族南派建陽崇泰里的劉爚、劉炳及北派麻沙的劉崇之等是朱熹門人。在宋代，以忠義顯者還有所謂「劉氏五忠」，地位頗爲顯赫。因此，宋代麻沙劉氏刻印書籍，多以家塾、私宅的面目出現；刻本內容，則以經、史爲主，這是宋代程朱理學處於上升期，並趨於成熟，思想活躍，學派眾多在刻書業的曲折反映。

宋代建陽私家刻書中，著名的刻書家還有以刻印《史記》、《漢書》、《後漢書》而知名的黃善夫家塾；刻印《兩漢書》的劉元起家塾；刻印《史記集解索隱》的蔡夢弼家塾；和刻印《五百家注音辨昌黎先生文集》等刻本的魏仲舉家塾。

（三）方興未艾的書坊刻書

書坊刻書指的是書肆、書鋪、書堂等以盈利爲主要目的的書商刻書，其刻本稱爲坊刻本。坊刻是建陽刻書業的主力，有的書坊還擁有自己的書工、刻工、印刷和裝訂工匠，並聘請編、校、撰人。有的書坊主人則自編自刻，集編輯、刻印、銷售於一身。相當於現代的出版社和書店；有的書坊則接受委託印書，相當於今天的印刷廠。書坊刻書的特點是受經濟規律的驅使，以刻印暢銷書爲主，編撰名目新穎善變，刻印速度快捷迅猛、行銷範圍無遠不至。因此，書坊之間互相抄襲、改頭換面重新印刷，以至偷工減料的現象也時有發生。

宋代，建陽的書堂有余仁仲萬卷堂、余彥國勵賢堂、蔡琪一經堂、崇化書坊陳八郎宅、建寧府黃三八郎書鋪、虞平齋務本堂等約三十幾家。刻本內容四部俱備，其中又以經、史、子部儒家、醫家、類書和文人別集爲主。傳統的經學著作和子部儒家類中，又以朱熹學派人物的著作居多。其原因一方面是宋代重科舉，研經讀史是士子求取功名、決勝科場的敲門磚。另一方面是南宋理學大昌，建陽是考亭故居，學者眾多，這類書擁有考亭學派的大批讀者。

以下據現存與著錄，以傳統的經、史、子、集分類法將宋代建陽書坊刻本舉例介紹如下，以見宋代書坊刻書之一斑。

如刻印經部書的有：麻沙劉氏書坊，淳熙間刻印宋夏僎《尚書詳解》十六卷。原本久佚，清乾隆間修《四庫全書》，據此刻本的抄本，刪去重言重意

後，重加釐訂爲二十六卷。建陽錢塘王朋甫刻印孔安國《尙書》十三卷，題陳應行點校，卷首刻圖十九幅。刻書名家余仁仲萬卷堂刻印《九經》，刻本質量得到宋岳珂的高度評價。余氏《九經》中，今存《春秋公羊經傳解詁》、《禮記注》、《春秋穀梁經傳》三種。《春秋公羊經傳解詁》十二卷，漢何休撰，唐陸德明音義，紹熙二年（1191）刻本。序後有余氏刻書題識六行：「《公羊》、《穀梁》二書，書肆苦無善本。謹以家藏監本及江浙諸處官本參校，頗加釐正，惟是陸氏釋音字或正文字不同……，眾皆不敢以臆見更定，姑兩存之，以俟知者。……」表明余仁仲刻書的態度極爲嚴肅認眞，除廣擇底本外，遇諸本不同之處，以「兩存」的方式刻印，供學人參考，而不是自以爲是地胡亂更改。故余氏刻本，在當時就被人譽爲善本。

刻印史部書的有：畢萬裔富學堂刻印李燾《李侍郎經進六朝通鑑博議》十卷。畢萬裔，原名魏齊賢，因魏氏之祖於春秋時有畢萬者封地於魏而得姓。宋代建陽一家不知名的書坊刻印了《三國志注》六十五卷，欄外有「耳子」記篇名。此外，南宋建陽書坊還刻印了《晉書》、《隋書》、《新唐書》、《唐鑑》、《新五代史記》等。僅司馬光的《資治通鑑》建陽書坊就有「小字建本」、「南宋初建本」、「南宋前期建本」、「建本中之至精者」等多種版式不同的刻本。

刻印子部書的有：建安慶有書堂，景定辛酉（1261）刻印《傷寒明理論》三卷《方論》一卷。建安劉德亨，刻印宋謝維新《古今合璧事類備要》四百一十六卷。余彥國勵賢堂，刻印宋劉信甫校正《新編類要圖注本草》四十二卷《序例》五卷。陳八郎書鋪，刻印賈誼《新書》十卷。崇川余氏刻印《新纂門目五臣音注揚子法言》十卷，序後有「謹將監本寫作大字刊行，校正無誤，專用上等好紙印造，與他本不同。收書賢士幸詳鑑焉，崇川余氏家藏」牌記。

刻印集部書的有：建安余騰夫刻印宋張耒《永嘉先生標注張文潛集》十卷。建安王懋甫桂堂，刻印《選青賦箋》十卷，所選皆宋人科舉應試之作，爲巾箱木。蔡子文行之刻印《呂氏家塾增注三蘇文選》二十七卷。題呂祖謙選，選文以策論史論爲主，以備士子貼括之用。陳八郎刻印梁蕭統輯、唐呂延濟等注《文選注》三十卷，序後有「建陽崇化書坊陳八郎宅善本」牌記。江仲達群玉堂，刻印《二十先生回瀾文鑑》十五卷《後集》八卷，選司馬光、范仲淹、王安石、朱熹、呂祖謙等二十家之文。

（四）宋代建陽刻書的特點

1、官刻、家刻、坊刻三大系統已經形成，就刻書數量和規模而言，占主

體的是坊刻，私家刻書也占了很大比例。元明兩代，家刻漸微，坊刻則超過宋代。宋代的官刻、家刻與坊刻有極爲密切的聯繫，刻本多直接交付書坊刻印。

2、刻本內容四部俱備，其中又以經、史、子部儒家類、醫學、類書和文人別集居多，傳統的經學著作和子部儒家類中，又以朱熹學派人物的著作居多。其原因一方面是宋代重科舉，經部書是士子求取功名、決勝場屋的必讀書。另一方面是南宋理學大昌，建陽乃考亭故居，學者眾多，這類書擁有考亭學派的大量讀者。

3、宋代建本大部分字體多似柳體。如余仁仲刻《禮記》、《春秋公羊經傳解詁》等；有的似宋徽宗瘦金體，如南宋初建陽刻《周易注》、《晉書》，王叔邊刻印《後漢書》等。間或也有褚遂良體，如黃三八郎刻印《鉅宋廣韻》。其總的特點是結構方正，筆畫嚴謹，鋒稜峻峭，瘦勁有力。建陽的書工，主要使用羊毫筆。米代，建安有筆工蔡藻善於製筆。朱熹有〈贈筆工蔡藻〉、〈跋筆工蔡藻〉二文，稱蔡藻「以筆名家，其用羊毫者尤勁健，予以是悅之。藻若去此而遊於都市，蓋將與曹忠輩爭先」、「蔡藻造筆能書者識之，⋯⋯所製『棗心樣』，喜其老而益堅。」建陽書工以此「勁健」的羊毫，故能寫出鋒稜峻峭、瘦勁有力的書體。

4、宋代建本絕大部份用竹紙印刷，元明因之。現存於國家圖書館的宋乾道七年（1171）蔡夢弼刻《史記集解索隱》、元至元六年（1269）鄭氏積誠堂刻印《事林廣記》、元天歷三年（1330）葉氏廣勤堂《王氏脈經》、元至順三年（1332）余氏勤有堂《唐律疏議）等，經專家鑑定，用的都是竹紙。朱熹初印《楚辭辨證》一書，也是以「小竹紙」印刷。

5、版式上，以半頁十行本居多，官府刻書，由於資金雄厚，不惜工本，多字大行疏，刻本多在十行或十行以下。私家、書坊刻書，限於財力，多密行細字，刻本多在十行或十行以上。當然，情況也有例外，如建寧郡齋刻《東漢會要》、《西漢會要》爲十一行，而蔡琪刻《漢書）、《後漢書》，以私家之力，卻是半葉八行，刻本質量爲宋白鷺洲書院本所不及。形式上，建本的另一種特點是多左右雙邊，細黑口。《中國版刻圖錄》著錄的 29 種建陽宋代刻本中，左右雙邊和細黑口的刻本爲 20 種。其餘 9 種爲白口和四周雙邊。臺灣故宮博物院編印的《宋版書特展目錄》，列福建刻本 15 種，其中黑口本爲 13 種；浙江地區 19 種，黑口本才 2 種；四川地區五種全是白口。表明黑口是宋代建陽

書坊的創造並廣泛使用。細黑口本的使用，使書頁有了準確的中線，便於折疊、裝訂。這是建陽書坊刻工和裝訂工在實踐中的創造。

在邊線外左上角刻「耳子」，耳內刻篇名或小題，這是宋代建本形式中的又一特點。如黃善夫刻《史記》、《後漢書》，余仁仲刻《禮記注》、劉元起刻《漢書》、蔡夢弼刻《杜工部草堂詩箋》以及建陽刻印的《監本纂圖重言重意互注毛詩》，均有耳子。由於耳子內刻有篇名或小題，爲讀者查閱提供了方便。

建本的另一特點是上圖下文，以圖輔文。建本中率先使用插圖的，是建陽書坊中具有創新意識的刻書家。這種上圖下文的形式一直保持到明末清初，成爲建本版畫的主要形式和特徵。朱熹在建陽，對書坊的插圖本，也頗爲讚賞。他說：「書坊印得《六經》，前有纂圖子，也略可觀。如車圖雖不甚詳，然大概也是。」宋代建陽書坊中，以「纂圖互注」標題的《尚書》、《周禮》、《毛詩》、《禮記》諸經，以及《荀子》、《老子道德經》、《莊子南華經》、《揚子法言》諸子，均有版畫插圖。版畫插圖的出現，增強了圖書的通俗性、趣味性，能幫助讀者增強理解和記憶，因此受到廣大讀者的歡迎，具有強大的生命力。到明代，建本幾乎發展到無書不插圖的地步。在版刻技藝上，也有了巨大的進步。

6、在編輯體例上，宋代建本多以類編、集注、重言重意等方式，並往往以此冠於書名，號召讀者。

所謂類編，即以類編輯。將圖書內容分門別類地重新編排。除了大量地刻印綜合性的類書之外，對一些非綜合性的專門圖書，往往也以「類編」、「類注」爲名目編印。由於分類編排，便於讀者查閱，在當時也是暢銷書，受到讀者歡迎。但由於缺乏編輯眼光，水平參差不齊，其中一些較差的圖書也往往受到後代學者的指責。從文獻學的角度來看，這些書也保存了一些佚書的部分篇章，在今天而言，仍是珍貴的歷史資料。

所謂集注，即把諸家不同的注釋彙集在一起，編刻印行，便於讀者能同時閱讀到各家的注釋，進行比較。宋以前的經史，多爲白文無注本，注文與本文往往分開印刷，不便檢閱。到了宋代，才出現了彙注本。如黃善夫刻《史記》，將集解、索隱、正義合爲一書。余仁仲刻《禮記》，將陸德明的音義合刻於書中。發展到後來，就有了以「百家注」相號召的，如建陽有多家刻印的《王狀元集百家注分類東坡先生詩》、《王狀元集百家注編年杜陵詩史》；以「五百家」相號召的，如魏仲舉編刻的《五百家注音辨昌黎先生文集》、《五

百家注音辨柳先生文集》、魏齊賢的《五百家播芳大全文粹》；更有以「千家」相號召的，如《黃氏補千家集注杜工部詩史》。這些刻本，雖然注家不一定就能達到書名所標榜的數量，且其中的編者，也有拉名人做廣告的嫌疑，但確以賅博著稱，故在當時往往也是暢銷書，在後世也能得到學者的認可。清朱彝尊就說：「當時刊書者知以博學詳說為要務，今則守一家之說，以為兔園冊。其智出麻沙里刊書者之下矣。」

所謂重言重意，重言是把同一書中重複出現的詞句，以「重言」標出，並注明出現次數；重意則是把意思相同的詞句以「重意」標出，用以提醒讀者注意上下文之間的聯繫，加深理解和記憶。以重言重意為題的刻本，宋代建陽書坊刻印甚多，上文在介紹刻本時，多有提到，此不例舉。

四、元代建陽刻書持續發展

元王朝的建立，雖然使政治重心重新北移，但對已有數百年刻書歷史的建陽來說，並未產生太大的影響。有元一代，建陽仍是全國四大刻書中心（大都、平水、杭州、建陽）之一。刻印書籍，仍以數量多而聞名天下。這與元朝統治者推行漢法，重視文治，尊經崇儒，獎勵農桑等一系列政策有密切的關係。

宋代盛行的書院講學活動，在元代也沿襲了下來。元代著名的理學家、朱熹學派在南方的傳人吳澄、金履祥、許謙、胡一桂、陳普等人都在書院講學和著書立說，而且他們都到過建陽，其著作也多在建陽刻板印行。其中對建陽刻書業有重大影響的是熊禾。

熊禾（1247～1312），字去非，號勿軒，又號退齋，建陽人。他是朱熹高弟輔廣的再傳弟子，宋咸淳十年（1274）進士，授汀州司戶參軍。入元不仕。與母族至親劉應李隱居武夷山中，建「洪源書堂」授徒講學達十二年之久。之後，又在建陽梓里修復鰲峰書院。熊禾在從事理學研究和教學實踐中，也從事刻書，並對建陽書坊的刻書業極為讚賞。這是他不同於傳統的知識份子之處，尤為可貴。因此，其後裔中許多人均從事刻書業，有的還成為刻書名家。可以說，元代在朝和隱居山林在野的理學家們利用元統治者尊經崇儒的基本國策，把朱熹理學推向一個至高無上的社會地位，而建陽又是考亭故居，刻書家們也多為理學名賢的後裔，在政治上沾了光，宋代積累了幾百年的刻書之業，在宋末元初兵火交加，搶攘離亂之際沒有受到根本的破壞，社會一旦穩定，很快就恢復並發展起來。

（一）寥若晨星的官府刻書

元代，建陽的官刻本遠不能與宋代相比，這與元代歧視漢人，官府的主要職務均由蒙古人擔任，而蒙古官員對漢文化終究還是有一定隔膜有關。由於建陽是全國刻書中心，省內外的地方官卻多有委託建陽書坊刻印書籍。這類書由於資金均出於官帑，其本質上仍爲官刻本。主要有：

元至治間（1321～1323）刻印《元典章》。此書全稱《大元聖政國朝典章》，前集六十卷，新集不分卷，是仿照《唐六典》編纂的元代律令格例及司法判案等方面的資料彙編。由元代福建地方官抄錄彙集，而後刻印於建陽書坊。此刻本原故宮博物院有收藏，解放前夕被攜往臺灣，近年已影印出版，是研究元代史的重要參考書。

天歷二年（1329）刻印元胡炳文撰《四書通》二十六卷，浙江儒學委託崇化書林余志安勤有堂刻印。張存中跋云：「泰定三年存中奉浙江儒學提舉志行楊先生命，以胡先生《四書通》能刪《纂疏》、《集成》之未刪，能發《纂疏》、《集成》之所未發，大有功於朱子。委命齎付建寧路建陽縣書坊刊行，志安余君命工繡梓，度越三稔始克就」云云。浙江杭州也是全國的刻書中心，按照學術界通常的說法，浙本質量要比建本好，但浙江儒學的書卻要發往建陽刻印，表明建陽乃理學的大本營，這種闡發朱子學的著作放在建陽刻印，比在其他地方要有意義。

元至正元年（1341）刻印虞集《道園學古錄》五十卷，閩憲幹克莊委託朱熹五世孫朱炘刻印於建陽。炘字光明，承務郎，福建行省都事。

宋嘉熙間，宋理宗表彰朱學。王埜任建寧知府，重興書院，撥給官帑、學田。此後，建寧府的書院從私學逐漸納入官學的軌道。到了宋末元初，書院的山長就是學官。這時的書院，就比較接近官辦儒學了。因此，書院刻書，通常納入官刻範疇。

元代，建陽的書院刻本主要有，至正癸巳（1353）熊氏鼇峰書院刻印熊禾《勿軒易學啓蒙圖傳通義》七卷，由熊禾曾孫熊坑刻印於書院。劉應李化龍書院刻印劉爚《雲莊劉文簡公文集》十二卷。劉應李是朱熹門人劉炳的曾孫，曾從眞德秀學，入元不仕，與熊禾在武夷洪源書堂講學十二年，歸建書院於崇泰里後山，刻印此集於其中。

此外，建陽雲莊書院刻印《新編古今事文類聚》六集二百二十一卷。府城所在地的建安書院也於至正十一年（1351）刻印元趙居信《蜀漢本末》。宋

代建陽學者蔡沈建於武夷九曲的南山書院，入元後於至正二十六年（1366）刻印宋陳彭年《廣韻》五卷。

至正五年（1345），建寧路官醫提領陳志刻印《世醫得效方》十九卷《孫真人養生書》一卷。這是元代建寧路官府刻本中唯一出現官銜和主持人姓名的刻本。上文在介紹宋代官刻本時，建寧知府、建陽知縣刻本屢見不鮮。到元代，建寧路總管刻本竟無一種，這是蒙古族官員對漢文化的隔膜在建陽刻書業的直接反映。

（二）轉入低谷的私家刻書

元代建陽的私家刻書，不如宋代之盛。主要原因是宋代偶有刻書的私家、家塾，入元後，其子孫有的不再刻書，有的轉為坊刻。如宋代私家刻書較多的麻沙劉氏，元、亨、利、貞四房中，貞房一支遷到崇化，成為坊刻主力，其餘幾房刻書數量較少。因此，從總體而言，元代建陽私家刻書是由宋代的繁榮而轉入低谷。

元代建陽私家刻書主要有，熊敬，熊禾的族兄。大德九年（1305）刻印元董鼎《孝經大義》一卷。熊禾，刻印朱熹《儀禮經傳通解》，所據乃「考亭諸名儒參校訂定墨本」，熊氏又「於所補《儀禮》各卷篇目之下，參以歷代沿革之制，及關洛以來，諸儒折衷之說……。」此書編好後，交給建陽書坊刻印。熊禾自撰疏云：「擬就書坊版行，以就流布。」蔣易，字師文，號桔山真逸，至元五年（1339）刻印唐詩選《極玄集》上下二卷，為宋姜夔評點本，明崇禎間毛氏汲古閣《唐人選唐詩》本即據此刻印。劉君佐（約1250～1348），元代建陽著名刻書家，字世英，號翠岩，其刻書處即以翠岩精舍命名。劉君佐是建陽劉氏入閩始祖唐劉翱的十四世孫，宋咸淳六年（1270）進士，曾任南恩（今廣東陽江）道判，入元不仕。劉氏本世居麻沙，宋末劉君佐遷居崇化書林，結束了建陽劉氏此之前主要以家刻為主的局面，其子孫成為與建陽余氏不相上下的坊刻主力

劉君佐翠岩精舍的主要刻本有，延佑元年（1341）刻印程頤、朱熹《程朱二先生周易傳義》二十四卷、泰定丁卯（1327）刻印蘇天爵《國朝文類》七十卷，小字本，有翠岩精舍小字本勝於西湖書院大字本之譽。同年又刻印胡一桂《詩集傳附錄纂疏》二十卷。

建安鄭明德宅，天曆元年（1328）刻印陳澔《禮記集說》十六卷，為此書第一刻本。建安傅子安宅，後至元二年（1336）刻印朱熹《楚辭集注》八

卷《辨證》二卷《後語》六卷。

（三）眾星拱月的書坊刻書

元代，建陽的書堂、書鋪，以及刻本的數量均超過宋代。在全國現存的元刻本中，建陽刻本幾乎占了一半以上，而建陽刻本，又絕大多數爲坊刻本。據弘治《八閩通志》，元代麻沙書坊曾遭火焚。「今書籍之行四方者，皆崇化書坊所刻者」，因此，元季書堂多集中在崇化。元代建陽書坊，仍以余、劉、虞、陳諸姓最爲著名。此外，新崛起的尚有鄭、葉、詹、熊諸姓。概而言之，圍繞著余氏勤有堂、劉氏日新堂、建安虞氏、葉氏廣勤堂等幾個著名的書堂，元代建陽出現了共約四十家書堂，刻印了許多圖書，與上述諸家名肆一起，眾星拱月，使元代建陽刻書業得到持續穩定的發展。

余志安勤有堂是元代建陽書坊中最負盛名的書堂。約從大德八年（1304）刻印《太平惠民和劑局方》開始，到至正五年（1345）刻印元陳師凱《書蔡氏傳旁通》爲止，凡四十一年間，刻書三十餘種。主要刻本有：

至大三年（1310）刻印李白《分類補注李太白詩》二十五卷，目錄後有「建安余氏勤有堂刊」篆書牌記。皇慶元年（1312）刻印杜甫《集千家注分類杜工部詩》二十五卷《文集》二卷《年譜》一卷。分杜詩爲七十二門，集韓愈、元稹、黃鶴、蔡夢弼等一百五十六家注。臺灣近年已據此刻本影印出版。延祐五年（1318）刻印元董鼎《書集傳輯錄纂注》六卷，卷末有「男眞卿編校、侄濟卿、登卿同校，建安余志安刊行」三行。葉長青《閩本考·總考》據此稱「諸余有眞卿、濟卿、登卿等」，似乎余氏刻書家中尚有余眞卿等人。此書乃鄱陽學者董眞卿將其父董鼎之作委付余氏刻印，文中的「男」、「侄」係對作者而言，不是對梓者而言。余志安有二子，長名資，考亭書院學生，次名賫，並無眞卿諸人。葉氏大誤，需作更正，以免以訛傳訛。

余氏勤有堂刻印的《古列女傳》一書，原本已不存，現存清道光間揚州阮氏文選樓仿刻本。目錄後有「建安余氏」牌記，文中或稱「靜庵余氏模刻」，或稱「余氏勤有堂」刊。全書一百二十三則，圖也是一百二十三幅，上圖下文。此圖相傳爲晉朝大畫家顧愷之所繪，爲現存較早的有精美版畫插圖的刻本。清阮元《宋本附圖列女傳跋》云：

> 此圖當分別觀之。余嘗見唐人臨顧愷之《列女傳圖》長卷，其中衣冠人物與此圖皆同。若衛靈公所坐之低屏，漆室女所侍之木柱，顧圖中皆有之，絕相似，否則誰能畫柱爲枯株之形也。觀其宮室樹石，

如孟母圖中書院之類，或有宋人所增，然即此尚可見宋屋之形。至
於人物橙扇之類，定爲晉人之筆無疑。且恐晉人尚本於漢屏風也。

葉德輝則認爲：「揚州阮氏文選樓模刻宋余氏勤有堂本，謂其圖畫出自晉顧
愷之畫，甚古拙，但孟母圖屋舍上題『書院』二字，則可斷其出自坊估之手。
其云顧畫者，不足信也。」「建安余氏至元時猶存，觀其字體，似元時所刻。」
因此，他認爲「余氏蓋出於北宋摹刻本，北宋出於唐摹顧虎頭本。」葉德輝氏
根據此刻本的的字體，以及晉代不可能有「書院」等破綻，實際上已否定了余
氏此刻本刻於北宋，而定其爲元代刻本。儘管如此，他還是肯定此圖。「雖不盡
出於顧氏，其古樸之致，固非俗工所能，宜其爲前人所推重也。」但也有人認
爲此刻本爲宋嘉祐八年（1063）刻本，故清徐康《前塵夢影錄》稱「繡像書籍
以來，以宋槧《列女傳》爲最精。」其原因，不外爲本書前有嘉祐八年王回序。
但綜觀余氏勤有堂刻本，除此本外，其餘全爲元大德八年（1304）以後的刻本。
從宋嘉祐八年到元大德八年，中間相隔 241 年無任何刻本，實在不可思議。因
此筆者認爲葉德輝的觀點是正確的，此《列女傳》應爲元代刻本。

劉錦文曰新堂是元代另一著名書肆，從至元辛巳（1281）到明嘉靖八年
（1529），營業時間長達 248 年，延續了好幾代人。劉氏日新堂刻本，有時作
「京兆日新堂」，源於劉氏唐代始祖劉翱係陝西京兆人；又有「書林三峰劉氏
日新堂」，三峰爲山名，在崇政、崇化里之間，爲崇化案山。劉氏日新堂主要
刻本有，至元十八年（1281）刻印《朱文公校昌黎先生集》四十卷《外集》
十卷《遺文》一卷。泰定元定（1324）刻印《新編事文類要啓劄青錢》五十
一卷，分前、後、續、別各十卷，外集十一卷。

至正二年（1342），刻印元倪士毅《四書輯釋大成》三十六卷。數年後，
此書又由倪士毅加以重修，訂爲二十卷，仍交劉錦文改刻。至正三年（1343），
刻印元趙汸《春秋金鎖匙》一卷。至正八年（1348）刻印元汪克寬《春秋胡
氏傳纂疏》三十六卷。汪克寬、倪士毅、趙汸三人均爲元末理學家，時稱「新
安三有道」。他們的著作都交給劉錦文刊行，倪士毅《重訂四書輯釋》二十卷
本有〈與劉叔簡書〉，述其改刻之意；汪克寬《環谷集》中有〈答劉叔簡啓〉，
商議刻書之事，表明在元末建陽刻書業中，劉錦文（叔簡）的質量是最好的，
得到作者的信賴，紛紛把書稿交給他出版。

元至治間（1321～1323）建安虞氏刻印的《新刊全相平話武王伐紂書》
三卷、《新刊全相平話樂毅圖齊七國春秋後集》三卷、《新刊全相秦併六國平

話》三卷、《新刊全相平話前漢書續集》三卷、《至治新刊全相平話三國志》三卷，被通稱爲「元至治刊平話五種」，是現存最早的講史話本。全書上圖下文，連環畫式。圖占版面半葉約三分之一，每一全頁一圖，每圖均有小標題，主要人物標出人名，計228幅圖，是一部現存最完整，也是較早的版畫巨帙。在中國小說史、版畫史上均佔據了重要地位。

葉日增廣勤堂是元末新崛起的名肆之一。其刻書地點在崇化。他的某些刻本又題「三峰書舍」，三峰是崇化坊案山，上文已明之。葉氏於天歷三年（1330）刻印晉王叔和《新刊王氏脈經》十卷，《四部叢刊》本即據此影印。他還得了余志安勤有堂的許多版片，將余氏牌記剜去，別刻「廣勤堂新刊」。今存至正二十二年（1362）刻印的廣勤堂《集千家注分類杜工部詩》，即爲原勤有堂刻版，葉氏得其版片後，剜去勤有堂牌記，另增「三峰書舍」、「廣勤堂」牌記，改頭換面，印行發售。明正統時，葉氏書版又歸金台汪諒，汪氏得此版片，亦故伎重施，改換牌記印行。

（四）元代建陽刻書的特點

1、內容上，經、史、文人別集之外，供市民階層閱讀的醫書、通俗類書較宋代更多。尤其是日用類書，由於甚爲暢銷，刻印者比比皆是，幾乎所有的書坊，均有一二種類書刻本。其中《事林廣記》、《聯新事備詩學大成》等書一再翻刻。甚至連考亭學派人物劉應李也編輯刊行了《翰墨全書》，起到了推波助瀾的作用。與傳統偏見不同，這類書得到考亭學派人物如熊禾的讚賞。他在〈翰墨全書序〉中說「書坊之書，遍行天下。凡平日交際應用之書，悉以啓箚名，其亦文體之變乎？」

此外，還出現了小說，主要是講史類話本，如《三分事略》、《全相平話五種》等。

考亭學派人物的著作，朱熹及其門人的著作之外、續傳弟子的著作也大量刊行。

2、元代刻書的字體，就全國而言，多仿趙孟頫體，字體圓活，秀媚柔軟，與全國各地略有不同。元初直至元中葉，建陽書坊的書體仍沿宋朝遺風，以顏、柳爲主。如元至治《平話五種》，筆意即在顏、柳之間。到了元中葉，才大量使用趙孟頫體。這主要是由於南北地域差別，造成的時間差，北風南漸，需要一個時間過程，如劉氏日新堂刻印的《揭曼碩詩集》，即仿趙體。此外，建陽書坊一些善於創造的書坊，間或也有行書上版。如後至元六年（1340）

劉氏日新堂刊行虞集《伯生詩續編》，元末建陽書坊刻印《朝野新聲太平樂府》等，寫刻精雅，別具一格。

　　3、坊刻多用簡體字或俗字。這種現象，尤以類書、小說刻本爲常見。甚至出現了假借同音的現象，大抵以筆劃簡單的字代替筆劃複雜的字，以圖省工省事。

　　4、版式早期沿習宋本，字大行疏，多左右雙邊，中期行格趨密，出現四周雙邊，版心多大黑口，雙魚尾。《中國版刻圖錄》著錄 16 種元代建本，全部是大黑口，其中 11 種爲左右雙邊，5 種爲四周雙邊。臺灣《國立中央圖書館金元本圖錄》著錄 22 種閩本，其中有 18 種黑口，表明元代建本中，黑口本是主流。

　　5、自淳熙十四年（1187）朱熹刻印《小學》六卷，首次使用封面以來，元代建本中開始大量使用了封面（書名頁）。據傅增湘先生《藏園群書經眼錄》記載，元延祐元年（1314）劉氏翠岩精舍刻印《程朱二先生周易傳義》一書，有了「原封面」。張秀民先生《中國印刷史》則記載，至正十六年（1356）劉氏翠岩精舍刻印《廣韻》，有「翠岩精舍校正無誤、新刊足注明本廣韻」的封面。元代帶封面的建本，尚有雲衢張氏集義書堂至治三年（1323）刻印《續宋編年資治通鑑》、余氏勤德堂刻《十八史略》、《廣韻》、《禮部韻略》，建安博文堂刻《禮部韻略》、建安玉融堂刻《增廣事類氏族大全》諸書，表明元代建陽書坊有封面的刻本，已是較普遍的現象。

　　元代，建陽刻本中還出現了帶圖的封面，這是將版畫刻印在封面上的首創。主要刻本有建安書堂刻印的《三分事略》，封面中繪「三顧茅廬圖」。虞氏刻印的《全相評話五種》，每一種均有帶插圖的封面，版式均爲上圖下文式。封面及其帶圖封面的出現，以醒目的書題、明豔的圖畫吸引了讀者，既給讀者提供了選購圖書的方便，也爲書坊的書籍擴大了銷路。這在出版史上，是一個創新。這種創新，是帶有強烈的商品經濟意識和競爭意識的建陽刻書家們在圖書設計上的突破，影響深遠，一直沿用至今。

五、明代建陽刻書業的鼎盛

　　元代中後期，日趨腐敗的元王朝終於被風起雲湧的農民起義浪潮所推翻，朱元璋在元末的廢墟上建立起朱明王朝。此後，朱元璋在政治、軍事、經濟等方面對元代遺留下來的制度進行大刀闊斧地革新，在經濟上採取了一

系列休養生息的措施，使社會經濟在明初洪武年間就很快得到恢復和發展，曾一度毀於兵火的刻書業也很快得到復蘇。如至正二十三年（1366）建陽書市曾遭兵火之災。這一年，刻印於建陽劉氏書肆的元程鉅夫《楚國文憲公雪樓程先生文集》僅成前十卷即遭「兵燹板毀」的命運。三十年後，即洪武二十六年（1393）刻書業即得到恢復，此書三十卷本得以完整地刻印於書市朱自達與耕堂。永樂、宣德間劉、熊刻書世家也開始了大規模的刻書。

由於朱明王朝與朱熹是「本家」，出於其思想統治上的需要，明初較前朝更為大力提倡程朱理學。明初設太學，諸生只准學習四書五經，講學、科舉考試均以朱子之學為正宗。明英宗以前的歷代皇帝，除了對宋代理學諸子進加官爵，建廟祀奉外，對其後代也是優免有加，詔免聖賢子孫徭役。為了取得這種優惠待遇，建陽的刻書世家也往往以名賢後裔自居。因此，明前期建陽刻印的圖書多以宋元理學諸子的著作為主，從中也可看出社會風尚對建陽刻書業的影響。

（一）追隨時尚的府、縣官員——官府刻書

明代建陽的官刻、家刻、坊刻的刻書數量均遠超前代，由於明代從中央政府的各個部門如秘書監、國子監、都察院，以及各藩府均熱衷於刻書，而各級地方政府部門如布政司、按察院，各府縣的刻書機構較中央機關、藩府更盛。流風所及，作為處於全國刻書業領先地位的建寧府和建陽縣的地方長官，自然追隨此道了。因此，建寧府和建陽縣幾乎每一任知府、知縣均有刻書。

明代建寧府的官方刻書，其地點與宋元時期一樣，均在建陽。明代著名書畫家、文學家徐渭於嘉靖四十一年（1562）作為浙閩總督胡宗憲的幕僚，曾入閩參加抗倭，多次到過建陽、武夷一帶。他在一篇代人捉刀而寫，題為〈送通府王公序〉的文章中說：

> 今夫建寧，非清曠之所，高明之奧，而文采之區乎？其名山巨溪，則有武夷九曲……，其大賢鴻儒，則有朱、蔡、游、胡、魏、真之輩，其他支裔，不可勝數，……其圖籍書記，輻輳錯出，坊市以千計。富家大賈所不能聚，而敏記捷視之人窮年累月所不能週也。故凡官建寧者，清心怡神，則必入武夷九曲；訪古問道，則必尋朱、蔡諸賢之里，而拜揖徘徊於其間，至於觀覽者，亦必求之於建陽之肆，盈篋笥而後已，以為是清曠且高明而文采，與聲利榮華遠也。

徐渭在此文中將武夷名勝景觀與朱熹閩學、建陽書肆等人文景觀相提並論，認為「凡官建寧者」，必求之於建陽書肆，這只是從購訪圖書而言，實際上，可以

這麼說，有明一代，凡官建寧者，必刻書於建陽書肆。而一些「官建寧者」的上司，如福建巡撫、巡按等也每在建陽刻書。已知者即有成化十年（1474）張喧以右副都御史巡撫福建，在建陽書坊刻印《周禮集說》十一卷《綱領》一卷，另附宋俞廷椿《復古編》一卷。成化十八年（1482），巡撫張世用將宋章樵注《古文苑》三十一卷，「發諸建陽書肆壽梓」。御史曾佩，嘉靖間刻印李默編《紫陽文公年譜》。嘉靖三十九年（1560），宗臣任福建提學副使，將明沈霑《沈山人詩》六卷，刻梓於麻沙，今存萬曆四十一年（1613）王百祥修補印本。

從刻本內容看，官府刻書仍以經、史、子部儒家和先賢文集爲主。如刻印經部書的有，嘉靖三十一年（1552）建寧府刻印元陳澔《禮記集說》三十卷；三十五年（1556）建寧知府程秀民刻印《春秋四傳》二十八卷；嘉靖末建寧知府楊一鸚刻印宋蔡沈《書經集注》六卷等。

刻印史部書的有，正德十三年（1518）建寧府活字印刷《史記大全》一百三十卷，這是建本中最早的活字印本。原印本今已不存，所存者多爲十六年（1521）建陽劉氏慎獨齋改刻本。嘉靖十六年（1537）李元陽刻印宋倪思《班馬異同》三十卷。李元陽是嘉靖間福建巡按，曾刻印《十三經註疏》等書多種，此書乃李氏委付嘉靖間麻沙書版的監校官汪佃刻印於建陽書坊。嘉靖十七年（1538）建陽知縣李東光則刻印了李默《建寧人物傳》四卷。

刻印先賢文集的有，洪武末年（1398），建寧知府芮麟刻印元吳海《聞過齋集》八卷。吳海是元朝閩縣人，朱熹學派在元朝福建學系的代表人物。此書可稱爲明前期官方刻印朱子學著作的代表性刻本。正德十五年（1520）建寧知府刻印眞德秀《西山先生眞文公文集》五十五卷。

以上所例舉的只是明代建陽官府刻本中很少的一部分，但已約略可知，明代建陽官方刻印書籍數量雖甚多，但從內容看，仍以經、史和理學名人的著作爲主。明中葉程朱之學漸微，市民文學興起，對官府刻書並未產生太大影響，這與官方刻書比較正統有關。所謂正統，這裏是就建陽官刻書的總體趨勢而言，但情況往往有例外，其中，明宣德年間的張光啓最值得一提。

張光啓，建昌（今江西南城）人，明宣德間任建陽知縣。據建陽楊氏清江書堂明正德六年（1511）刻印《剪燈新話》，卷末題「建陽縣知縣張光啓校正」；《剪燈餘話》題「上杭縣知縣盱江張光啓校刊，建陽縣縣丞何景春同校繡行」，則正德六年楊氏清江堂刻本是根據七十年前即明宣德間張光啓、何景春刻本重刊。據嘉靖《建陽縣誌》，何景春是宣德三年（1428）任縣丞，正統

間（1436～1449）升知縣，可知張、何刻本刻印於明宣德間，《餘話》的刻印則在張光啓去任調離上杭縣之時。張光啓、何景春的刻本是現今可考的《新話》、《餘話》的最早刻本，也是到目前為止未見於任何小說書目著錄的刻本。

由於瞿佑和李昌祺在二書中歌頌男女之間的愛情。尤其對女子主動追求愛情的行為持讚賞和肯定的態度，具有較強烈的反封建禮教的精神，因此，刊行之後流行甚廣，受到不同層次的讀者的歡迎，也引起了封建統治者的不滿。在明宣德間張光啓、何景春刻印二書之後不久即明正統間，遭到了禁毀。據史載，明正統七年（1442），國子監祭酒李時勉上言：「近年有俗儒，假託怪異之事，飾以無根之言，如《剪燈新話》之類，不惟市井輕浮之徒爭相誦習，至於經生儒士，多舍正學不講，日夜記意（憶），以資談論。若不嚴禁，恐邪說異端日新月盛，惑亂人心，實非細故。」因此，他請求明英宗下令——「凡遇此等書籍，即令焚毀。有印賣及藏習者，問罪如律。」

這次禁毀小說的目的，是為了維護儒家正統學說在思想界的統治，制止意識形態領域中異端思想的萌芽。但對書坊而言，這類小說正好是極受讀者歡迎的暢銷書。這次禁毀小說的結果是，在明前期的一百多年中，建陽竟無一部小說刻本流傳下來。從元至治建安虞氏刻印《平話五種》開始，一直到明中葉，建本小說的刻印出現了長時期的斷層，而此明宣德間建陽知縣刻本，就是在這一百多年的斷層中碩果僅存的記錄，實在難能可貴。此後，一直到明正德六年（1511），才出現了建陽楊氏清江書堂翻刻本，接著就有了嘉靖、萬曆間的大盛。統治者以禁毀《剪燈新話）開明代禁毀小說之先，而建陽書坊則以刻印《剪燈新話》拉開建本小說繁榮的序幕，二者可謂針鋒相對！而在此禁毀小說的波瀾中，官方點名要予以禁毀的小說，最早竟然是由建陽知縣主持刻印的，實在是令人不可思議，僅以此而言，張光啓也可以說是建陽的馮夢龍。

（二）學者刻書與私家刻書的合流——閩學諸子後裔的刻書

明代，建陽私家刻書的規模遠不如宋代，也不能與明代坊刻的規模相比，刻本內容也多局限在宋元理學人物的後裔刻印其祖輩的文集或有關著作上。以刻書資金所自與刻書目的而言，這些後裔刻書自應屬於私家刻書的範疇；以身份而論，這些後裔在地方上儼然是宋元閩學諸子在明代的繼承人。因此，在本質上，閩學諸子的後裔刻書，實際上是宋元時期學者刻書與家塾刻書的合流與延續。明代建陽私家刻書主要有以下幾家：

劉文，字尚敏，朱熹門人劉炳的九世孫。永樂壬寅（1422）刻印劉炳《四書問目》不分卷。熊斌，字文質，熊禾六世孫。成化三年（1467）刻印熊禾《熊勿軒先生文集》八卷。朱詢，字宗信，朱熹八世孫，正統十三年（1448）刻印《朱文公年譜》。朱世澤，字仲德，號斌孔，朱熹十三世孫，萬曆十七年（1589）編、刻《考亭志》十卷。蔡有鵾，字沖揚，號翼軒，蔡元定十五世孫，萬曆間刻印《蔡氏全書》，爲今存《蔡氏九儒書》祖本。劉有光，字德輝，號耀吾，麻沙人，朱子門人劉崇之後人。萬曆丙午（1606）編、刻《劉氏忠賢傳》，爲今存《劉氏忠賢傳》所本。劉光啓，有光族人。崇禎辛未（1631）刻印記載宋劉純事蹟的《忠烈公源流傳》，也是今存《劉氏忠賢傳》祖本之一。熊之璋，字玉孺，號頑石，熊禾後裔，隆武二年（1646）刻印《重刊熊勿軒先生集》四卷附一卷。《中國版刻圖錄》稱「時唐王朱聿鍵立於福州，稱監國，隆武刻書，傳世甚罕，此爲僅見之本。」

除建陽的私家刻書之外，鄰縣的私家刻書與建陽也有一定關係，如建安（今建甌）楊允寬刻印楊榮的文集，明王璲序云：「公集曰《兩京類稿》，曰《玉堂選稿》者，公塚子允寬符卿梓行已久，板藏書坊……。」此書坊，指的就是建陽崇化書坊。

（三）蓬勃發展並走向鼎盛——書坊刻書

明代建陽的書坊刻書，以正德間（1506～1521）爲界，大致可分前後兩個時期。明前期，刻書較多的有劉文壽翠岩精舍、劉氏日新堂、劉弘毅慎獨齋，劉宗器安正堂、熊宗立種德堂、葉景逵廣勤堂、鄭氏宗文堂、楊氏清江堂、詹氏進德堂等。刻本內容仍以傳統的經、史、類書、醫書爲主。

這一時期，全國的科舉應試之書，多出於建陽書坊。書坊承擔了代官方刻書的任務。宋代朱熹在建陽書坊刻書時所建的刻書作坊，後來被稱爲同文書院的地方，元明時期官方幾經重修，明代成了官方收藏官板的地方。洪武二十四年（1391）六月，太祖詔下，宜於國子監印頒書籍有未備者，遣人往福建購之。成化二十三年（1487），文淵閣學士邱浚進呈《大學衍義補》一書，孝宗命抄寫副本，命建陽書坊印行。

弘治十二年（1499）十二月，建陽書坊遭受了一場大火，「古今書板，皆成灰燼」。但這場大火，並不象《竹間十日話》所說「自此麻沙之書遂絕」，而是在短短幾年內就得到復興。

劉剡是明初崇化坊的刻書名家。他是元劉君佐的玄孫。平生致力於編書、

校書、刻書。「凡書坊刊行書籍，多剡校正」（嘉靖《建陽縣誌‧人物志》），編有《宋元通鑑全編》、《增修附注資治通鑑節要續編》、《四書通義》等，均有刻本傳世。正統庚申（1440）刻印元朱公遷《詩經疏義會通》二十卷。熊宗立曾從其學習校刊書籍。

劉文壽是劉君佐的五世孫，宣德、正統間以「翠岩後人京兆劉文壽」、「劉氏翠岩精舍」之名刻書甚多。劉氏日新堂乃元代名肆，入明後子孫仍操舊業，刻書家名、字、號均失考。劉氏安正堂從宣德四年（1429）刻印《四明先生續資治通鑑節要》起，一直到清康熙三十八年（1699）還有刻書，營業時間長達 270 年，知名的刻書家有劉宗器、劉仕中、劉雙松、劉蓮台等。其中劉宗器爲明前期的刻書家，其餘均在明後期刻書。葉德輝《郘園讀書志》卷六中著錄安正堂刻本《新刊河間劉守眞傷寒直格論方》一書說：「安正堂爲明書坊劉宗器牌名，當時刻書甚多，立堂甚久，而此書則未經藏書家著錄，宜乎《四庫全書》僅見坊行竄亂之本，未見此原本也。」

熊宗立種德堂是一家以刻印醫書爲其專業的名肆，他從正統丁巳（1437）至成化甲午（1474）間刻印醫籍約二十種。其刻書，多自編自刻，把編輯、刻印、發行結合在一起，所編醫籍，多以類編、注釋、補遺等形式刊行，較注意圖書的通俗性和形式的多樣化。

葉氏廣勤堂入明後，由葉景逵繼承家業，洪武十九年（1386）刻印元吳黼《丹墀獨對》二十卷。宣德四年（1429）刻印自編《選編省監新奇萬寶詩山》三十八卷，巾箱本。密行細字，雕鐫精美，曾被藏書家誤爲宋版。

劉洪，亦作宏毅，名洪，號木石山人。從弘治戊午（1498）至嘉靖十三年（1534）刻書三十多種。從時間上看，劉弘毅刻書在明中葉；從刻本內容、風格而言，更接近明前期建本的特點，而與後期有所不同。葉德輝評價劉氏刻本說：「明時書估以建陽劉洪愼獨齋刻本爲最多，且皆長編巨集。故自來藏書家如范氏天一閣、孫星衍平津館，其目錄皆有劉所刻書；而《天祿琳琅書目後編》竟以所刻《十七史詳節》誤列宋版，則其書之精鏤蓋可知矣。」

明正德、嘉靖以後，建陽的刻書業比明前期更爲鼎盛，無論是書坊，還是刻本的數量均比明前期多，並超過宋元刻書數量的總和。據周弘祖《古今書刻》的統計，明代刻書數量較多的有南京國子監 278 種，南直隸 451 種，江西 327 種，浙江 173 種。福建最多，達 477 種。福建刻本中，又以建陽書坊刻印最多，達 367 種。嘉靖《建陽縣誌》載書坊書目多達 382 種。這只是

嘉靖間的不完全統計，嘉靖至萬曆期間，新開張的書肆成倍湧現，刻書數量遠遠超上述數字。

明後期，建陽書坊刻印書籍數量較多的有余象斗雙峰堂、三台館；余彰德、余泗泉萃慶堂；劉龍田喬山堂；劉雙松、劉蓮台安正堂；熊沖宇種德堂；熊雲濱宏遠堂；楊氏歸仁齋；楊氏清白堂；蕭騰鴻、蕭少衢師儉堂；鄭世豪、鄭世魁、鄭世容宗文堂以及詹氏的眾多書堂。

除以上所舉著名書堂外，明代建陽還有相當多的書堂無法一一介紹：張秀民先生《中國印刷史》列舉明代建陽書坊 84 家，李致忠先生《歷代刻書考述》列舉明代建陽書坊近 60 家。兩位先生治學嚴謹，沒有把握的一些書坊均作為存疑暫不列入，筆者據二位先生所列，結合已知，計算出明後期建陽書堂，余姓最多，為 33 家。其餘各姓依次為熊姓 22 家；劉姓、詹姓各 14 家；葉、楊、鄭三姓均 13 家；陳姓 10 家；其餘諸姓及姓氏缺考者 31 家，共 163 家。加上明前期的書堂，明代建陽書堂超過 200 家。其中刻本數量達 50 種以上的有劉氏安正堂、熊氏種德堂、鄭氏宗文堂；達 40 種以上的有劉氏喬山堂、余氏雙峰堂和三台館；達 30 種以上有的劉氏慎獨齋、余氏萃慶堂；達 20 種以上的有余氏自新齋、陳氏槇吾堂、蕭氏師儉堂；達 10 種以上有的劉氏日新堂、余氏怡慶堂、熊氏宏遠堂、楊氏清江堂、楊氏歸仁齋、楊氏四知館、張氏新賢堂、陳氏存德堂、詹氏進賢堂、葉氏廣勤堂等。其餘的書堂刻本數量多則八、九種，少則一、二種不等。僅以上所列 20 家書堂，刻本數量已達近 400 種，加上其餘 180 多家書堂，平均每家以 5 種計，就多達 900 種，明代建陽書坊刻書之盛，於此可見。

明中葉以後，社會形勢發生了重大變化，建陽書坊四書五經一類的書刻印量大為減少。代之而起的是小說、戲曲等通俗讀物的繁榮。這一時期，社會政治趨於腐敗，社會矛盾加劇，土地兼併愈演愈烈，大批農民破產流亡市鎮、成為廉價的手工業勞動者，促使城市經濟進一步得到發展，資本主義商品經濟開始萌芽。市民階層的逐漸壯大，為小說、戲曲等市民文學作品大量產生並刊板流行，提供了廣泛的社會基礎。李贄的帶有強烈的思想解放和人文主義色彩的異端哲學，恰恰是資本主義萌芽在意識形態領域裏的反映，正好適應了這種分崩離析的局面。由於統治者逮捕李贄，禁毀其著作，更從反面激起人們的好奇心和逆反心理，有鑑於此，建陽的許多書坊在刻印小說、戲曲中往往以「李卓吾先生批評」、「李卓吾先生評點」為書題號召讀者。這表明，即使是素有「閩邦鄒魯」之譽的建陽，同樣也免不了商品經濟的衝擊，

從而在所編所刻的書籍內容中反映出來。

此外，由於明統治者大興文字獄，建陽刻印的《剪燈新話》、《英烈傳》、《水滸傳》等都在禁毀之列，這對刻書業而言，不能不是一個阻礙。但這種阻礙，由於明末明王朝自身尚處於風雨飄搖之中，統治者自顧不暇，官方刻書管理機構漸趨懈怠，因此，萬曆間建本的通俗小說、戲曲得以大量鋟版印行，出現了與建陽歷代刻書截然不同的壯觀局面。一般偶有一、二種刻本的書坊，其刻本內容、不是小說、戲曲，就是日用類書。傳統的經、史、文集刻本，至此已退居次要地位，這表明，刻本內容的大眾化、通俗化是明建陽書坊刻本的主要基調。

（四）明代建陽刻書的特點

1、刻書機構眾多，官刻、坊刻數量均遠超前代。

2、刻本內容廣泛，經史子集四部俱備。其中醫書、類書、小說、戲曲以及日用通俗書籍刻本尤多，數量遠遠超過前代。內容趨向通俗化、大眾化，這是明代建本的特點之一。明代建陽眾多的書坊在選擇刻本內容上也出現了各自的特點，如熊宗立種德堂、劉氏喬山堂以刻印醫籍為主；劉弘毅慎獨齋以刊行史部、集部書為主；熊氏忠正堂、余氏雙峰堂以刻梓小說為主；蕭氏師儉堂以雕印戲曲為主；熊沖宇種德堂以刊刻童蒙教育和民間日用書為主，刻書趨向專業化，是明代書坊刻書的又一顯著特點。

3、明代的建陽書坊多集編校、刻印、銷售於一身，形成較宋元時期更為普遍的現象。其中最為突出的是劉剡編刻的《通鑑續編》，熊宗立編刻的醫籍，熊大木、余邵魚、余象斗編刻的小說等。這些將編、刻、售結合在一起的書坊，大大地增強了自身的競爭能力，他們能夠根據市場的需要，迅速地編刻適銷對路的圖書，從而以自身的能量推動著刻書業向前發展。

4、版式上，明前期沿襲元代遺風，字體仍為趙孟頫體，版心仍為大黑口。明中後期的版式、字體出現了與前期截然不同的風格，字體由趙體一變而為仿宋體，字體平直方正，書口由大黑口變為白口。《中國版刻圖錄》收錄明嘉靖以前的建陽刻本八種均為黑口本，嘉靖以後的四種則均為白口本。萬曆以後，字體由方變長，字畫橫輕豎重。到崇禎間建陽知縣黃國琦刻印《冊府元龜》時，字體已發展為典型的匠體字。明後期，版式、字體出現仿宋的原因，與嘉靖間官府嚴令書坊要照官本原式翻刻有關，一些書坊為避免麻煩，往往依樣畫葫蘆刻印書籍。此外，文壇上「前後七子」的文學復古運動也在出版

界引起強烈的反響，從而在刻本的版式也出現了全面仿古的現象。版式上的仿古，對建陽而言，本應仿宋建本的細黑口而不是白口。但因為全國的刻本多為白口，建陽書坊也就跟隨潮流了。

5、明代建陽刻本的版畫插圖發展到了成熟期。明萬曆間的刻本，幾乎無書不插圖，其中余象斗、蕭騰鴻刻印的小說、戲曲刻本最為典型。鄭振鐸先生《西諦書話》評論余象斗時說：「他所刻的書，有一個特點，那就是繼承了宋、元以來建安版書籍的形式，特別著眼於『插圖』，就像現在印行的『連環圖畫』似的，上層是插圖，下層是文字，圖文並茂，使讀者閱之，興趣倍增。」其實，這不光是余象斗的特點，也是明代整個建陽刻書業的特點。

明代建陽刻本的版畫插圖，突破了早期插圖上圖下文的單一格式，出現了全頁巨幅，上評中圖下文等多種格式，使建刻版畫出現了爭奇鬥豔的局面，形成了與徽派、金陵畫派鼎足而立之勢，被稱為「建安畫派」。

六、清代建陽刻書的衰亡

建陽的刻書業，從明萬曆間的鼎盛期，發展到天啟、崇禎間，已經逐漸走向衰落。到清代，宋以來的全國刻書中心的地位已不復存在。從清初到清末約250 年間，建陽刻印的圖書種類，今可考者，不過寥寥三十餘種而已。道光十二年（1832）修《建陽縣誌》，尚在本縣募工刻印，到民初重修縣誌，則已要到鄰縣建甌芝新印刷廠印刷。最有說服力的，是建陽余、熊、黃等有過輝煌的刻書歷史的家族，清同治以後修纂家譜，竟多由「江右撫金」、「豫章進賢」等外地的的譜師擺印。這表明，到清末，建陽的刻書業是徹底衰亡了。鄭振鐸先生說：「我曾到過建陽（即建安），那裏是什麼也沒有了。書店早已歇業——可能在清初，至遲在清代中葉，就不見有建版的書了——要找一本明代建版的書，難如登天，更不用說什麼宋、元時代的建版書了。只剩下夕陽斜照在群山上，證明那裏曾經是『盛極三朝』（宋、元、明）的一個出版中心而已。」

（一）清代建陽刻書業衰落的原因

首先，清初福建遭受了長期的戰亂，使生產力受到了極大的破壞，給建陽書林帶來了空前的災難，書坊紛紛倒閉。

順治元年（1644），滿族統治者以北方少數民族入主中原，建立起中國封建社會的最後一個王朝。清軍入關後，實行殘酷的民族歧視和民族壓迫政策，激起各地人民的強烈反抗。1645 年，南明弘光政權始建即滅，唐王朱聿鍵在

福州建隆武政權，也於次年被清兵擊敗。與東南沿海鄭成功、張煌言的抗清鬥爭相呼應，閩北人民也進行了長達數年的英勇鬥爭，以抵抗清軍的壓迫。順治四年，建陽賴逢吉領導農民軍佔領建陽縣城，執清知縣吳鼎，奪其印。順治九年，農民軍陳德容率部圍攻建陽城，殺守將高虎，焚朝天、童游二橋，連續三日，清軍方解圍。到了康熙十三年（1674），清軍入關後，被封爲靖南王的耿精忠在福建叛亂，又把剛剛擺脫長期戰亂的閩北人民投入血泊之中。

戰亂，破壞了原有的經濟、文化，書坊倒閉，刻書家、刻工紛紛外逃。戰亂，使橋梁被焚，道路阻塞，崇安分水關閩贛商旅之路，長期杳無人煙。昔日繁華的圖書之府成了與外界失去聯繫的窮鄉僻壞、遠山惡水，給所剩無幾的書肆造成銷售的困難。

其次，清代建陽刻書業在刻本質量、經營條件上無法與外地刻書業競爭。戰亂給建陽刻書業的打擊畢竟不是毀滅性的。宋末元初、元末明初的朝代更替，同樣兵火連綿，歷史上閩北一帶屢起屢落的農民起義也曾造成類似的影響。風暴過後，建陽的刻書業很快就得到恢復和發展。何以清初的戰亂使建刻一厥不振？因此，建刻的衰亡有其更深層的原因。

在建陽刻書業逐漸衰落的同時，原與建陽鼎足而立的金陵、蘇杭一帶的書坊卻更加發達起來。北京、廣東佛山、江西滸灣等後起者發展迅速；本省福州、晉江、長汀四堡的私家、書坊刻書，也有新的崛起。乾嘉之際，漢學興起，許多漢學家集藏書、校書、刻書於一身。他們學識淵博，眼界開闊，所刻書質量極佳，加上官方內府刻書盛行。各省書局尾隨其後、也刻印了大量書籍。這些坊刻、家刻、官刻在數量、質量上，以及在經營條件、交通運輸等各方面與清代的建陽刻書業相比，均佔據了壓倒的優勢。

再次，刻書既是經濟事業，其本質上更是文化事業，而清代的建陽，其文化環境與外地相比已毫無優勢可言。考亭學派遺留下來的幾個書院幾成紀念遺物，但見香火不斷，那聞琅琅書聲！閩學人物在清代建陽的後人中，無一稱得上是碩學鴻儒。當江浙一帶的學者大量購藏宋、元、明建本，並進行著錄、互勘、翻刻的時候。建陽乃至福建的一些學者竟不知何爲版本，如何著錄。康熙《建陽縣誌》列有「梓書」目錄，不記卷數，不記著者，更不記刻印者，幾乎是萬曆《建陽縣誌》「梓書」目錄的照搬照抄，使人誤以爲康熙間建陽也刻印了這些書籍，實在是貽誤後人！歷代府志、省志對此也是付之闕如。一直到民國間，陳衍修省志，才列〈版本志〉，但也只是在極爲有限的

幾本書目中照搬照抄，難以反映建陽刻書業的全貌。

就刻書家而言，明代的建陽刻書家中已是墨守陳規者多，積極進取者少，競爭意識極為淡薄。這一點，集中地表現在對先進的印刷工藝探求、吸收和運用上。當明中後期浙江湖洲、安徽歙縣、江蘇南京等地的刻書家們在廣泛使用餖版、拱花、套印等先進印刷技術時，建陽的刻書家們在此卻表現出異乎尋常的鈍感。在明中後期的眾多建本中，這些先進的印刷工藝一概被拒之門外，不予採用。一位採用了銅活字印刷圖書的的游榕，不知是何原因，卻流落他鄉，在無錫、常熟一帶擺印圖書。

而在仿冒盜版、偽託名人、改竄刪節上，明後期建陽刻書家的思維卻表現得異乎尋常的敏捷。李贄、鍾惺、陳繼儒、李廷機等人都成了被建本偽託的物件。在出版史上知名度頗高的余象斗，在萬曆二十八至三十八年（1600～1610）的短短十年中，三次刻印《古本歷史大方鑑補》，二次變換作者之名，手段可謂登峰造極。至於使用隨意改竄刪節他人作品，以縮減篇幅的不正當經營手段，以達到「一部只貸半部之價，人爭購之」的目的等現象，則頻頻見諸明後期的建本中，受到胡應麟、郎瑛等人的指責；這種不問社會效果，只求速售，不講質量，只求利潤的不正當競爭，使建陽刻書業的名聲大受損失。衰於清初的建陽刻書業，實際上在最為鼎盛的明中後期，已種下了禍根！可以說明中後期的建陽刻書家每泡製出一部假冒偽劣精神產品時，就飲下了一杯慢性自殺的毒酒。到了清初，在各方面的合力之下，終於導致延續了數百年的建陽刻書業的衰敗！

以文化素質而言，明代的建陽刻書家已是差強人意，到了清代、更是素質低下，清初福建巡撫張伯行，曾到建陽搜訪游酢、朱熹、熊禾等先賢遺書，游酢後裔在刻印游酢《廌山先生集》時，竟將張伯行之名誤作「張百行」，編校者水平之低，於此可知。以至是否有選擇善本校勘都成了問題，這還是署名為「廌山書院藏板」的刻本。就坊刻而言，刻書世家劉氏，其後裔在清代刻印族譜，劉剡小傳中「不干仕進」竟誤作「不干石進」。明代刻書家劉克常名基誤作「墓」，下居然還注小字：「舊譜作墓，今校」，實在讓人貽笑大方。乾隆皇帝派人調查余氏刻書的情況，余氏後人竟不知余仁仲、余志安等為何人，而將一個並未從事刻書的余文興作為書林之祖。

總之，清代建陽學人中，不再有朱熹、蔡元定、祝穆、熊禾；刻書家中，不再有余仁仲、黃善夫、蔡夢弼、余志安、劉君佐、劉錦文、劉剡、熊宗立、

熊大木、余象斗；歷任知府、知縣中，不再有張文麟、張光啓、李東光，建陽刻書業的衰亡，已是不可避免的了。文化素質的衰退，這是建刻在清代衰亡的最本質的內在原因。

（二）刻書中心的遺響餘音──清代建陽的書院、私家、書坊刻本

從清初到清末的二百多年間，建陽零零星星地還有一些刻本流傳下來，官方除了刻印了康熙、道光兩部縣誌外，已無其他刻本。書院、家刻、坊刻都只是偶有刻本，不成規模，難以形成行業特點。

其中書院刻本有康熙五年（1666）同文書院刻印唐李賀《昌谷集注》四卷《外集》一卷，清姚文燮注。雍正七年（1729）考亭書院刻印朱松《韋齋集》十二卷《年譜》一卷、朱槔《玉瀾集》一卷。次年又刻《朱子文集大全類編》一百一十卷。乾隆十五年（1750）曾據此刻版重印。雍正十一年廬峰書院刻印《蔡氏九儒書》九卷首一卷，光緒十二年（1886）又重刻此書，建陽縣博物館現存光緒刻版片 338 片。乾隆七年（1742）廌山書院刻游酢《游廌山先生集》十卷，道光二十一年（1841）、同治三年（1864）又經重修重印。乾隆十一年（1746）、三十七年（1772）兩次重刻，則爲八卷本。道光二十年（1840）考亭書院又刻印《朱子文集大全類編》一百一十卷。建陽歷代書院刻本，多以刻印書院創建者的文集爲主，清代也不例外。

私家刻書有順治五年（1648）熊志學刻印熊明遇《格致草》二卷、熊人霖《地緯》二卷，合稱《函宇通》。熊明遇乃明末工部尚書，與建陽熊氏乃同族。清初與其子人霖避地入閩，在建陽崇泰里熊屯寓居五載，將此書交宗親熊志學刻印。康熙三十四年（1695）潘耒遂初堂於建陽刻顧炎武《日知錄》三十二卷。潘耒字次耕，號稼堂，江蘇吳門人，顧炎武學生。此本乃潘氏委託建陽縣丞葛受箕刻印於建陽。道光十年（1830）江遠涵編選、刻印《建陽歷代詩抄》二卷附外編，爲建陽歷代詩人的作品選。光緒二年（1876）潭陽徐氏刻徐經《雅歌堂全集》五種四十二卷。

清代書坊刻書，以刻書家而言，仍以余氏最多，知名者有六家；以內容而言，除沿襲明末遺風，刻印小說、戲曲，形式上也有版面插圖外，其餘刻本，數量較少，書坊刻印什麼，似乎帶有某種偶然性，均不成鮮明的特點。主要刻本有：

清初余元熹、張運泰編選、刻印《漢魏名文乘》六十一種。這是一部叢書，選漢魏六十一家文集。清初余郁生永慶堂刻印天花藏主人撰《精繡通俗

全像梁武帝西來演義》十卷。清初余公仁刻印《增補批點圖像燕居筆記》，巾箱本，有圖二十七幅，題馮夢龍編。清初潭陽天瑞堂刻印方以智《藥地炮莊》九卷《總論》二卷。順治間古潭書肆廣平堂刻印戲曲選集《昆弋雅調》四卷，卷首冠圖，單面圓式，版式在建本中頗為奇特。康熙十四年（1675）潭水余明刻印游藝《天經或問》三卷。康熙二十二年熊俊卿刻印族人熊山鳶編《曆理通書》三十一卷，康熙三十八年（1699）劉氏安正堂刻印明皇甫中《明醫指掌》十卷附《診家樞要》。同治二年（1863）古潭余氏明辨齋刻印宋岳珂《宋少保岳鄂王行實編年》二卷。

清代建陽書坊刻本，可考者不會超過二十種，還不如明代一家普通的書坊刻書數量。因此，我們說，作為代表建陽刻書業主流的書坊刻書到清代中葉，確確實實已經衰亡了。

七、建陽刻書業的貢獻

（一）前人對建本的評價

對建陽古代刻書業，應如何評價？長期以來，貶褒不一，而以貶者略占上風。提到福建刻書，論者頗多微詞，建木、麻沙本幾乎成了惡劣版本的代名詞。宋方勺《泊宅編》、葉夢得《石林燕語》、陸游《老學庵筆記》、朱彧《萍州可談》均大同小異地記載了麻沙本「乾為金，坤又為金」的一段掌故。這是通過監本與建本的比較，對建本校勘不精，差訛時見的批評。

葉夢得在《石林燕語〉中還將建本與浙本、蜀本比較後，對建本作出了質量「最下」的評價。同時，他還認為，「蜀與福建多以柔木刻之，取其易成而速售，故不能工。福建本幾遍天下，正以其易成故也。」這是對建本質量的總體評價。

清乾隆間修《四庫全書》，館臣認為：「宋自神宗罷詩賦，用策論取士，以博綜古今，參考典制相尚；而又苦其浩瀚，不可猝窮；於是類事之家，往往排比聯貫，薈粹成書，以供場屋采掇之用。其時麻沙書坊刊本最多，大抵出自鄉塾陋儒，剿襲陳因，多無足取。」這是對建刻的類書以及通俗讀物在編輯乃至內容方面的全面否定。

綜觀前人對建本的評價，主要存在以下幾個方面的問題：

一是以偏概全

要對建本做一總體的全面評價，就首先必須對建本的概念做一明確的界

定。不能一說到建本，就想起麻沙陋刻，進而在質量上全面否定之。這對建本來說，是很不公正，也是有悖於歷史事實的。

建本，指的應是古代以建陽雕版印刷的圖書爲主要代表的，包括官府、私宅、書坊以及外地官員、學者在建陽書坊刻印的古籍刻本。它既包括「乾爲金，坤又爲金」校勘不精的所謂「麻沙本」，也包括韓元吉、鄭伯熊、湯漢、吳革、王埜等一大批官員，游酢、朱熹、蔡元定、吳炎、祝穆、熊禾等一大批學者，黃善夫、劉叔剛、蔡夢弼等一大批家塾在建陽所刻印的圖書。建陽書坊刻印的圖書可以也應該是建本的主要代表，但不是唯一的代表，這應該是建陽古代出版史上的最基本的歷史事實。在此基礎上，對建本進行評價，我們就會發現，建本中既有一些麻沙陋刻，也有許多善本佳刊，本著實事求是的科學態度，好處說好，壞處說壞，而不應一概否定。

再說，「印板文字，訛舛爲常。蓋校書如掃塵，旋掃旋生。」這是前人對校勘書籍之難的甘苦之言。雕版印刷，乃手工操作，從書稿、校對、書寫、刻板，每一環節都有出錯的可能。校勘不精，出現差訛，各地版本均在所難免，並非麻沙本的專利。且麻沙（事實上，其中有許多是崇化坊刻印的圖書）刻印的圖書，也有許多質量是頗值得稱道的善本。對此，應有一個全面的認識，不應攻其一點，不及其餘。

何況，閱讀古書，從來都存在著版本校勘方面的問題。校讎學作爲一項專門學問，並非僅對建本而設，其他版本在使用中。也要注意校讎，「善讀書者當擇而取之」，校而讀之、用之。宋王應麟《困學紀聞》卷十通過對監本、建本《荀子》的比較，舉出《勸學篇》中在文字上有數條建本反而勝過監本之處。如今人習以爲常的「青取之於藍」一語即沿襲了宋監本的錯誤，建本則作「青出之藍」，王應麟因此提出了「監本未必是，建本未必非」的著名論斷。

理學家朱熹長期生活在建陽，並且在建陽書坊主持過刻書，對建本的優劣，也最有發言權。他曾對他的學生鄭可學說：「向到臨安，或云建本誤，宜用浙本。後來觀之，不如用建本」，這是朱熹在實際使用中，對建本與浙本相比較後得出的切身體會。這個結論，與葉夢得所說而爲學界普遍認同的「以杭州爲上，蜀本次之，福建最下」的結論完全不同。

二是以訛傳訛

前人攻擊建本「多以柔木爲之」，傳至今日，衍變爲「宋福建建陽縣之麻沙鎮，產榕樹，質頗松，麻沙人取以刻書，世稱麻沙本。」宋梁克家《三山

志》云：「榕，州以南爲多，至劍（州）則無。」清郭柏蒼《閩產錄異）稱：「諺云『榕不過劍』，離延平四十里之沙溪口，有二榕，旋死旋生。」今天生活在閩北的也無人不知，閩北並不產榕，所謂「以柔木爲之」，實在是想當然的不實之詞。對建陽刻書的用料，宋楊萬里有詩云：「富沙棗木新雕文，傳刻辣瘦不失眞」，表明建陽宋代刻板是用棗木。今存《蔡氏九儒書》版本，乃紅梨木，說明建陽刻書，也多用棗木、梨木。前人說到刻書，多以「殃梨禍棗」形容，建陽刻書亦然，並非所謂「柔木」。我們不妨以元余志安刻本《集千家注分類杜工部詩》爲例，從余氏始刻此版的皇慶元年（1312），到至正二十二年（1362）葉氏廣勤堂重印，再到明正統間金台汪諒購得，凡數易其主，其間至少已達 120 年，假如是柔木所刻，版片早已變形、字蹟早已漶漫，焉能一再重印？

（二）建陽刻書業的貢獻

書籍是人類的階梯，由於構成書本的基本材料──紙張的脆弱性，書籍是極不易保存的，如果沒有一代代刻書家不斷地刻版印刷和藏書家的悉心收藏，保留至今的古籍，數量上將會大打折扣，中華文明史也將會因之黯然失色。

建陽歷代刻書家在保存、繼承和傳播我國優秀的文化遺產方面，做出了巨大的貢獻。在長達八、九百年的漫長歲月中，余氏、劉氏、黃氏、蔡氏、虞氏、熊氏、葉氏、陳氏、楊氏、鄭氏、詹氏等眾多的刻書大族，他們父傳子、子傳孫，世世代代，以刀爲鋤，耕耘書版。朝代更替，江山易姓，兵禍火災，官府禁毀，都沒能動搖他們的決心，始終堅持在刀錐裏討生活，在刻版中寫華章。在中國的印刷出版史、圖書發展史上寫下了極其輝煌的一頁！

在浩如煙海的古典文獻中，建陽刻本有甚多爲人稱道的善本佳刊，在印行當時就享有較高的聲譽。余仁仲刻《九經》，宋岳珂〈九經三傳沿革例〉稱「興國于氏本及建陽余氏本爲最善」。其中《春秋公羊經傳解詁》一書，有「開卷展讀，褚墨精妙，神采煥然」之譽。建陽宋刻《東坡集》，著名詩人楊萬里有「紙如雪繭出玉盆，字如霜雁點秋雲」的讚美。

此外，黃善夫、劉元起、蔡夢弼、劉叔剛、余志安、劉君佐、劉錦文、熊宗立、劉弘毅等著名刻書家，都留下了許多爲人稱道的古籍善本。明中葉以後，小說、戲曲刻本大興，僅《三國演義）一書，建陽就有二十幾種刻本傳世。其他如《水滸傳》、《西遊記》、《西廂記》等書也莫不如此。這就爲小說、戲曲的研究提供了可供比較、鑑別的版本系列。

　　影印技術發明之前，古籍的傳播除了不停的雕板刻印外，手抄仍是製作圖書的方法之一，歷代影抄、翻刻的建陽刻本不勝枚舉。其中著名的影抄本有，明《永樂大典》抄宋余氏萬卷堂本《尚書精義》；明正德虞山逸民俞洪影抄宋建安虞叔異本《括異志》；明嘉靖雅宜山人王寵影抄陳彥甫家塾本《聖宋名賢四六叢珠》；明毛氏汲古閣影寫宋建陽龍山書堂本《揮麈錄》和元劉氏日新堂《書義主意》；清初錢曾述古堂影寫黃三八郎本《韓非子》和南宋麻沙本《王右丞集》等。

　　較著名的翻刻本則有，宋白鷺洲書院翻刻宋建陽蔡琪本《漢書》，明王延喆仿刻宋黃善夫本《史記》；清汪喜孫問禮堂仿刻宋余仁仲本《春秋公羊經傳解詁》；清黎庶昌《古逸叢書》翻刻余仁仲本《春秋穀梁經傳解詁》和元建安高氏日新堂本《楚辭集注》；清阮福仿刻元余氏勤有堂本《古列女傳》；清末貴池劉氏《玉海堂印宋本叢書》仿刻宋建陽本《杜陵詩史》等數十種。影印技術發明後，歷代建本被影印出版的也是不勝枚舉，僅收入《四部叢刊》初、續、三編的，就有二十幾種。

　　建國以來，也影印出版了大量建本古籍。宋黃三八郎本《鉅宋廣韻》、宋咸淳建本《方輿勝覽》、元建安虞氏本《全相平話五種》、元葉日增《新刊王氏脈經》、元余志安本《國朝名臣事略》、明余象斗本《忠義水滸志傳評林》、明劉龍田本《西廂記》等刻本也先後曾被影印出版。

　　此外，臺灣出版了不少建陽刻本。如宋建陽刊《晦庵先生文集》、元余氏勤有堂刊《集千家注分類杜工部詩》；宋建陽刊《分門集注杜工部詩》；貴池劉氏影宋建陽刊《王狀元集百注編年杜陵詩史》；以及抄宋建陽魏仲賢刊本《聖宋名賢五百家播芳大全文粹》等，或單印，或以叢刊形式影印出版。

　　以上所列，僅僅是舉例性地列舉了翻刻、影抄、影印建陽刻本中的一部分，然以斑窺豹，建陽古代刻書業在保存和傳播中國古典文獻方面的巨大貢獻已由此可知。

　　　　　　（原載《出版史研究》第 6 輯，中國書籍出版社 1998 年 2 月版）

後　記

　　從上個世紀八十年代以來，我一直在從事著建本與朱子理學這兩個課題的研究。出版過五、六部相關的專著，發表過大約 120 多篇的論文，這些論文，因散見於各地不同時期的不同刊物中，查找起來，實在是很不方便。當一些關注我的學界朋友一次次地向我索要若干年前的某一篇文章時，我往往是陷入一遍又一遍地翻箱倒櫃、汗流浹背的窘境中。於是，很長的一段時間以來，如何給這些論文按照不同的類別出版集子，就成了我的一塊心病。

　　2010 年 7 月下旬，我到臺灣新竹和嘉義參加紀念朱熹誕辰 880 周年系列活動時，與前來看望我的嘉義中正大學毛文芳教授，和她的同事汪詩珮博士聊起此事。沒想到，幾天之後，我才從臺灣剛剛回到南平，毛文芳教授就給我發來了好消息，她非常熱心地為我聯繫上了臺灣的花木蘭文化出版社的杜潔祥總編輯——我和杜總編雙方一拍即合，這就有了我的第一部論文集——《福建刻書論稿》在寶島臺灣的結集出版。我想，這也是我近幾年來熱心於促進閩台文化交流，與臺灣的學術界、教育界的人士頻繁交往的一種回報吧！

　　在此，對熱心為我牽線搭橋的毛文芳教授，特別是對積極為兩岸學人解決學術著作出版困難盡心盡力的杜總編輯，和他率領的「花木蘭」團隊成員們，我只想說，一般意義上的「感謝」二字已不足以表達我的心情，我只想把以上這些最樸實的文字獻給你們，以表達來自海峽西岸一個普通學者的誠摯敬意！

方彥壽書於延城

2010 年 8 月 3 日子夜

主要參考書目

一、古籍部分

1. 〔宋〕范曄,《後漢書》,中華書局,1965 年版。
2. 〔唐〕歐陽詢,《藝文類聚》,中華書局,1965 年版。
3. 〔宋〕蘇軾,《蘇東坡全集》,北京,中國書店,1986 年。
4. 〔宋〕王十朋,《梅溪王先生元集》,四部叢刊本。
5. 〔宋〕朱熹,《朱文公文集》,四部叢刊本。
6. 〔宋〕楊萬里,《誠齋集》,四部叢刊本。
7. 〔宋〕眞德秀,《西山先生眞文忠公文集》,四部叢刊本,上海:商務印書
   館,1919 年。
8. 〔宋〕劉克莊,《後村先生大全集》,四部叢刊本。
9. 〔宋〕熊禾,《熊勿軒先生文集》,叢書集成初編本。
10. 〔宋〕黃昇,《中興以來絕妙詞選》,瀋陽:遼寧教育出版社,1997 年。
11. 〔宋〕魏慶之,《詩人玉屑》,上海古籍出版社,1978 年。
12. 〔宋〕祝穆,《方輿勝覽》,上海古籍出版社,1991 年影印本。
13. 〔宋〕黎靖德,《朱子語類》,中華書局,1986 年版。
14. 〔明〕黃宗羲,《宋元學案》,中國書店,1990 年,海王村古籍叢刊本。
15. 〔宋〕朱松,《韋齋集》,四部叢刊續編本。
16. 〔宋〕張栻,《南軒集》,張栻全集本,長春出版社,1999 年。
17. 〔宋〕周煇,《清波雜誌》,四庫全書本。
18. 〔宋〕魏了翁,《寶刻叢編》,四庫全書本。
19. 〔宋〕朱弁,《曲洧舊聞》,叢書集成初編。

20. 〔宋〕司馬光,《資治通鑑》,北岳文藝出版社,1995 年版。

21. 〔明〕楊榮,《文敏集》,上海古籍出版社,1991 年四庫明人文集叢刊本。

22. 〔明〕徐渭,《徐渭集》,中華書局,1982 年版。

23. 《明英宗實錄》,中央研究院歷史語言研究所校印,1962 年版。

24. 〔明〕胡應麟,《少室山房筆叢》,古籍文學社,1958 年版。

25. 〔明〕郎瑛,《七修類稿》,北京:文化藝術出版社,1998 年。

26. 〔明〕葉盛,《水東日記》,中華書局,元明史料筆記叢刊本。

27. 〔明〕謝肇淛,《五雜俎》,中華書局,1955 年版。

28. 〔清〕朱彝尊,《曝書亭集》,四部叢刊本。

29. 〔清〕阮元,《揅經室集》,中華書局,1993 年版。

30. 〔清〕施鴻保,《閩雜記》,福建人民出版社,1985 年版。

31. 〔清〕丁福保、周青雲,《四部總錄醫藥編》,北京:文物出版社,1984。

32. 〔清〕丁福保,《歷代詩話續編》,北京:中華書局,1983。

33. 〔清〕錢大昕,《十駕齋養新錄》,上海:商務印書館,1957 年。

34. 〔清〕連橫,《臺灣通史》,商務印書館,1996 年 3 月版。

二、圖書目錄

1. 〔宋〕陳振孫,《直齋書錄解題》,國學基本叢書本。

2. 〔明〕徐𤊹,《紅雨樓序跋》,福建人民出版社,1993 年版。

3. 〔明〕周弘祖,《古今書刻》,古典文學出版社,1957 年版。

4. 〔清〕永瑢等,《四庫全書總目》,中華書局,1965 年版。

5. 〔清〕邵懿宸,《增訂四庫簡明目錄標注》,上海古籍出版社,1979 年版。

6. 〔清〕葉德輝,《書林清話》,中華書局,1957 年版。

7. 〔清〕張金吾,《愛日精廬藏書志》,道光六年愛日精廬刊本。

8. 〔清〕莫友芝,《邵亭知見傳本書目》,掃葉山房,1923 年石印本。

9. 〔清〕莫友芝,《宋元舊本書經眼錄》,江蘇廣陵古籍刻印社,1987 年影印本。

10. 〔清〕于敏中,《天祿琳琅書目》,臺灣影印四庫全書本。

11. 〔清〕彭元瑞,《天祿琳琅書目後編》,中華書局,1995 年影印本。。

12. 〔清〕丁丙,《善本書室藏書志》,錢塘丁氏,1901 年刊本。

13. 〔清〕陸心源,《皕宋樓藏書志》,陸氏十萬卷樓,1882 年刊本。

14. 〔清〕黃丕烈,《士禮居藏書題跋記》,書目文獻出版社,1989 年點校本。

15. 〔清〕瞿鏞,《鐵琴銅劍樓藏書目錄》,江蘇廣陵古籍刻印社,1985 年影

印本。

16. 〔清〕楊紹和,《楹書隅錄》,江蘇廣陵古籍刻印社,1987 年影印本。

17. 〔清〕黃丕烈,《百宋一廛書錄》,民國烏程張氏適園叢書本。

18. 〔清〕葉昌熾,《滂喜齋藏書記》,中州古籍書店,1985 年影印。

19. 〔清〕周中孚,《鄭堂讀書記》,國學叢書本。

20. 〔清〕楊守敬,《日本訪書志》,清光緒二十三年鄰蘇園刊本。

21. 〔清〕楊守敬,《觀海堂留眞譜一、二集》,清光緒二十七年觀海堂刊本。

22. 〔清〕葉德輝,《郋園讀書志》,臺北明文書局,1990 年影印,1928 年上海澹園刊本。

23. 〔清〕繆荃孫,《藝風藏書記》,清光緒二十六年刊本。

24. 〔清〕張鈞衡,《適園藏書志》,江蘇廣陵古籍刻印社,1991 年。

25. 北京圖書館,《中國版刻圖錄》,文物出版社,1961 年版。

26. 杜信孚,《明代版刻綜錄》,江蘇廣陵古籍刻印社,1983 年版。

27. 方品光,《福建版本資料彙編》,1979 年福建師範大學鉛印本。

28. 《中國古籍善本書目·經部》,上海古籍出版社,1986 年版。

29. 《中國古籍善本書目·史部》,上海古籍出版社,1993 年版。

30. 《中國古籍善本書目·子部》,上海古籍出版社,1994 年版。

31. 《中國古籍善本書目·集部》,上海古籍出版社,1996 年版。

32. 《中國古籍善本書目·叢部》,上海古籍出版社,1992 年版。

33. 《北京圖書館善本書目》,中華書局,1959 年版。·

34. 《北京圖書館善本書目》,書目文獻出版社,1987 年版。

35. 《上海圖書館善本書目》,1957 年版。

36. 《北京大學圖書館藏李氏書目》,1956 年鉛印本。

37. 《全國中醫圖書聯合目》,中醫古籍出版社,1991 年版。

38. 《宋版書特展目》,臺灣故宮博物院,1986 年編刊本。

39. 《國立中央圖書館金元本圖錄》,臺灣中央圖書館,1961 年編刊本。

40. 潘宗周,《寶禮堂宋本書錄》,潘氏寶禮堂,1939 年刊本。

41. 王文進,《文祿堂訪書記》,江蘇廣陵古籍刻印社,1985 年影印本。

42. 張元濟著、顧廷龍編,《涉園序跋集錄》,古典文學社,1957 年版。

43. 張元濟,《涵芬樓燼餘書錄》,上海:商務印書館,1951 年版。

44. 傅增湘,《藏園群書題記》,上海古籍出版社,1989 年版。

45. 傅增湘,《藏園群書經眼錄》,中華書局,1983 年版。

46. 潘承弼、顧廷龍編,《明代版本圖錄初編》,上海開明書店,1941 年版。

47. 〔清〕李盛鐸撰，張玉範整理，《木犀軒藏書題記及書錄》，北京大學出版社，1985 年版。

48. 冀淑英纂，《自莊嚴堪善本書目》，天津古籍出版社，1995 年版。

49. 王重民，《中國善本書提要》，上海古籍出版社，1983 年版。

50. 王重民，《中國善本書提要補編》，書目文獻出版社，1991 年版。

51. 鄭振鐸，《西諦書話》，生活、讀書、新知三聯書店，1983 年版。

52. 王古魯，《王古魯日本訪書志》，福州：海峽文藝出版社，1986 年版。

53. 孫楷第，《中國通俗小說書目》，人民文學出版社，1982 年版。

54. 孫楷第，《日本東京所見中國小說書目》，人民文學出版社，1981 年版。

55. 柳存仁，《倫敦所見中國小說書目提要》，書目文獻出版社，1982 年版。

三、方志族譜

1. 〔明〕黃仲昭，《八閩通志》，北京圖書館古籍珍本叢刊本。

2. 〔明〕何喬遠，《閩書》，福建人民出版社，1994 年版。

3. 《萬曆黃岩縣誌》，上海古籍書店，1963 天一閣藏明代方志選刊本。

4. 〔清〕黃任等，《泉州府志》，泉州方志委，1984 年據乾隆刻民國十六年補刻本影印。

5. 〔明〕汪佃，《建寧府志》，天一閣藏明代方志選刊本。

6. 〔明〕朱東光等，《建寧府志》，萬曆四十八年（1620 年）刊本。

7. 〔清〕張琦，《建寧府志》，南平方志委據清康熙三十二年刊本點校本。

8. 陳衍等，《民國福建通志》，1938 年刊本。

9. 〔清〕翁昭泰等，《續修浦城縣》，清光緒二十六年刊本。

10. 〔清〕董天工，《武夷山志》，清道光羅良嵩尺木軒刊本。

11. 〔明〕馮繼科、朱淩，《建陽縣誌》，天一閣藏明代方志選刊本。

12. 〔明〕魏時應，《建陽縣誌》，日本藏中國罕見地方誌叢刊本。

13. 〔清〕柳正芳，《建陽縣誌》，清康熙四十二年刊本。

14. 〔清〕梁輿等，《建陽縣誌》，道光十二年刊本。

15. 〔清〕余觀祿主修，《潭西書林余氏宗譜》，清同治辛未印本。

16. 《麻沙劉氏族譜》，清光緒庚辰印本。

17. 《建州劉氏忠賢傳》，麻沙劉氏族譜附刊本。

18. 《貞房劉氏宗譜》，民國九年劉氏忠賢堂印本。

19. 《潭陽熊氏宗譜》，清光緒元年印本。

20. 《鉅鹿魏氏宗譜》，清光緒重修本。

21. 〔清〕劉捷元主修,《雲莊劉氏族譜》,光緒二十二年印本。

四、現當代著作

1. 張秀民,《中國印刷史》,上海人民出版社,1989 年版。
2. 李致忠,《歷代刻書考述》,巴蜀書社,1990 年版。
3. 魏隱儒,《中國古籍印刷史》,印刷工業出版社,1988 年版。
4. 劉國鈞,《中國書史簡編》,書目文獻出版社,1982 年版。
5. 吳楓,《中國古典文獻學》,齊魯書社,1982 年版。
6. 蔣星煜,《明刊本西廂記研究》,中國戲劇出版社,1982 年版。
7. 傅惜華,《中國古典文學版畫選》,上海人民美術出版社,1981 年版。
8. 周蕪,《中國版畫史圖錄》,上海人民美術出版社,1988 年版。
9. 魯迅,《中國小說史》,魯迅全集本。
10. 劉修業,《古典小說戲曲叢考》,作家出版社,1958 年版。
11. 黃岩柏,《中國公案小說史》,遼寧人民出版社,1991 年版。
12. 嚴紹璗《日本中國學》,江西人民出版社,1991 年版。
13. 吳晗,《朝鮮李朝實錄中的中國史》,中華書局,1980 年版。
14. 李國祥等,《明實錄類纂·涉外史料》,武漢出版社,1991 年版。
15. 朱維幹,《福建史稿》,福建教育出版社,1985 年版。
16. 唐文基主編,《福建古代經濟史》,福建教育出版社,1995 年版。
17. 黃新憲,《閩台教育的交融與發展》,福建人民出版社,2003 年版。
18. 李瑞良,《中國古代圖書流通史》,上海人民出版社,2004 年。
19. 王勇等,《中日「書籍之路」研究》,北京圖書館出版社,2003 年。
20. 魯迅,《中國小說史略》,魯迅全集卷九。
21. 胡道靜,《中國古代的類書》,北京:中華書局,1985 年。
22. 黃榮春,《福州摩崖石刻》,福建美術出版社,1999 年。
23. 黃裳,《黃裳書話》,北京出版社,1996 年版。
24. 侯真平,《黃道周紀年著述書畫考》,廈門大學出版社,1994 年 8 月版。
25. 蔣維錟編校,《媽祖文獻資料》,福建人民出版社,1990 年 4 月版。
26. 〔日〕田邊尚雄著、陳清泉譯《中國音樂史》,上海書店,1984 年版。
27. 〔日〕林支春,《近世中國教育史研究》,1973 年國土社刊。
28. 〔日〕丹波元胤,《中國醫籍考》,人民衛生出版社,1983 年版。
29. 〔日〕森立之,《經籍訪古志》,民國五年(1916 年)鉛印本。
30. 〔日〕木宮泰彥,胡錫年,《日中文化交流》,商務印書館,1980 年版。

31. 〔日〕大庭脩著，徐世虹譯：《江户時代日中秘話》，北京：中華書局，1997年版。

32. 〔韓〕閔東寬，《中國古典小說在韓國之傳播》，上海：學林出版社，1998年版。

33. 〔法〕費賴之著，馮承鈞譯，《在華耶穌會士列傳及書目》，北京：中華書局，1995。

34. 〔美〕錢存訓，《紙和印刷》，科學出版社、上海古籍出版社，1990年版。